唐僕尚丞郎表

（三）

嚴耕望◎著

北京联合出版公司 Beijing United Publishing Co.,Ltd. · 后浪

唐僕尙丞郎表卷十一

輯考四上　戶部尙書

竇璡——武德元年六月一日甲戌朔，由隋禮尙遷民尙。（通鑑、兩傳。）——舊六一、新九五有傳。

〇劉文靜——武德元年十一月二十八己巳，由前納言起爲民尙，領陝東道行臺左僕。（通鑑、兩傳。）二年九月六日辛未，誅。（通鑑、新紀、舊紀〔十月己亥〕、兩傳。）——舊五七、新八八有傳。

鄭善果——武德二年冬，以左庶子兼民尙。三年二月十日甲辰，見在任。是年免。——舊六二、新一〇〇有傳。

〔考證〕　舊傳：「高祖……拜太子左庶子。……未幾，檢校大理卿兼民部尙書。……制與裴寂等十人每奏事及侍立並令升殿。……尋坐事免。及山東平，持節爲招撫大使。」新傳同而略。按會要四五功臣條，武德三年二月十日詔裴寂等奏事侍立上殿，善果銜戶尙。則始任在前。又舊六四隱太子建成傳：「遣禮部尙書李綱、民部尙書鄭善果俱爲宮官。」按綱以二年冬辭禮尙，則善果當即二年九十月繼文靜者。又觀傳文尋免及山東平云云，則其免蓋即三年，不能遲過明年初。

皇甫無逸——武德中，蓋五六年，由御史大夫遷民尙，出爲同州刺史。——舊六二、新九一有傳。

〔考證〕　舊傳：「遷御史大夫。時益部新開，……令無逸持節巡撫之。……尋拜民部尙書，累轉益州大都督府長史。」新傳，尙書下有「出爲同州刺史」六字。據兩傳敍無逸使蜀時事，王世充未滅，蕭銑未降，事當在三四年，則遷民尙當稍後。

于筠——蓋武德中，官至民尙。——舊一三七附見曾孫邵傳。

〔考證〕　舊傳：「曾祖筠，戶部尙書。」按邵卒於貞元中，年八十一，其曾祖官達當在唐初武德貞觀中。考通鑑武德二年十二月紀有于筠，與工都尙書獨孤懷恩地位略等。又逸文卷一引御覽三三一，于筠，高祖時爲將作大匠。此當卽邵之曾祖，其官戶尙蓋卽武德中。

○裴矩——武德九年秋，始官民尙。〔考證〕。十月二十九甲申，見在任。（會要五八戶尙條、通鑑。）貞觀元年八月十九戊戌，卒官。（舊紀、兩傳。）——舊六三、新一〇〇有傳。

〔考證〕 舊傳：「遷太子詹事。……八年，兼檢校侍中。及太子建成被誅，其餘黨尙保宮城，……矩曉諭之，宮兵乃散。尋遷民部尙書。」新傳全同。按：建成被殺在九年六月，參以會要通鑑在戶尙月日，則始任必在九年秋。又按：據兩傳，似由詹事兼檢校侍中罷爲民尙。然新表：七年「十二月庚午，太子詹事裴矩檢校侍中。」八年「十一月辛卯，矩罷判黃門侍郎。」此後卽不書矩事。同月「庚子，天策府司馬宇文士及權檢校侍中兼太子詹事。」癸卯「元吉加侍中。」按侍中二員，詹事一員；則辛卯條，矩必罷侍中且卸詹事，爲判黃門侍郎耳。兩傳皆失書罷相。然不知是否由黃門侍郎遷民尙，故不書原官。

韓仲良（良）——貞觀元年，由安州大都督入遷民尙。（碑〔戶部〕。）二年四月三日己卯，見在任。（會要八八常平倉條〔戶部〕、新四九食貨志〔同〕。）三年春夏，換刑尙。〔考證〕。——舊八〇、新一〇五附見子瑗傳、萃編五〇有韓仲良碑。

〔考證〕 碑云：「三年，改除刑部尙書。」按册府一四四，貞觀三年六月遣長孫無忌、房玄齡、「刑部尙書韓仲良，祈雨於名山大川。」檢舊紀，年月不誤。則由民尙換刑尙必在三年春夏。又兩傳皆云官至刑尙；而新七三上世表，「仲良，戶部尙書。」戶刑不同，前後官耳。

●戴胄——貞觀三年，由左丞遷民尙。（兩傳。）四年二月十八甲寅，兼檢校吏尙·參預朝政。同年，卸吏尙。（詳吏尙卷。）五年九月，見在任。（通鑑、舊傳。）〔考證〕。七年六月五日辛亥，薨。（新表、兩傳。）——舊七〇、新九九有傳。

〔考證〕通鑑：貞觀五年九月，「上修仁壽宮，更命曰九成宮。又將修洛陽宮，民部尚書戴胄表諫……。」舊傳，表諫亦在五年。而會要三〇洛陽宮條：「貞觀三年，太宗將修洛陽宮，民部尚書戴胄諫曰……。上嘉之。……至四年六月二十二日，發卒又修洛陽宮，給事中張元素諫曰……。」觀「至四年」云云，「三」字非形譌。未知孰是。

竇靜——貞觀中，遷民尚。（兩傳、新七一下世表、姓纂九〔名靖〕。）九年卒。（舊傳。）——舊六一、新九五有傳。

唐儉——貞觀九、十年，由遂州都督入遷民尚。〔考證〕。十一年六月，見在任。（萃編四四溫彥博碑。）同年十月，見在任。（通鑑、會要八二蒐狩條。）十三年，見在任。（舊七〇王珪傳。）同年三月，見在任。（通鑑、舊一九八高昌傳。）十五年四月，見在任。（通鑑、舊一九八吐谷渾傳。）十六年，見在任。（舊七四崔仁師傳。）十七年二月二十八戊申，圖形凌煙閣。（會要四五功臣條、舊六五長孫無忌傳。）時階光祿大夫。（無忌傳、全唐文七圖形凌煙閣詔）。十九年二月三十戊辰，仍見在任，階如故。（萃編四六太宗祭比干文碑陰。）旋免官，階如故。（兩傳。）——舊五八、新八九有傳，萃編八四、八瓊五六有唐儉碑。

〔考證〕舊傳：「兼檢校黃門侍郎，……除遂州都督，食綿州實封六百戶。圖形凌煙閣。貞觀初，使于突厥，……馳傳至虜庭，示之威信，頡利……兵衆弛懈，李靖率輕騎掩襲破之，頡利北走，儉脫身而還。歲餘，授民部尚書。」新傳同，惟無圖形凌煙閣，而馳傳說頡利上有「四年」二字。按：圖形凌煙閣在十七年，新傳刪之是也。又靖破頡利在四年二月，新傳四年亦是。據此推論，儉爲民尚當在貞觀五六年。然五年至九年已有戴胄、竇靜，年代抵觸。考碑於破擒頡利事後有云：「兼黃門□郎，□□□□公，食邑□千戶，實□六百戶……。貞觀□年，使□節都督□（遂）梓□□等五州諸軍事□□□□□，加鴻臚卿，戶部尚書，□實封八百戶。」則兼黃門侍郎、除遂州都督、食實封六百戶皆破頡利以後事，兩傳誤移於前耳。然則兩傳「歲餘」非承破頡利而言，其爲民尙當在五六年以後矣。儉官民尙自十一年六月以後常見載籍，而十年以前却不一見，蓋任民尙當卽始於九、十年。

●劉洎——貞觀十九年三月，以侍中檢校民尙・兼總吏禮二尙書事，輔太子定州監國。十二月二十六庚申，賜死。——舊七四、新九九有傳。

〔考證〕 舊傳：「(貞觀)十八年，遷侍中。……太宗征遼，令洎與高士廉、馬周留輔皇太子，定州監國，仍兼左庶子・檢校民部尙書。……太宗遼東還，發定州，在道……賜洎自盡。」新傳同。全唐文七太宗賜劉洎自盡詔，洎官亦爲「侍中・檢校戶部尙書。」而大唐新語一二酷忍類：「太宗征遼東，留侍中劉洎與高士廉馬周輔太子於定州監國，洎兼左庶子，總吏禮戶三尙書事。」通鑑亦云：「初上留侍中劉洎輔皇太子於定州，仍兼左庶子・檢校民部尙書・總吏禮戶三尙書事。」則檢校民部外，又總吏禮二部事也。蓋檢校民部尙書較正式，總吏禮二部又較檢校更非正式耳。留定州監國及賜死月日，詳兩紀及通鑑。

李緯——貞觀二十一年六月二十八癸未，由司農卿遷民尙。(通鑑、舊六六房玄齡傳。)不久，改洛州刺史。(通鑑〔考異云唐歷作太子詹事〕、舊房玄齡傳。)——兩書無傳，見新七二上世表。

●高季輔——貞觀二十三年五月二十七庚午，由右庶子・兼吏侍・攝民尙・同掌機務遷兼中書令・檢校吏尙。(舊紀，參看吏尙卷。)——舊七八、新一〇四有傳。

楊纂——約貞觀末，由太僕卿・檢校雍州別駕遷戶尙。永徽初，卒官。——舊七七、新一〇六有傳。

〔考證〕 舊傳：「爲尙書左丞，遷太僕卿・檢校雍州別駕。遷戶部尙書。永徽初卒。」新傳惟云「終戶部尙書。」新七一下世表同。寶刻叢編八引京兆金石錄：「唐戶部尙書楊纂碑，唐令狐德棻撰，……永徽六年。」按永徽初卒，據員闕當卽卒於元年。

高履行——永徽元年，由衞尉卿遷戶尙。時階金紫光祿大夫。(舊傳。)三年七月二十二丁丑，見在任。

（舊紀、通鑑、會要八四戶口條。）顯慶元年，出爲益州大都督府長史。〔考證〕。——舊六五、新九五有傳。

〔考證〕舊傳：「永徽元年，拜戶部尚書・檢校太子詹事・太常卿。顯慶元年，出爲益州大都督府長史。」新傳：「繇戶部尚書爲益州大都督府長史。」蓋詹事太常皆戶尚任內之檢校職歟？又兩傳不書字。而新七一下世表，士廉子「文敏字履行，戶部尚書。」是以字行也。

唐臨——顯慶元年或二年春夏，（據員闕。）由兵尚遷度支尚書。（舊傳。）二年七月十九乙巳，遷吏尚。（全唐文一四高宗冊唐臨吏尚文〔參吏尚卷〕、舊傳。）——舊八五、新一一三有傳。

●杜正倫——顯慶二年七八月，以黃門侍郎・同中書門下三品兼度支尚書。九月五日庚寅，兼中書令。三年十一月六日乙酉，貶橫州刺史。——舊七〇、新一〇六有傳。

〔考證〕舊傳：「顯慶元年，累授黃門侍郎・兼崇文館學士，尋同中書門下三品。二年，兼度支尚書，仍依舊知政事。俄拜中書令・兼太子賓客・弘文館學士。……三年，出爲橫州刺史。」新傳略同。按冊唐臨吏尚文，以二年歲次丁巳七月丁亥朔十九日乙巳由度支尚書遷吏尚，年月日干支兼詳，必不誤，則正倫兼度支不能早過七月十九日也。而舊紀，二年三月甲子，「黃門侍郎杜正倫兼度支尚書，依舊同中書門下三品。」新表亦在三月，惟日作癸丑。皆與冊文不相應，必誤。舊紀，二年「九月庚寅，度支尚書杜正倫爲中書令。」新紀、新表月日同；惟「爲」作「兼」。通鑑，二年八月辛未，「兼度支尚書杜正倫爲兼中書令。」三書紀事小異。月日從兩紀、新表，事則以新紀、新表、通鑑作「兼」爲正。又按正倫以三年十一月乙酉貶橫州刺史，兩傳、表、鑑無異說。而盧承慶傳云：「顯慶四年，代杜正倫爲度支尚書。」明正倫兼度支尚書直至三年十一月貶時。

●盧承慶——顯慶四年春，由光祿卿遷度支尚書。（舊傳。）五月二十丙申，以本官參知政事。（兩紀、新表、通鑑。）十一月二十一癸亥，進同中書門下三品。（新表、通鑑、兩傳。）五年七月二十八丁卯，罷。(舊紀〔戊辰〕、新紀、新表、通鑑、新傳、舊傳。)——舊八一、新一〇六有傳。

樂質——蓋高宗初年，官至戶尚。——兩書無傳。

〔考證〕姓纂一〇：南陽樂氏「運，隋咸陽令，撰諫苑。生質，禮部戶部二尚書。」岑校：「庫本禮部上有唐字。法苑珠林五五云，大業末年，巴西令樂世質。當即其人。蓋諱世，故名質也。」據此推論，當在高宗初。

●**竇德玄**——龍朔二年五月八日丙申，以大司憲兼司元太常伯。麟德元年八月十二丁亥，正拜司元太常伯・檢校左相。〔考證〕。乾封元年八月八日辛丑，薨。(舊紀、通鑑、新紀、新表。)——舊一八三、新九五有傳。

〔考證〕新傳：「高宗以舊臣，自殿中少監爲御史大夫。歲中遷司元太常伯。……麟德初，進檢校左相。……卒。」冊府六九：「高宗龍朔二年五月丙申，大司憲竇德玄爲司元太常伯。」又同月十五日(癸卯)在司元太常伯任，見大正藏經第二一〇八集沙門不應拜俗事卷三聖朝議拜篇。三年八月二十七戊申以司元太常伯充持節大使分行天下，見舊紀、通鑑。同年十月二日壬午進瑤山玉彩五百卷，銜亦爲司元太常伯，見會要三六修撰條。按冊府，同時改官者有「左肅機源直心爲奉常正卿，劉祥道正授司刑太常伯。」皆與所考員闕合若符契。又「檢校左相許圉師爲左相。」與新表亦合。參之大藏經及三年八月十月書事，冊府此條必不誤。然新紀：麟德元年八月丁亥，「大司憲竇德玄爲司元太常伯・檢校左相。」新表、通鑑均同。舊紀「爲」作「兼」，日作戊子，差後一日；而原官大司憲則與新紀、表、鑑不異也。是皆與前考不合。考唐大詔令集六二上官儀冊竇玄德司元太常伯文：「惟爾大司憲・護軍竇玄德(倒誤)……命爾爲兼司元太常伯。」本注「龍朔二年十月十一日」，誤。然爲龍朔二年五月八日之冊文則可信。然則此時當以大司憲兼司元太常伯，至麟德元年八月丁亥始卸大司憲正拜司元兼檢校左相。大藏經及龍朔三年八月、十月兩事，紀、鑑、會要皆書銜司元太常伯不書大司憲者，時重太伯之官耳。

●戴至德——咸亨三年十月十八乙亥，由中書侍郎·同中書門下三品遷戶尚，仍同三品。（新表、舊紀〔加兼〕、舊傳。）上元二年八月二十七戊戌，遷右僕，仍同三品。（新紀、新表、通鑑、舊傳。）——舊七〇、新九九有傳。

○許圉師——上元二年八月二十九庚子，由左丞遷戶尚。（舊紀。）調露元年正月十日辛卯，卒官。（會要四四木氷條、舊紀〔作辛未誤合鈔改作癸未亦誤〕、兩傳。）——舊五九、新九〇有傳。

崔知悌——調露元年四月九日戊午。由左丞遷戶尚。（舊紀。）永隆元年三月，見在任。（通鑑、舊八四裴行儉傳。）開耀元年八月二十一丁亥，卒官。（舊紀〔作知溫誤合鈔已改〕、兩傳、新七二下世表。）——舊一八五上、新一〇六附弟知溫傳。

●薛元超（振）——永淳元年四月三日丙寅，以中書令兼戶尚，留京師輔太子。弘道元年七月十九甲辰，罷。——舊七三、新九八有傳，全唐文一九六有楊炯撰中書令薛振行狀。

〔考證〕 行狀：「薛振……字元超。遷中書令。車駕幸洛陽，詔公兼戶部尚書，與皇太子居守。俄以風疾不視事。高宗崩，……抗表辭位。」兩傳只云元超，無振名，又不書兼戶尚。按：兩紀、新表，開耀元年閏七月，元超爲中書令。舊紀，永淳元年四月「丙寅，幸東都。皇太子京師留守，命劉仁軌、裴炎、薛元超等輔之。」則兼戶尚蓋其時。罷相年月日見新紀新表。

李晦（崇晦）——光宅元年春，遷戶尚。年冬，出爲荊州大都督府長史。——舊六〇、新七八附父河間王孝恭傳，萃編六一有李晦碑。

〔考證〕 舊傳：「次子晦……則天臨朝，遷戶部尚書。垂拱初，拜右金吾衞大將軍。」碑云：「高宗晏駕……號咷擗踊，志不□□。□□之初，優以詔命，授戶部尚書。……屬揚楚橫逆，淮海稱兵，……乃持節鎭荊州，兼檢校長史，……加金紫光祿大夫。」按：高宗以弘道元年十二月崩，則晦授戶尙當在光宅元年春夏。又徐敬業起事在光宅元年十月，明年正月卽平，則出鎭當在光宅元年冬。又世表名崇晦，蓋以字行，詳刑尙卷。

●魏玄同——垂拱二年三月十六丙辰，由鸞臺侍郎·同鳳閣鸞臺三品遷地尙，仍同三品。（新表。）三年八月二十一壬子，兼檢校納言，（新表、舊紀。）進階銀青光祿大夫。（舊傳。）蓋四年或永昌元年正二月，卸地尙。（據員闕。）〔考證〕。——舊八七、新一一七有傳。

〔考證〕　魏玄同以永昌元年閏九月甲午被殺，然是年二月韋方質已爲地尙，則玄同卸地尙不能遲過是年正二月也。而通鑑是年九月玄同賜死時書銜「地官尙書·檢校納言。」蓋誤書前官耳。又新傳云：「進拜文昌左丞，鸞臺侍郎·同鳳閣鸞臺三品，遷地官尙書·檢校納言。」官歷與新表、舊紀合。而舊傳云：「弘道初，轉文昌左丞，兼地官尙書，同中書門下三品。則天臨朝，遷太中大夫·鸞臺侍郎，依舊知政事。垂拱三年，加銀青光祿大夫·檢校納言。」兼地尙在鸞臺侍郎前，誤。

●韋方質——永昌元年二月，由鳳閣侍郎·同鳳閣鸞臺三品遷地尙，仍同三品。（新表。）〔考證一〕。天授元年春一月十六甲午，流儋州。（通鑑、新表〔通本誤作二月百衲不誤〕、新紀。）〔考證二〕。——舊七五、新一〇三附祖雲起傳。

〔考證一〕　新表本作「二月甲寅。」按是年正月二月皆無甲寅，此後一條爲「三月甲寅」是三月一日。則此條「二月」不誤，必「甲寅」誤也。故姑不書日。

〔考證二〕　新傳：「光宅初，爲鳳閣侍郎·同鳳閣鸞臺平事章。遷地官尙書。……爲酷吏所陷，流死儋州。」與表、鑑合，惟省進同三品耳。舊傳云：「則天初，鸞臺侍郎，地官尙書，同鳳閣鸞臺平章事。」作鸞臺誤。

○王本立——天授元年春一月十日戊子，由左肅政臺御史大夫·同鳳閣鸞臺三品罷爲地尙。（通鑑、新表。）二月二十丁卯，被殺。（通鑑〔蒐〕、新紀。）——兩書無傳。

●格輔元——天授二年六月十一庚戌，由左肅政臺御史大夫遷地尙·同鳳閣鸞臺平章事。（新紀、新表、舊紀、通鑑、舊傳。）〔考證〕。十月十二己酉，被殺。（新紀、新表、通鑑、舊紀、舊七〇岑長倩傳。）——舊七〇、新一〇二有傳。

〔考證〕新傳：「歷御史中丞、同鳳閣鸞臺平章事。」誤。

●狄仁傑——天授二年十月，以地侍·同鳳閣鸞臺平章事判尙書事。長壽元年春一月四日庚午，貶彭澤令。（詳戶侍卷。）——舊八九、新一一五有傳。

○楊執柔——長壽元年八月十六戊寅，由夏尙·同鳳閣鸞臺平章事罷爲地尙。（新紀、新表、通鑑〔作七月戊寅誤〕、舊紀〔原官誤爲冬尙〕。）〔考證〕。——舊六二、新一〇〇附見從祖恭仁傳。

〔考證〕舊傳：「執柔，則天時，爲地官尙書……同中書門下三品。卒。」新傳同。是以地尙拜相，又作同三品，均與紀、表、鑑異；蓋誤。

○姚璹——聖曆中，由益州大都督府長史遷地尙。歲餘，換冬尙·充西京留守。——舊八九、新一〇二有傳。

〔考證〕舊傳：「神功初，左授益州大都督府長史，……拜地官尙書。歲餘，轉冬官尙書，仍西京留守。長安中，累表乞骸骨，制聽致仕。」新傳同而略。按：久視元年冬，韋巨源爲地尙，自長安元年至三年，武后皆在西京，則璹爲地尙必巨源之前，當在聖曆中也。

○韋巨源——久視元年十月十三丁巳，由納言罷爲地尙。（新表、舊紀〔不書原官〕、舊傳〔同〕。）長安元年十月，充神都留守。〔考證〕。二年，換冬尙。（舊傳〔作刑尙誤詳吏尙卷〕。）——舊九二、新一二三有傳。

〔考證〕舊傳：「拜地官尙書·神都留守。」按：武后以長安元年十月由神都西幸京師，則巨源爲神都留守必其時。

○李嶠——長安四年十一月二十一癸卯，由成均祭酒·同鳳閣鸞臺三品罷爲地尙。（新表、通鑑、舊紀、全唐文二四四李嶠讓地官尙書表。）神龍元年正二月，貶豫州刺史。〔考證〕。——舊九四、新一二三有傳。

〔考證〕　舊傳：「復拜成均祭酒，平章事如故。……中宗卽位，嶠以附會張易之兄弟，出爲豫州刺史。未行，又貶爲通州刺史。」新傳同，皆失書地尙。按中宗以神龍元年正月復位，其出刺蓋卽正二月。

●楊再思——神龍元年二月四日甲寅，由內史換戶尙·同中書門下三品。（舊紀、新表、通鑑〔乙卯〕、兩傳。）充西京留守。（通鑑、新傳、又參舊紀四月書事。）四月二十五甲戌，兼檢校揚州大都督府長史·判都督事。（舊紀、新表、新傳、舊傳〔書於中宗卽位前誤〕。）〔考證〕。六月十五癸亥，遷檢校中書令，（兩紀、新表、兩傳。）仍兼戶尙。（舊紀。）十月二十五辛未，遷侍中。（兩紀、新表、兩傳。）——舊九〇、新一〇九有傳。

〔考證〕　新傳官歷與紀、表、鑑均合。而舊傳：「遷內史。……長安四年，以本官檢校京兆府長史，又遷檢校揚州大都督府長史。中宗卽位，拜戶部尙書兼中書令，轉侍中。」檢校揚州長史在戶尙前，誤。

蘇瓌——神龍元年十月二十五辛未後一個月內，（參再思卸日。）由左丞遷戶尙。時階銀靑光祿大夫。（碑。）十一月二十五辛丑，見在任。（會要八四戶口數。）二年三月一日甲辰朔，遷侍中·充京師留守，（舊紀、通鑑、新表、碑、兩傳。）階如故。（碑。）——舊八八、新一二五有傳，萃編六九、全唐文二三八有盧藏用撰蘇瓌碑。

○韋安石——神龍二年三月一日甲辰朔，由中書令罷爲戶尙。（舊紀、新表、通鑑、舊傳。）蓋卽此年卸。（據員闕。）——舊九二、新一二二有傳。

李承嘉——神龍二年四月以後，或明年春夏，曾官戶尙。〔考證〕。時階金紫光祿大夫。（全唐文一六中宗授李承嘉戶尙制。）——兩書無傳。
〔考證〕 姓纂七：丙氏，高祖賜姓李氏，「承嘉，御史大夫，戶部尙書。」朝野僉載六：「神龍中，戶部尙書李承嘉……不識字，不解書。」全唐文一六有中宗授李承嘉戶部尙書制。又新一二三蕭至忠傳：「神龍初，爲御史中丞，……李承嘉爲戶部尙書，至忠劾（略二人）承嘉罪。」則承嘉任戶尙在神龍中無疑。然自長安四年至神龍二年三月，李嶠、楊再思、蘇瓌、韋安石相繼爲戶尙，月日銜接，則承嘉必在二年四月以後，不能遲於三年春夏；至八月已改元景龍矣。
蘇珦——景龍元年秋，由右肅政臺御史大夫遷戶尙。尋轉太子賓客。——舊一〇〇、新一二八有傳。
〔考證〕 舊傳：「累授左肅政臺御史大夫，……右臺大夫。會愍節太子敗，詔珦窮其黨與，……多所原免。擢珦爲戶部尙書，賜爵河內郡公。尋授太子賓客．檢校詹事。」新傳同。姓纂三作刑部尙書蘇洵，洵字誤，刑蓋亦誤。按：愍節太子起兵事敗在景龍元年七月。
○鍾紹京——景雲元年六月二十五乙巳，由中書令罷爲戶尙。（新表、舊紀〔作仍知政事誤〕、通鑑〔丙午〕、兩傳、舊七三薛稷傳。）時階光祿大夫。（舊傳。）尋出爲蜀州刺史。（舊傳、通鑑、新傳〔彭刺〕。）——舊九七、新一二一有傳。
姚珽——景雲元年，由秘書監累遷戶尙。十月十三庚寅，見在任。時階銀青光祿大夫。尋轉太子賓客。——舊八九、新一〇二附兄璹傳。
〔考證〕 舊傳：「遷秘書監。睿宗卽位，累授戶部尙書，轉太子賓客。先天二年，加金紫光祿大夫，復拜戶部尙書。班與兄璹數年間俱爲定州刺史，戶部尙書；時人榮之。開元二年卒，年七十四。……撰漢書紹訓四十卷。」新傳同，惟不書第二任。新七四下世表，璹弟班，戶部尙書。按璹、班皆思廉子，舊七三思廉傳云：「子璹、珽，別有傳。」「班」「珽」字異。舊唐書校記三六：「按趙氏紹祖云：據藝文志有姚珽漢書紹訓四十卷，班珽字形相涉，或宋初避諱，珽字闕末筆，後人誤作班耳。」又按李尚隱傳作姚珽，新書作班，舊璹傳亦作弟班，恐誤。」考全唐文三九一獨孤及中書舍人李公墓誌：「公諱誠，……年十六，戶部尚書姚珽以賢良薦。……天寶……七年十二月，終於京師，……享壽五十三。」由天寶七年上推，誠年十六，當在景雲元年或二年，時代與兩傳合，兼證趙說作珽爲是。又同書二五八蘇頲中宗皇帝謚議册文云：「維景雲元年歲次庚戌十月戊寅朔十三日庚寅，攝太尉・銀青光祿大夫・守戶部尚書・上柱國・宣城郡開國公臣姚珽等上議曰……。」此年月之確知者，字又譌作「珽」，亦爲原名作珽之强證，作班者誤也。

○劉幽求——景雲二年二月十一丙戌，由右丞知政事罷爲戶尚。（詳右丞卷。）三月，遷吏尚。（詳吏尚卷。）——舊九七、新一二一有傳。

畢構——蓋景雲二年夏秋，由益州大都督府長史遷戶尚，仍遙領長史。時階蓋銀青光祿大夫。——舊一〇〇、新一二八有傳。

〔考證〕舊傳：「景雲初，召拜左御史大夫，轉陝州刺史，加銀青光祿大夫。……復授益州大都督府長史・兼充劍南道按察使。……尋拜戶部尚書，轉吏部尚書，並遙領益州大都督府長史。玄宗卽位，累拜河南尹。」新傳，「景雲初」作「景龍末」，又省戶尚一遷，云「再遷吏部尚書。」按：睿宗世，戶尚遷卸年月日皆可考見，前後銜接，無罅隙；惟景雲二年四月至九月間六個月，何人任戶尚不可確考，而其時間恰與畢構傳任戶尚年代相應，故卽置此數月中，諒不誤歟。

○李日知——景雲二年十月三日甲辰，由侍中罷爲戶尚。（舊紀、新表、通鑑。）〔考證〕。旋卸。（據員闕。）——舊一八八、新一一六有傳。

〔考證〕新紀，罷相月日同；惟不書罷爲何官。舊傳：「景雲元年，同中書門下平章事。……明年，進拜侍中。先天元年，轉刑部尚書，罷知政事。……請致仕，許之。……開元三年卒。」新傳亦云：「拜侍中。先天元年，罷爲刑部尚書。屢乞骸骨，許之。……開元三年卒。」罷相差後一年，又作刑尙，與兩紀、新表、通鑑均異。蓋景雲二年十月罷爲戶尙，先天元年又爲刑尙，兩傳稍疏耳。

●岑羲——景雲二年末或先天元年正月，（據員闕。）由刑尙遷戶尙。（舊傳。）先天元年正月二十五乙未，以本官同中書門下三品。（兩紀、新表、通鑑、舊傳、新傳〔作景雲初誤〕。）二月二十五甲子，見在戶尙•同三品任。（會要三九定格令、新五八藝文志、舊五〇刑法志。）六月十五癸丑，遷侍中。（兩紀、新表、通鑑、兩傳。）——舊七〇、新一〇二有傳。

〔附考〕 舊傳「侍中」下，「先天元年，坐預太平公主謀逆，伏誅。」按羲誅在開元元年卽先天二年七月，此「元」爲「二」之譌。

●魏知古——先天元年六月二十四壬戌，由散騎常侍•同中書門下三品遷戶尙，仍同三品。（舊紀、新表、舊傳〔作平章事誤〕。）八月十三庚戌，遷侍中。（舊紀、新表、舊傳。）——舊九八、新一二六有傳。

○鍾紹京——先天元年八月稍後，由蜀州刺史復入遷戶尙。開元元年三月，見在任。時階金紫光祿大夫。旋轉太子詹事。——此再任。

〔考證〕 舊傳：「爲戶部尙書，出爲蜀州刺史。玄宗卽位，復召拜戶部尙書，遷太子詹事。」新傳同，惟「蜀州」作「彭州」。據第一任條引通鑑亦作蜀州，今從之。按：玄宗以先天元年八月卽位，則始任當稍後。又考唐文續拾二蘇頲蔣烈女傳（引廣西通志）云：「大唐□□□之元禩王春三月哉生魄日，戶部尙書•金紫光祿大夫•□中書令•越國公鍾紹京 □□□帝□陳上疏辰爲祖母安樂縣君。」云云。下云：「皇帝曰俞。詔工部侍郎許國公蘇頲，詢事考能，直筆勒石。」云云。按紹京前任戶尙始於景雲元年六月，十月以前出爲蜀州刺史；再任戶尙在先天元年八月以後；則此決非景雲元年或先天元年。復考蘇頲始任工侍不能早過開元元年春；然則此必「開元紀號之元禩王春三月，」無疑。

李晉——開元元年七月三日甲子，誅。時官戶尙。——兩書無傳。

〔考證〕 新七〇上宗室世表，珣王房「新興郡公•戶部尙書晉。」舊九二蕭至忠傳：「先天二年，……左僕射竇懷貞（略）並戶部尙書李晉（略）等與太平公主謀逆，……伏誅。」按舊紀，事在開元元年七月三日，但銜爲雍州長史。今姑從至忠傳。

王琚——開元元年七月十一壬申，由中書侍郞遷戶尙。（舊紀〔作工尙誤〕、舊傳〔十日〕、册府一二八、全唐文二〇元宗賞定册功臣制、新傳。）同時，進階銀青光祿大夫。（舊紀、舊傳、全唐文二五二蘇頲加王琚等實封制。）同月十九庚辰，復爲中書侍郞。（舊紀、舊傳〔十八日〕、新傳、加實封制。）——舊一〇六、新一二一有傳。

姚珽——開元元年（舊傳。）冬，（據員闕。）由太子賓客復遷戶尙，進階金紫光祿大夫。（舊傳。）二年，卒。（舊傳。）——此再任。

尹思貞——開元二年，由御史大夫遷戶尙。蓋三年，換工尙。——舊一〇〇、新一二八有傳。

〔考證〕　舊傳：「竇懷貞伏誅，乃下制曰，……可御史大夫。俄兼申王府長史，遷戶部尙書，轉工部尙書。以老疾累表請致仕，許之。開元四年卒。」姓纂六，官至戶尙。按：懷貞等以開元元年七月誅，合姚珽事觀之，其任戶尙當在珽後，其官工尙當在三年正月魏知古卒之後。

畢構——開元四年，不能早過上年冬〔考證〕，由河南尹入遷戶尙。（兩傳、全唐文二五〇蘇頲授畢構戶尙制。）時階銀青光祿大夫。（授制。）十月十一癸丑稍前數日，轉太子詹事，（舊紀、兩傳、全唐文二五二蘇頲授畢構太子詹事制。）階如故。（授制。）是日卒。（舊紀、兩傳。）——此再任。

〔考證〕　兩傳及授制皆由河南尹入爲戶尙。考會要八七河南水陸運使條：「（開元）三年九月，畢構爲河南尹，不帶水陸運使。」則遷戶尙當卽在四年，不能早過三年冬。又構終戶尙，又見新語六友悌類、新七五下世表。

○陸象先——開元十年春夏，或前一年，蓋由工尙遷戶尙。十年七月十八丁亥，以本官充汝許等州存撫賑給使。年冬，兼知吏部選事。十一年，換刑尙。——舊八八、新一一六有傳。

〔考證〕　舊傳：「入爲太子詹事，歷工部尚書。十年冬，知吏部選事。又加刑部尚書，以繼母憂免官。十三年，起復同州刺史。」新傳「工部」作「戶部」，又無刑部，餘並同。按：舊紀，開元十年「秋八月……丁亥，遣戶部尚書陸象先往汝許等州存撫賑給。」舊紀「秋八月」下，書日者三，曰丙戌、丁亥、丙申；檢陳曆皆七月之日。又檢新紀，丙戌事正是七月，則舊紀「秋八月」爲「秋七月」之誤。又據舊一九〇中許景先傳，此事爲景先建議，時在十年夏後，象先銜亦爲戶尚，則新傳戶尚是也。而舊一九〇中賀知章傳：「工部尚書陸象先卽知章族姑子也。」則舊傳工部似亦不誤。蓋由工部遷戶部歟？按：工部，開元九年始有闕，則由工部遷戶部當在九年或十年春夏。又舊九二韋抗傳：「開元十一年，入爲大理卿。其年，代陸象先爲刑部尚書。」則舊傳遷刑部是也。舊傳丁憂免，十三年起復云云。亦十一年卸刑尚之證，其由戶尚換刑尚當亦卽十一年。

○張嘉貞——開元十二年春夏，或上年，由幽州刺史遷戶尚・兼益州大都督府長史・判都督事。十二年七月，貶台州刺史。——舊九九、新一二七有傳。

〔考證〕　舊傳：「加銀青光祿大夫，遷中書令。……(開元)十一年，出爲幽州刺史。……明年，復拜戶部尚書・兼益州長史・判都督事。……，明年，坐與王守一交往，左轉台州刺史。」新傳官歷年序均同。按：舊紀、通鑑，十一年二月，張嘉貞罷中書令爲幽州刺史。十二年七月己卯，廢王皇后，后弟守一貶澤州別駕，至藍田賜死。戶部尚書・河東伯張嘉貞貶台州刺史。則兩傳前後兩「明年」當有一誤。

○王晙——開元十四年，遷戶尚。(兩傳。)七月，本官充朔方節度使。(兩傳、吳表一朔方卷引會要。)旋解節度。(吳表引會要。)二十年八月九日己卯，卒官。(舊紀、兩傳。)——舊九三、新一一一有傳。

○杜暹——開元二十年十一月，由太原尹遷戶尚。〔考證一〕。二十一年三月五日癸卯，見在任。(萃編八一、全唐文二九一張九齡撰裴光庭碑。)四月二十一丁巳，以本官充諸道宣慰使。(舊紀。)二十二年正月，兼充京師留守。〔考證二〕。二十三年閏十一月二十一壬寅，與李林甫換爲禮尚。(兩傳。)——

舊九八、新一二六有傳。

〔考證一〕　舊傳：「歷……太原尹。二十年，上幸北都，拜暹爲戶部尙書，便令扈從入京。」新傳同，惟無年份。按：新紀，開元二十年「十一月辛丑，如北都。癸丑，赦北都，給復三年。」（辛丑是十一月二日；舊紀「十一月」在「給復三年」下，誤。合鈔已正。）「十二月辛未，至自汾陰。」（舊紀作壬申。）辛未爲十二月二日，則遷戶尙必即在十一月。

〔考證二〕　舊傳：「行幸東都，詔暹爲京留守。」新傳同。按：兩紀，二十二年「正月己巳（六日），幸東都。」則兼京留守必即在正月。

●李林甫——開元二十三年閏十一月二十一壬寅，由禮尙·同中書門下三品遷戶尙，仍同三品。時階金紫光祿大夫。二十四年七月二十三庚子，遷兵尙，仍同三品，階如故。——舊一〇六、新二二三上有傳。

〔考證〕　舊傳：「拜黃門侍郎。……二十三年，爲禮部尙書·同中書門下三品。……加銀青光祿大夫。尋歷戶、兵二尙書，知政事如故。……代九齡爲中書令。」新傳同，惟云「再遷兵部尙書」，省戶尙一遷。按兩紀、新表、通鑑皆云，開元二十二年五月戊子，黃門侍郎李林甫爲禮部尙書拜相；舊傳作二十三年，誤。又新紀、新表、通鑑、兩傳皆作同三品，惟舊紀作平章事。按曲江文集附錄載加銀青光祿大夫中書令制云：「正議大夫·檢校黃門侍郎·（賜·勳）李林甫……可銀青光祿大夫·守禮部尙書·同中書門下平章事三品。……開元二十二年五月二十七。」此「平章事」「三品」必有一誤，又載加金紫光祿大夫制云：「（銜略）張九齡、銀青光祿大夫·守禮部尙書·同中書門下三品·上柱國李林甫……並可金紫光祿大夫。……開元二十三年三月五日。」而後引孫逖授兵尙制又作平章事。制辭歧出如此，蓋以三品爲正。又新表：開元二十三年「十一月壬寅，林甫爲戶部尙書。」二十四年「七月庚子，林甫爲兵部尙書。」按：二十三年十一月無壬寅，「十一月」上蓋脫「閏」字。舊紀：二十四年七月「辛丑，李林甫爲兵部尚書，依舊知政事。」差後一日，又中間不書遷戶尚事，若由禮尚直遷兵尚者，誤。全唐文三〇八孫逖授李林甫兵部尚書制：「金紫光祿大夫・戶部尚書・同中書門下平章事・(勳・封)李林甫……可兵部尚書，餘如故。」

李尚隱——開元二十四年，由太子詹事遷戶尚。(舊傳〔由御史大夫，省詹事〕、新傳、全唐文二三三元宗授李尚隱戶部尚書劍南等使制。)兼益州大都督府長史・充劍南節度等使。(授制、新傳。)、時階銀青光祿大夫。(授制。)十月(駕回西京)或稍後，兼充東都留守。(兩傳。)二十八年春夏，轉太子賓客。〔考證〕。——舊一八五下、新一三〇有傳。

〔考證〕　舊傳：「二十八年，轉太子賓客。尋卒。」新傳：「開元二十八年，以太子詹事卒。」按：舊紀，二十八年六月「庚寅，太子賓客李尚隱卒。」則由戶尚轉賓客當在是年春夏。

裴寬——天寶三載三月五日己巳，由檢校御史大夫・范陽節度使遷戶尚，(通鑑〔無御史大夫〕、兩傳、全唐文三〇八孫逖授裴寬戶部尚書制〔無節度〕。)仍兼御史大夫。(授制、兩傳。)時階通議大夫。(授制。)十二月五日甲午，貶睢陽太守。(通鑑、兩傳。)——舊一〇〇、新一三〇有傳。

章仇兼瓊——天寶五載五月二十四乙亥，由劍南節度使入遷戶尚。(通鑑、新二〇六楊國忠傳。)兼御史大夫。(國忠傳。)又兼殿中監・內外閑廄等使，見階銀青光祿大夫。(全唐文三〇二韋述章仇元素碑。)——兩書無傳。

安思順——天寶十四載十一月二十一丙子，由朔方節度使入遷戶尚。(通鑑。)至德元載三月三日丙辰，被殺。(新紀、通鑑、舊紀〔作二月丙辰又作工尚並誤〕、舊一〇四哥舒翰傳。)——兩書無傳。

●**李光弼**——至德元載八月一日壬午朔，由范陽大都督府長史・范陽節度使遷戶尚・同中書門下平章事・兼太原尹・北都留守・河東節度副大使。(通鑑、舊紀、兩傳、神道碑。)二年四月一日戊寅朔，遷檢校司徒，仍兼戶尚・平章事以下並如故。(舊紀、兩傳、碑。)十二月十五戊午，遷司空・兼兵尚，仍平章事・

領節度。時階銀青光祿大夫。〔考證〕。——舊一一〇、新一三六有傳，全唐文三四二有顏眞卿撰臨淮武穆王李公神道碑。

〔考證〕　舊傳「轉檢校司徒」下云：「詔曰，銀青光祿大夫・檢校司徒・兼戶部尙書・同中書門下平章事・兼御史大夫・鴻臚卿・太原尹・北京留守・河東節度副大使・薊國公光弼……可守司空・兼兵部尙書・中書門下平章事，進封魏國公。……乾元元年，入朝，……遷侍中。」新傳同而略。碑云：「至德二載，拜司徒。冬十一月十五日，肅宗既復京師，策勳換司空兼兵部尙書，封鄭國公。……乾元元年八月，拜侍中。」與兩傳合。全唐文四四肅宗收復兩京大赦文，光弼事與舊傳所載詔文全同，惟作「守司徒」。會要四五功臣條亦載此文云，「至德二載十二月朔日赦文。」舊紀亦作十二月戊午朔。新紀、通鑑亦作戊午，無朔字。新表亦以十二月戊午爲司空。按：戊午爲十二月十五日，前引神道碑作「十一月十五日」「十一」爲「十二」之譌，十五日正是戊午。則戊午不誤，舊紀衍朔字，會要朔當作望。前引兩傳及碑等皆由兼戶尙遷兼兵尙，而全唐文四二肅宗授郭子儀中書令李光弼侍中制，光弼原官爲「司空・兼戶部尙書・同中書門下平章事・太原尹・河東節度使・(勳・封)」，「戶」爲「兵」之誤。時在乾元元年八月十七日丙辰，詳左僕卷郭子儀條。

李峘——至德二載十二月十五戊午，由御史大夫遷戶尙，(會要四五功臣條〔誤爲朔日詳前條〕、兩傳〔無原官〕。)進階金紫光祿大夫。(會要功臣條。)乾元元年十二月十二庚戌，以本官都統淮南江東江西節度宣慰觀察等使。上元二年春，貶袁州司馬。〔考證〕。——舊一一二、新八〇有傳。

〔考證〕　舊傳，戶尙下云：「乾元初，兼御史大夫・持節都統淮南江南(東)江西節度宣慰觀察處置等使。二年，以宋州刺史劉展握兵河南，有異志，乃陽拜展淮南節度使，而密詔揚州長史鄧景山與峘圖之。……爲展所敗。峘……坐貶袁州司馬。」新傳同。會要七八都統條：「乾元元年十二月，戶部尙書李峘除都統淮南江東江西節度宣慰觀察處置等使。」舊紀：乾元元年十二月「庚戌，以戶部尙書李峘充淮南浙西觀察使。」新紀作「戶部尚書李峘都統淮南江東江西節度使。」通鑑作「置浙江東道節度使，……以戶部尚書李峘爲之。」年月日皆同。惟新紀書事與兩傳會要合，今從之。又舊傳「二年」，新傳作「明年」，實同。據兩紀，劉展之亂始於上元元年十一月，平於二年正月，則舊傳「二年」上當脫「上元」二字，新傳沿舊傳之誤。又舊紀：廣德元年「正月丁亥朔，甲午，戶部尚書・兼御史大夫・都統淮南節度觀察等使・越國公李峘卒。」此雖書前銜，然充都統時仍實任戶尚殊可信。

李國禎——上元二年八月二十九辛巳，由殿中監遷戶尚・充朔方鎭西北庭陳鄭節度使，鎭絳州。（舊紀。）寶應元年建卯月十五乙丑，軍亂，被害。（新紀〔名國貞〕。）——兩書無傳，見新七〇上宗室世表，官同。

*張獻誠——大曆三年四月四日戊寅，由山南西道節度使入遷檢校戶尚・知省事。（舊紀、新傳、舊傳〔作觀察使又作二年誤〕。）八月，辭官。（兩傳。）九月十五丙戌，卒。（舊紀。）——舊一二二、新一三三有傳。

*李光進——大曆四年，由渭北節度使遷檢校戶尚・知省事，仍領節度。六月一日丁酉朔，換檢校刑尚・兼太子太保。——舊一六一、新一三六附兄光弼傳。

〔考證〕唐中葉將帥有兩李光進。其一光弼弟，立功於肅代之世。又舊一六一、新一七一有李光進傳，乃光顏之兄，本河曲部落稽阿跌之族，故別稱阿跌光進，立功於憲宗世。舊一六一阿跌光進傳云：「肅宗自靈武觀兵，光進從郭子儀破賊收兩京。……上元初，郭子儀爲朔方節度，……用光進爲都知兵馬使，尋遷渭北節度使。永泰初，進封武威郡王。大曆四年，檢校戶部尚書・知省事。未幾，又轉檢校刑部尚書・兼太子太保。」新書書此段於光弼弟光進傳，惟不云爲戶尚。按：舊書此傳時代官歷前後不相銜接，其誤甚明，當從新書作光弼弟光進事。校記五四已歷引前人考證詳論之。又舊紀：大曆四年「六月丁酉，以太子詹事臧希讓檢校工部尚書・充渭北節度，以渭北節度李光進爲太子太保。」則檢校戶尙時，節度如故也。又新七五下世表，光弼弟「先進，刑部尙書、武威郡王。」此實檢校官。

*路嗣恭——大曆七年正月十八庚子，由檢校戶尙·知省事出爲江南西道觀察使，（舊紀、全唐文四一三常衮授路嗣恭洪州觀察使制。）仍檢校戶尙。時階銀青光祿大夫。（授制。）——舊一二二、新一三八有傳。

*暢璀——大曆中，曾官檢校戶尙·知省事。（冊府四六四。）十年七月二十八己未，卒。（舊紀、兩傳。）——舊一一一有傳，新二〇〇附儒學暢當傳。

蕭復——建中四年九月二十六庚子，由兵侍遷戶尙·充荆襄等道行軍元帥府長史；未行。（通鑑、兩傳、舊一五〇普王誼傳。）十月十三丁巳，遷吏尙·同中書門下平章事。時階朝議大夫。（詳吏尙卷。）——舊一二五、新一〇一有傳。

〇劉從一——貞元元年九月十九辛亥，由中書侍郎·同中書門下平章事罷爲戶尙。（舊紀、新表、通鑑〔己未〕、兩傳。）同月二十八庚申，卒官。（通鑑、兩傳。）——舊一二五、新一〇六有傳。

●崔造——貞元二年正月二十二癸丑，詔宰相判六部。造判戶部、工部。（舊紀、新表、通鑑〔作壬寅誤〕、兩傳。）十二月二日丁巳，罷判。〔考證〕。——舊一三〇、新一五〇有傳。

〔考證〕舊傳：「其年（貞元二年）秋初，江淮漕米大至京師。德宗嘉其（韓滉）功，以滉專領度支·諸道鹽鐵轉運等使，造所條奏皆改……。罷造知政事，守太子右庶子。」新傳同。按舊紀：二年「十二月丁巳（二日），以韓滉兼度支·諸道鹽鐵轉運使。」「庚申（五日），以給事中·同平章事崔造爲右庶子。」通鑑月日書事並同，惟韓滉兼諸使下增「造所條奏皆改之」一句，與傳合，則宰相罷判六部蓋其時也。

班宏——貞元五年二月二十七庚子，由戶侍·度支轉運副使遷戶尙，仍充副使。其時或稍後，見階銀青光祿大夫。八年三月二十二丙子，以本官判度支，與張滂共掌諸道鹽鐵轉運事。四月二十二丙午，分掌關內河東劍南山南西道兩稅鹽鐵轉運事。七月一日甲寅朔，卒官。——舊一二三、新一四九有傳。

〔考證〕 舊紀：貞元五年二月庚子，「以戶部侍郎班宏爲戶部尚書，依前度支轉運副使。」八年二月丙子，「以戶部尚書班宏判度支，戶部侍郎張滂爲諸道鹽鐵轉運使。」（二月紀日有丁亥、庚子、己酉、乙丑、庚午、癸酉、己〔乙〕亥、丙子、己卯、……，下爲四月。「乙丑」上脫「三月」二字。合鈔已補。通鑑正是三月。）同年四月「丙午，以東都、河南、淮南、江南、嶺南、山南東道兩稅等物，令戶部侍郎張滂主之。以河〔關〕內、河東、劍南、山南西道等財，戶部尚書判度支班宏主之。一遵大曆故事，如劉晏、韓滉分掌焉。」同年「七月甲寅朔，戶部尚書·判度支·蕭國公班宏卒。」通鑑並同。

舊傳云：「貞元初，……改戶部侍郎，爲度支使韓滉之副。遷尚書，復副竇參。……參以宏先貴，常私解悅之曰：參後來，一朝居尚書之上，甚不自安，一年之後當歸此使；宏心喜。歲餘，參絕不復言。……宏……怒食言。……無何，參以使務加吏部尚書，而宏進封蕭國公，……間惡愈甚。……八年三月，參遂爲上所疏，乃讓度支使，遂以宏專判。而參不欲使務悉歸於宏，問計於京兆尹薛珏。珏曰……若分鹽鐵轉運於（張）滂，必能制宏。參乃薦滂（原官司農少卿）爲戶部侍郎·鹽鐵使，判轉運，尚隸於宏以悅之，（新傳作：「而以宏判度支，分滂關內、河東、劍南、山南西道鹽鐵轉運隸宏，以悅其意。」）江淮兩稅悉宏主之，置巡院，然令宏、滂共擇其官，（新傳作：「又還江淮兩稅，置巡院官，令宏、滂共差擇。」）滂請鹽鐵舊簿書於宏，宏不與之，每署院官，宏、滂更相是非，莫有用者。滂乃奏曰：班宏與臣相戾，巡院多闕官，臣掌財賦，國家大計，職不修，無所逃罪，今宏若此，何以輯事。遂令分掌之。」新傳同。最後一句作「詔令分掌」，與舊傳實不異。皆無法解釋。按：宏判度支，滂主鹽鐵轉運，事在三月二十二日，後如大曆故事之分判在四月二十二日，中間不容太多曲折，疑此詔令分掌即後事，此處衍複。

舊傳續云：「無幾，宏言於宰相趙憬、陸贄曰：宏職轉運，……幸無過；今職移於人，不知何謂。滂時在旁，忿然曰：……若運務畢舉，朝廷固不奪之，蓋由喪公錢縱姦吏故也，……聖上故令滂分掌。公向所言，無乃歸怨於上乎？……憬贄乃以宏滂之言上聞，由是遵大曆故事，如劉晏、韓滉所分。……貞元八年七月卒，年七十三。」新傳亦同，惟「如劉晏、韓滉故事」下有「以東都、河南、淮南、江南、山南東道兩稅，滂主之。東渭橋以東巡院隸焉。關內、河東、劍南、山南西道，宏主之。」是也。皆與舊紀合。通鑑則合紀傳約書之。而會要八四兩稅使條：「(貞元)八年四月，以東都、河南、江淮、嶺南、山南東道兩稅等錢物，令戶部侍郎轉運使張滂主之，東渭橋以東諸道巡院悉隸滂。以關輔、河東、劍南、山南西道財物，令戶部尚書度支使班宏主之。其後宏、滂互有短長，宰相趙憬、陸贄具以其事上聞，由是參用大歷故事，如劉晏、韓滉所分焉。」同書八七轉運鹽鐵總敍條亦同，云：「(貞元)八年，詔東南兩稅財賦，自河南、江淮、嶺南、山南東道至渭橋，以戶部侍郎張滂主之。河東、劍南、山南西道，以戶部尚書度支使班宏主之。今戶部所領三川鹽鐵轉運自此始也。其後宏、滂互有短長……」此下云云，與前段一字不異。舊四九食貨志下又與會要第二條一字不異。此三處皆著「其後」二字，與紀、鑑兩傳均異，事亦不可解。檢冊府四八三邦計部總序云：「貞元八年，……詔東南兩稅財賦，自河南、江淮、嶺南、(山南)東道至渭橋，以戶部侍郎張滂主之；河東、劍南、山南西道，以戶部尚書度支使班宏主之。」下有雙行小注云：「于時，宏、滂互有所短，宰相趙憬、陸贄以其事上聞；由是遵大曆故事，如劉晏、韓滉所分焉。」是宰相上聞所定即指上事，非「其後」又一事也。此極通順，與紀鑑及兩傳均合：足證會要與食貨志「其後」以下一段當移於分掌東西財賦之上；否則，「其後」必爲「于時」之譌。

又萃編一〇三李抱眞德政碑：「銀靑光祿大夫・守戶部尚書・□度支及諸道鹽鐵轉運副使班宏書。」此散官之可考者。

裴延齡——貞元十二年三月十三乙巳，因戶侍·判度支遷戶尚，仍判度支。四月，階由朝請大夫進銀青光祿大夫。九月十八丙午，卒。——舊一三五、新一六七有傳。

〔考證〕 舊紀：貞元九年五月甲寅，「裴延齡爲戶部侍郎·判度支。」十二年三月「乙巳，以戶部侍郎裴延齡爲戶部尚書。」九月「丙午，戶部尚書·判度支裴延齡卒。」通鑑年月日書事均同。會要五九別官判度支條：「其年（貞元八年）七月，司農少卿裴延齡加判度支。十二年三月，改爲戶部尚書·判度支。九月，蘇弁……副知度支。」同書三〇宮殿雜記條：「貞元十二年八月六日，戶部尚書裴延齡奉勑修望仙樓……。」同書六六木炭使條：「貞元十一年八月，戶部侍郎（當作尚書）裴延齡充京西木炭採造使。十二年九月停。」蓋以其卒。又同書八一階條：「貞元十二年四月，裴延齡自朝請大夫特加銀青光祿大夫。」此又進階之可知者。凡此諸條年月均與紀鑑合。舊傳省書戶尚，但亦云：「貞元十二年卒。」又舊一三六崔損傳：「戶部尚書裴延齡素與損善，乃薦之于德宗，（貞元）十二年以本官同中書門下平章事。」按：損拜相在十二年十月甲戌，是亦延齡之卒不能早於十二年之强證。而萃編一〇三崔敖河東鹽池靈慶公神祠碑：「洎十一年秋九月裴公薨，戶部侍郎蘇公弁繼之。」（碑以十三年四月作，八月建。）全唐文六一四收此碑亦作十一年，檢照本所所藏精拓本「十一」字甚明。誤也。

王純（紹）——貞元十八年八月二十三丁未，由戶侍·判度支遷戶尚，仍判度支。二十一年三月中旬，遷兵尚，罷判職。——舊一二三、新一四九有傳，全唐文六四六有李絳撰兵部尚書王紹神道碑。

〔考證〕 舊紀：貞元十三年二月乙亥，「兵部郎中王召判戶部。」七月「甲辰，以兵部郎中·判戶部王召爲戶部侍郎。」十六年九月庚戌，「以戶部侍郎王召判度支。」十八年八月「丁未，以戶部侍郎·判度支王召爲戶部尚書·判度支。」舊傳：「貞元中，爲倉部員外郎。時屬兵革旱蝗之後，令戶部收闕官俸，兼稅茶及諸色無名之錢，以爲水旱之備，紹自拜倉部便準詔主判。及遷戶部、兵部郎中，皆獨司其務。擢拜戶部侍郎，尋判度支。後二年，遷戶部尚書。……凡主重務八年。（新傳亦作八年，蓋連戶侍計之，若度支則僅六年。）……順宗即位，王叔文始奪其權，拜兵部尚書。」新傳略同。神道碑云：「遷戶部兵部郎中，專判戶部事。未半歲，超拜戶部侍郎，寵錫金紫，復加朝散大夫，即舊官判度支。特遷戶部尚書，所領仍舊。順宗諒闇，姦豎竊國柄，拜工（兵）部尚書。」全唐文五〇〇權德輿贈禮部尚書王公神道碑亦云：子紹，「爲德宗所器，歷任戶部侍郎，戶部、兵部二尚書。」其名，紀作「召」，碑及兩傳皆作「紹」，又舊二六禮儀志及會要一四禘祫條皆載貞元十九年三月戶部尚書王紹奏議，亦作「紹」。按其人本名純，避憲宗名改，則當有「糸」旁。合紀傳碑觀之，紹官歷可詳知，至永貞元年王叔文奪其權始遷兵尚。按叔文以二月二日壬寅爲翰學當權，三月十七日丙戌以杜佑爲度支鹽鐵使，叔文自爲之副，則紹遷兵尚罷判度支當即在三月中旬矣。

李欒——元和二年，卒於戶尚。（全唐文五六四韓愈息國夫人墓誌銘。）——兩書無傳。

〇趙宗儒——元和三年末，或四年初，由禮尚遷戶尚。即以四年，出爲檢校吏尚·荊南節度使。——舊一六七、新一五一有傳。

〔考證〕 舊傳：「元和初，檢校禮部尚書·判東都尚書省事·兼御史大夫·充東都留守·畿汝都防禦使。入爲禮部、戶部二尚書。尋檢校吏部尚書·守江陵尹·兼御史大夫·荊南節度營田觀察等使。六年，又入爲刑部尚書。」新傳省禮戶二遷。考全唐文六六四白居易與宗儒詔：「今授卿禮部尚書，並賜官誥往，除餘慶東都留守，卿宜與交割，即赴上都。」舊紀：元和三年六月「甲戌，以河南尹鄭餘慶爲東都留守。」舊一五八鄭餘慶傳亦三年由尹兼留守。則宗儒拜禮尚即在三年六月二十三甲戌也。又吳表五荊南卷：「韓集虞部張君墓誌注：元和四年，故相趙宗儒鎮荊南。」此與元素遷戶尚年代正銜接，宜可信。然則由禮尚遷戶尚當在三四年之際，四年出鎮荊南也。語林四企羨類：「趙昭公……爲尚書，惟不歷工部。」

李元素——元和四年四月二十五庚子，由太常卿遷戶尙·判度支。（舊紀、舊傳、新傳〔無原官〕。）十月十六戊子，尙在判度支任。（通鑑。）冬末或明年春初，以疾罷判度支。〔考證〕。五年二月，尙在戶尙任。（會要五八戶尙條〔作仁素誤〕。）三月，免官。（冊府一五三、全唐文六〇憲宗停戶尙李元素官詔、兩傳。）〔考證〕。——舊一三二、新一四七有傳。

〔考證〕 舊傳：「及其姊歿，沉悲遘疾，上疏懇辭職，從之。數月，以出妻免官。……元和五年卒。」新傳辭職免官卒次第均同。按：據冊府，五年三月免官。舊紀，元和五年四月癸酉，「戶部尙書李元素卒。」是免官後月餘卽卒，與兩傳合。又據通鑑，四年十月十六日戊子尙在度支使任，參以舊傳「數月」之言，則罷判度支必在四年冬末或五年春初也。

韓皐——元和五年八九月，由浙西觀察使入遷戶尙。〔考證一〕。六年十月七日戊辰，出爲東都留守。〔考證二〕。——舊一二九、新一二六有傳。

〔考證一〕 新傳：「出爲鄂岳蘄沔觀察使……徙鎭海，入爲戶部尙書。」按舊紀，元和三年，皐由鄂岳爲鎭海節度。（新方鎭表，此時爲鎭海節度，四年爲觀察使。）五年正月，見在浙西觀察使任。八月乙亥，「以浙東觀察使薛苹爲潤州刺史·浙西觀察使。」則皐卸浙西爲戶尙卽其時。

〔考證二〕 舊紀：元和六年十月「戊辰，以戶部尙書韓皐爲東都留守·判東都尙書省事。」新傳，戶尙下亦云「歷東都留守。」而全唐文六六〇白居易除韓皐東都留守制云：「刑部尙書韓皐……可檢校吏部尙書·東都留守。」作「刑部」，與舊紀新傳異。按：作刑部，與趙宗儒衝突，制文誤也。又檢舊書白居易傳，元和二年十一月爲翰林學士，六年四月丁母憂。丁氏翰學壁記略同。若舊紀年月不誤，則此制非居易文也。

○**袁滋**——元和七年十月十九甲辰，由鄭滑節度使入遷戶尙。（舊紀、兩傳。）八年正月二十九癸未，出爲檢校兵尚・山南東道節度使。（舊紀、兩傳、全唐文六六一白居易除袁滋襄陽節度使制、同書四九一權德輿送袁尚書相公赴襄陽序。）——舊一八五下、新一五一有傳。

○于頔——元和十年十月十五壬子，由太子賓客遷戶尚。（舊紀、新傳〔無原官〕。）時階金紫光祿大夫。後削階。（新傳。）十二年七月十七甲辰，請致仕；不許。（舊紀。）旋致仕。（新傳）。——舊一五六、新一七二有傳。

○李鄘——元和十三年三月十五戊戌，由門下侍郎・同中書門下平章事罷爲戶尚。（新表、通鑑、舊紀〔庚子〕、兩傳、全唐文五八憲宗李鄘守戶部尚書制。）時階銀青光祿大夫。（制。）十四年十一月一日乙亥朔，轉檢校左僕・兼太子賓客，分司東都。（舊紀〔分司東都誤爲東都留守〕、兩傳）。——舊一五七、新一四六有傳。

楊於陵——元和十五年二月二十九辛丑，由戶侍遷戶尚。（舊紀、兩傳、墓誌。）八月二日辛未，見在任。（舊紀〔作兵尚誤〕、會要八四租稅下。）長慶元年十月十日癸酉，見在任。（吐蕃會盟碑側、新書吐蕃傳。）時階銀青光祿大夫。（碑側。）二年閏十月五日壬辰，轉太常卿。（舊紀、兩傳、墓誌。）——舊一六四、新一六三有傳，全唐文六三九有李翺撰右僕射致仕楊公墓誌銘。

馬總——長慶二年十二月二十三己酉，由前天平節度使遷檢校右僕・兼戶尚。（舊紀〔誤爲左僕但後條不誤〕、兩傳。）三年六月，見在檢校右僕兼戶尚任。時階銀青光祿大夫。（全唐文五四九韓愈爲京兆尹舉馬總自代狀〔愈爲京尹在此月詳吏侍卷〕。）八月，卒官。（舊紀、兩傳。）——舊一五七、新一六三有傳。

○王涯——長慶四年四月五日甲申，由御史大夫遷戶尚・兼御史大夫・充諸道鹽鐵轉運使。〔考證一〕。同年，換禮尚，仍充使職。〔考證二〕。——舊一六九、新一七九有傳。

〔考證一〕　此年月日前後官皆據舊紀書之。舊傳：「（長慶）三年，入爲御史大夫。敬宗卽位，改戶部侍郎・兼御史大夫・鹽鐵轉運使。」新傳作戶部尚書，餘並同。又會要八八鹽鐵使條及舊四九食貨志下均作戶部侍郎，充使年月與紀同。據此，舊紀、新傳作戶尚，舊傳、會要、食貨志作戶侍。檢本書戶侍卷，戶侍兩員皆另有人，年月日皆可確考，則此當從舊紀新傳作戶尚無疑。

〔考證二〕 舊傳：「俄遷禮部尚書充職。寶曆二年，檢校尚書左僕射・興元尹・山南西道節度使。」新傳省禮尚。按舊紀：寶曆二年二月「丁卯，以禮部尚書王涯檢校右僕射，爲山南西道節度使。」與舊傳合。則轉禮尚當在長慶四年或寶曆元年初。又按：寶曆元年正月，王播復領鹽鐵轉運使，則涯卸使職不能遲過此時。據舊傳，涯轉禮尚在罷使之前，則即在長慶四年必矣。

薛平——寶曆元年五月一日甲辰朔，由前平盧節度使入遷檢校左僕・兼戶尚。（舊紀〔脫姓名合鈔已補〕、舊傳。）六月二十三乙未，出爲檢校司空・河中節度使。（舊紀、冊府一六二〔誤爲薛華〕、舊傳）。——舊一二四、新一一一有傳。

胡証——寶曆元年七月二十九辛未，由左散騎常侍遷戶尚。十一月，判度支。二年八月，罷判使。十一月九日壬申，出爲檢校兵尚・嶺南節度使。——舊一六三、新一六四有傳。

〔考證〕 舊紀：寶曆元年七月「辛未，以左散騎常侍胡證爲戶部尚書・判度支。」二年十一月「壬申，以戶部尚書胡證檢校兵部尚書・兼廣州刺史・充嶺南節度使。」舊傳有年無月，官歷一字不異。新傳略同。惟兩傳名皆作「証」。又全唐文七二五宇文鼎劾胡潛奏有「戶部尚書・判度支胡証」云云，亦作「証」。今從兩傳。判度支月份與紀小異，及罷使月日，並詳度支卷。

○崔植——大和元年二月九日辛丑，由前嶺南節度使遷戶尚。（舊紀〔脫二月合鈔已補〕、新傳。）二年十月五日丁巳，出爲華州刺史・鎮國軍使。（舊紀、新傳。）——舊一一九、新一四二有傳。

○令狐楚——大和二年十月五日丁巳，由宣武節度使入遷戶尚。（舊紀、全唐文六〇八劉禹錫令狐楚家廟碑、同書六〇五劉禹錫相國令狐公集序、舊傳〔九月〕。）三年三月一日辛巳朔，出爲檢校兵尚・東都留守。（舊紀、舊傳、家廟碑、集序。）——舊一七二、新一六六有傳。

崔從——大和三年三月十二壬辰，由前東都留守遷戶尙。（舊紀、兩傳。）九十月間，轉檢校右僕・兼太子賓客，東都分司。〔考證〕。——舊一七七、新一一四有傳。

〔考證〕 舊傳，戶尙下云：「李宗閔秉政，……改檢校尙書右僕射・太子賓客，東都分司。從請告百日，罷官，物論咎執政。宗閔懼，四年三月，召拜（略）淮南節度。」新傳同而略。按：宗閔以三年八月二十七日甲戌拜相，則從卸戶尙必在後。又十月十六日崔元略已遷任戶尙，知從卸在前。

崔元略——大和三年十月十六癸亥，由戶侍遷戶尙。（舊紀、舊傳〔有年〕。）同日，判度支。（舊紀、舊傳〔作四年誤〕。）四年四月十六庚申，出爲檢校吏尙・東都留守。（舊紀、舊傳〔作五年誤〕。）——舊一六三、新一六〇有傳。

〔考證〕 舊紀：大和四年四月「庚申，以尙書左丞王起爲戶部尙書・判度支，代崔元略；以元略檢校吏部尙書，爲東都留守。」而舊傳：「太和三年，轉戶部尙書。四年，判度支。五年，檢校吏部尙書，出爲東都留守・畿汝等防禦使。」視舊紀差後一年。按舊一六四王起傳：「（大和）四年，入拜尙書左丞，居播之喪，號毀過禮，友悌尤至。遷戶部尙書・判度支。」此尙不能斷定遷戶尙判度支即在四年。復考全唐文七一四李宗閔故丞相王公（播）神道碑云：「上卽位五年（大和四年）正月，丞相左僕射太原王公以癸巳發疾，其明日遂薨於位。（舊紀正是大和四年正月甲午薨。）」「公歿不幾日，而起以戶部尙書司國之計，門闌之士咸來哭賀。」此與舊紀四年四月遷戶尙判度支事絕合，足證舊紀書事年月極正確。舊傳元略至五年始卸戶尙罷度支，誤也。

王起——大和四年四月十六庚申，由左丞遷戶尙・判度支。（舊紀、全唐文七一四李宗閔王播神道碑、兩傳。）六年二月十七庚辰，見在戶尙・判度支任。（舊紀。）七月二十九己未，出爲檢校吏尙・河中節度使。（舊紀、兩傳。）——舊一六四、新一六七有傳。

鄭覃——大和八年十月二十三庚子，由御史大夫遷戶尙。（舊紀〔原脫十月合鈔已補〕、兩傳。）九年五月二十五己巳，轉秘書監。（舊紀、兩傳。）——舊一七三、新一六五有傳。

〔考證〕舊傳：「七年春，（李）德裕作相。五月，以覃爲御史大夫。……八年，遷戶部尙書。其年，德裕罷相，宗閔復知政，……覃亦左授秘書監。」新傳略同。按：宗閔以八年十月庚寅（十三日）相，德裕以同月甲午（十七日）罷，事均在覃由御史大夫遷戶尙之前。而兩傳云覃以德裕在相位時遷戶尙，宗閔拜相，改秘書監，誤也。蓋御史大夫有實權，戶部尙書無實權，故德裕罷，宗閔相，遷覃爲戶尙，是去其權，明年又貶秘監耳。

王璠——大和九年五月二十四戊辰，由右丞遷戶尙·判度支。（舊紀、通鑑〔作左丞誤詳右丞卷〕、舊傳、新傳〔作左誤〕。）十一月十六丁巳，出爲河東節度使。（舊紀、通鑑〔作左誤〕、兩傳。）——舊一六九、新一七九有傳。

●楊嗣復——開成二年十月二十九己未，由檢校戶尙·西川節度使入遷戶尙·充諸道鹽鐵轉運使。（舊紀、兩傳〔皆作戶侍誤詳考證〕、會要八七轉運使條〔作三年十月誤〕、同書八八鹽鐵使條〔誤同〕。）三年正月九日戊辰，以本官同中書門下平章事，（舊紀〔作戊申誤合鈔已正〕、新表、新紀〔作戊申誤〕、通鑑〔誤同〕、兩傳、全唐文七〇文宗授制〔作戶侍誤〕。）仍充使職。（授制，兩傳。）時階正議大夫。（舊紀、授制。）蓋稍後，進階金紫光祿大夫。（舊傳。）七月十三戊辰，罷使職。（新表。）九月十四己巳，遷中書侍郎，仍平章事。（新表、舊傳。）——舊一七六、新一七四有傳。

〔考證〕舊紀由西川入遷，及會要兩條均爲戶尙。又兩紀、新表、通鑑入相本官亦皆爲戶尙。而兩傳由西川入朝爲戶侍充使，卽以本官入相，又授制亦作「戶部侍郎」。其不同如此。按若作戶侍，與崔龜從抵觸。且唐世授制，凡尙書則曰「某部尙書」，侍郎大抵曰「尙書某部侍郎」。嗣復與李珏同制拜相，珏衔亦作「尙書戶部侍郎」，而嗣復衔則爲「戶部侍郎」，明「侍郎」爲「尙書」之譌。兩傳蓋亦緣此而誤。舊傳云由檢校戶尙西川節度入遷，卽眞拜耳。

鄭澣（涵）——開成四年閏正月，由檢校戶尙徵爲戶尙。（舊傳〔名誤爲瀚詳左丞卷〕、新傳。）未至。同月二十四丁未，卒。（兩傳、舊紀。）——舊一五八、新一六五有傳。

〔附證〕澣官至戶尙又見舊一七二令狐滈傳。

杜悰——開成四年四月十七戊辰，或稍後旬日，由工尙·判度支遷戶尙·兼判戶部度支事。蓋年冬或明年正月，卸。——舊一四七、新一六六有傳。

〔考證〕舊傳：「開成初，入爲工部尙書·判度支。……三年，改戶部尙書·兼判戶部度支事。」新傳省戶尙判戶部事。舊紀：開成二年十二月「壬寅，以前忠武軍節度使杜悰爲工部尙書·判度支。」亦不書遷戶尙。按通鑑開成三年紀云：「及悰爲工部尙書·判度支……。」四年「四月戊辰，上稱判度支杜悰之才，楊嗣復、李珏因請除悰戶部尙書。」月日詳明，當可信。舊一七三李珏傳敍此事亦在四年三月事後，尤爲通鑑敍事年月日之旁證。又據戶侍卷，李珏自二年判戶部事，至三年四月卸。其月，崔龜從繼判戶部事，四年四月出鎭宣歙。此時戶部判司始有缺，悰蓋此時繼判。則舊傳云三年遷戶尙判戶部度支事，誤也。

●李珏——開成五年二月六日癸丑，以中書侍郎·同中書門下平章事兼戶尙。五月四日己卯，遷門下侍郎，仍平章事，蓋仍兼戶尙。八月二十七庚午，罷爲太常卿。（新表。）——舊一七三、新一八二有傳。

鄭肅——會昌二、三年，蓋由禮尙遷戶尙。三年或四年初，遷兵尙。——舊一七六、新一八二有傳。

〔考證〕舊傳：「檢校禮部尙書·兼河中尹·河中晉絳觀察等使。會昌初，……召拜太常卿。累遷戶部、兵部尙書。五年，以本官同平章事。」新傳：「出爲……河中節度使。……武宗……召爲太常卿，遷山南東道節度使。五年，以檢校尙書右僕射同中書門下平章事。」與舊傳頗異。又全唐文七〇〇李德裕與黠戛斯可汗書云：「昨命禮部尙書鄭肅等與彼使臣面陳大計。」時亦在會昌中，兩傳均不載。檢新表，會昌五年「七月，山南東道節度使・檢校尙書右僕射鄭肅本官同中書門下平章事。」新紀同。通鑑亦同。則新傳由山南入相不誤。又考舊紀，肅爲河中在開成四年閏正月。而吳表四河中卷引會要會昌元年六月河中節度使孫簡奏事。則肅入爲太常不能遲於會昌元年春。又吳表四山南東道卷引通鑑及盧鈞傳等，鈞以會昌元年出鎭山南東道，四年八月始卸。則肅爲山南東道亦不能早過四年八月。是肅由會昌元年入朝至此已四年，肅與李德裕素厚，必不散處太常如此之久，則李德裕與黠戞斯書鄭肅有禮尙一歷固無疑，卽舊傳中經戶兵兩尙書，亦宜可信。蓋元二年由太常遷禮尙，又遷戶部，後遷兵部，四年秋檢校右僕出鎭山南東道耳。

〇李固言——會昌中，蓋三年或四年初，由兵尙換戶尙。四年八月以前，卸。——舊一七三、新一八二有傳。

〔考證〕　舊傳：「以門下侍郎平章事出爲成都尹・劍南西川節度使……。上表讓門下侍郎，乃檢校左僕射。會昌初，入朝，歷兵、戶二尙書。宣宗卽位，累授檢校司徒・東都留守。」新傳：「爲西川節度使，……檢校尙書左僕射。……武宗卽位，召授右僕射。會崔珙、陳夷行以僕射爲宰相，改檢校司空・兼太子少師，領河中節度使。……遷東都留守。」與舊傳異。按：新表，會昌元年十一月癸亥，崔鄲出鎭西川；二年正月己亥(四日)，陳夷行、崔珙以宰相兼左右僕射。則固言以右僕召不能早過元年十一月，未拜卽讓於崔珙矣，時在二年正月，下距宣宗之立尙四年餘，蓋中間嘗爲兵戶二尙書，亦爲河中節度。而自四年八月以後戶尙未嘗有缺，則其任兵戶二尙書當在二年至四年間，其後出鎭河中歟？又按：上考鄭肅李固言兩條，自會昌二年至四年秋間，肅任戶兵二尙書，固言任兵、戶二尙書，年世同而官歷先後恰相反，蓋互換其官歟？

●崔鉉——會昌四年八月三十庚戌，以中書侍郎・同中書門下平章事兼戶尙。(新表、新傳。)五年正月一日己酉朔，見在中書侍郎・兼戶尙・平章事任。時階朝議大夫。(全唐文七〇〇李德裕上尊號玉册文。)

五月十六壬戌，罷守戶尚本官。（新表、通鑑、全唐文七六武宗授杜悰右僕崔鉉戶尚制。）時階通議大夫。（授制。）旋出爲陝虢觀察使。〔考證〕。——舊一六三、新一六〇有傳。

〔考證〕　新傳兼戶尚下云：「與李德裕不叶，罷爲陝虢觀察使。」舊傳省兼戶尚一歷，而罷爲陝虢則同。舊紀亦云罷相爲陝虢。據新表、通鑑、授制，罷相爲戶尚無疑。蓋不久出爲陝虢觀察耳。又舊紀，鉉拜相罷相年月官歷與新紀、表、通鑑、學士壁記及授制均不合，必誤。

盧鈞——會昌六年，由戶侍·判度支遷戶尚，又遷吏尚。（詳吏尚卷。）——舊一七七、新一八二有傳。

●李回——會昌六年蓋九月，由中書侍郎·兼禮尚·同中書門下平章事遷門下侍郎·兼戶尚，仍平章事。大中元年初，遷兼吏尚，仍門下侍郎·平章事。（詳吏尚卷。）——舊一七三、新一三一有傳。

●崔元式——大中二年正月五日丙寅，由門下侍郎·兼刑尚·同中書門下平章事遷兼戶尚，仍門下侍郎·平章事。（新表、舊傳。）五月一日己未朔，罷守戶尚。〔考證〕。——舊一六三、新一六〇有傳。

〔考證〕　通鑑：大中二年五月己未朔，「門下侍郎·平章事崔元式罷爲戶部尚書。」新紀月日同，例不書罷爲何官。新表，二年「正月丙寅」書事後，卽書「己卯，……元式罷爲刑部尚書。」月日既誤，所罷之官亦與鑑異。按新表正月丙寅既書由兼刑尚遷兼戶尚，舊傳亦由刑尚遷兼戶尚，是罷相前實兼戶尚，非刑尚也。唐制通例罷守本官，是通鑑爲可信。且此時宰相白敏中兼刑尚，則新表之誤必矣。

○李珏——大中二年，爲戶尚。十月以前，出爲河陽節度使。——舊一七三、新一八二有傳。

〔考證〕　舊傳：「大中二年，崔鉉、白敏中逐李德裕，徵入朝爲戶部尚書，出爲河陽節度使。」據牛僧孺碑，二年十月珏書銜已爲河陽節度。（詳吏尚卷。）則卸戶尚當在十月以前。又參以前條，則始任當在五月以後，在任固不久。

○盧商——大中三年，由鄂岳觀察使徵爲戶尚。未至，八月，卒于道。——舊一七六、新一八二有傳。

〔考證〕　舊傳：「出爲鄂岳觀察使。……大中十三年，以疾求代，徵拜戶部尚書。其年八月，卒于漢陰驛。」新傳：「大中元年春，……罷爲武昌軍節度使。以疾解。拜戶部尙書，卒。」按：新表，大中元年三月，「(盧)商檢校兵部尙書·武昌軍節度使。」通鑑同。則新傳以元年出鎭，不誤。又吳表六鄂岳卷引盧肇進海潮賦表：「臣會昌三年擧進士，王起擢爲狀頭。筮仕之初，故鄂岳節度使盧商自中書出鎭，辟臣爲從事。」則商在鄂岳固及三年。吳氏謂舊傳「十三年」當作「三年」，是也。又據新六八方鎭表，大中元年復置武昌軍節度使，二年罷。則商出鎭時爲節度使，三年徵召時則爲觀察使，故從舊傳書觀察使。

●崔龜從——大中四年六月二日戊申稍前，由戶侍·判度支遷戶尙，仍判度支。〔考證〕。是日，以本官同中書門下平章事〔考證〕，仍判度支。(新表。)八月五日庚戌，罷判職。(新表。)五年四月十三乙卯，遷中書侍郎·兼吏尙，仍平章事。(新表、舊傳。)

〔考證〕新表：大中四年「六月戊申，(魏)扶薨。戶部侍郎·判度支崔龜從守戶部尙書·同中書門下平章事，判如故。」新紀同日，「戶部尙書·判度支崔龜從同中書門下平章事。」書銜與表小異。通鑑與新紀同。按：全唐文七四一崔璵授崔龜從平章事制云：「戶部尙書·判度支崔龜從……可戶部尙書·同中書門下平章事。」則似紀鑑爲確。然舊紀：大中二年六月，「戶部侍郎·兼御史大夫·判度支崔龜從奏」云云。又十一月，「以戶部侍郎·判度支崔龜從本官同平章事。」二年拜相雖誤，(舊傳拜相亦在四年。)但先官戶侍或亦可信，故新表書由戶侍遷戶尙拜相耳。

●令狐綯——大中六年正月二十六癸巳，由中書侍郎·兼禮尙·同中書門下平章事遷兼戶尙，仍中書侍郎·平章事。(新表。)九年二月二十五甲戌，遷門下侍郎·(新表。)兼兵尙，(詳兵尙卷。)仍平章事。(新表。)時階金紫光祿大夫。(詳兵尙卷。)——舊一七二、新一六六有傳。

●裴休——大中九年二月二十五甲戌，由禮尙·同中書門下平章事遷中書侍郎·兼戶尙，仍平章事。其時或稍後，十月以前，進階金紫光祿大夫。十年十月十八戊子，出爲檢校戶尙·平章事·宣武節度使，階如故。——舊一七七、新一八二有傳。

〔考證〕兩傳、舊紀、新表書休事，官歷略同，而年月頗異。茲先表列於次：

年份	舊紀	新表（他人有關事附）	兩傳
大中五年	「二月，戶部侍郎裴休充諸道鹽鐵轉運等使。」（通鑑年月同，惟戶部作兵部） 九月「以正議大夫・兵部侍郎・諸道鹽鐵轉運使・（勳封）裴休守禮部尚書，進階金紫。」	四月「（令狐）綯爲中書侍郎・兼禮部尚書。」	舊傳：「大中初，累官戶部侍郎・充諸道鹽鐵轉運使。轉兵部侍郎・兼御史大夫，領使如故。六年八月，以本官同平章事，判使如故。……休典使三歲，漕米至渭河倉者一百二十萬斛，更無沈舟之弊。累轉中書侍郎兼禮部尚書。休在相位五年，十年罷相，檢校戶部尚書（略）充宣武節度使。」 新傳：「大中時，以兵部侍郎領諸道鹽鐵轉運使。六年，進同中書門下平章事。……進中書侍郎。……三歲粟至渭倉者百二十萬斛……。秉政凡五歲，罷爲宣武軍節度使。」
六年	四月「以禮部尚書・諸道鹽鐵轉運等使裴休可本官同平章事。」	「正月癸巳，綯兼戶部尚書。」 「八月，禮部尚書・諸道鹽鐵轉運使裴休本官同中書門下平章事，使如故。」 （新紀同，無「使如故」） （通鑑在八月甲子，省書鹽鐵等使）	
八年		「十一月乙酉，休罷使。」	
九年	「二月，中書侍郎・兼禮部尚書・同平章事裴休檢校吏部尚書・	二月甲戌，「（魏）謩兼禮部尚書。休爲中書侍郎兼戶部尚書。」	

	(略)充宣武節度使。」
	(按此日綯爲門下侍郎兼兵部尚書。表失書兼兵尚，詳彼卷。)
十年	「十月戊子，休爲檢校戶部尚書・同平章事・宣武節度使。」(新紀罷相月日同)(通鑑出鎭宣武在十年六月戊寅，與新書亦異。)

考全唐文七四八杜牧裴休除禮部尚書制：「正議大夫・守尚書兵部侍郎・兼御史大夫・統諸道鹽鐵轉運等使・(勳・封・賜)裴休……可禮部尚書，依前統諸道鹽鐵轉運等使，……散官勳封如故。」同書七六七沈詢授裴休中書門下平章事制：「正議大夫・守禮部尚書・充諸道鹽鐵轉運等使裴休，……可守本官・同中書門下平章事，依前充諸道鹽鐵轉運等使。」又同書七六八盧肇宣州新興寺碑銘：「拜春官，則齊驅驥騄，(休前曾爲禮侍。)視民部，則克阜生齒，至於調入王府，貨出水衡，」云云。綜觀兩傳、舊紀、新表及此兩制、一碑，則休拜相前之官歷舊紀所書最詳而極正確。

拜相後之官歷，新表有兼戶尚一遷。考全唐文七六三沈詢授裴休汴州節度使制：「金紫光祿大夫・守中書侍郎・兼戶部尚書・同中書門下平章事・充集賢殿大學士・(勳・封・邑)裴休……可檢校戶部尚書・同中書門下平章事・(略)充宣武軍節度使(略)。」官銜與新表合。又同書七九宣宗授令狐綯太淸宮使(略)裴休集賢殿大學士制：「金紫光祿大夫・中書侍郎・兼戶部尚書・同中書門下平章事・(勳・封・邑)裴休……可守本官・充集賢殿大學士。」與新表亦合。按萃編一一四圭峯定慧禪師碑，裴休撰，銜與上引兩制全合，並已云「充集賢殿大學士」。碑以大中九年十月建，則充大學士制行於九年十月以前，至十月尙在相位也。據此二制一碑，拜相後，新表書事官歷年月極正確。

由此觀之，休之官歷，拜相前，舊紀最詳確；拜相後，新表最詳確。舊傳以兵侍本官同平章事，後遷中書侍郎始兼禮尙；誤也。舊紀罷相時銜亦誤。

官歷既明，次考年月。按：紀表拜罷年月參差特甚。然舊傳六年八月拜相，十年罷，與新表全合。復考會要八七轉運鹽鐵總敍云：「大中五年二月，以戶部侍郎裴休爲鹽鐵轉運使。明年八月，以本官同平章事，依前判使。……十年，裴休出鎭。」舊四九食貨志下同。亦與新表全合。又觀前引定慧禪師碑，九年十月尙在相位。則新表六年八月拜相，十年十月罷；是也。（通鑑以六月罷，姑不取。）舊紀拜相誤前四個月；而罷相年月正與新表遷戶尙年月同，豈卽遷戶尙致誤歟？復次，舊紀五年九月，休由兵部侍郎遷禮部尙書。然考會要八四雜稅條：「大中六年正月，鹽鐵轉運使·兵部侍郎裴休奏」云云。冊府五〇四，同。（舊四九食貨志年月同，惟書銜有使無官。）六年正月，尙銜兵侍，與紀不合。又據新表，五年九月，禮尙爲宰相令狐綯所兼，至六年正月綯遷兼戶尙，禮尙始有闕。疑休遷禮部實在六年正月繼綯任；舊紀拜相誤前四個月，遷禮尙亦誤前四個月耳。（冊府四九四：「大中六年五月，鹽鐵轉運使戶部侍郎裴休立茶稅之法。」作戶侍更誤。）且前引授休禮部尙書制爲杜牧所作。據裴延翰樊川文集後序，牧由湖州入朝在五年冬，詳吏尙卷高元裕條。則系此制於六年正月亦較五年九月爲妥切。

綜上所考，休自戶侍至罷相時官歷年月均可確知：大中五年二月，以戶侍充諸道鹽鐵轉運等使。其年遷兵侍，仍充使職。六年正月二十六癸巳或稍後月日，遷禮尙，仍充使職，時階正議大夫。八月一日甲子朔，以禮尙本官同中書門下平章事，階如故。八年十一月四日乙酉，罷使職。九年二月二十五甲戌，遷中書侍郎·兼戶尙。其時或稍後，十月以前，進階金紫光祿大夫。十年十月十八戊子，罷相，檢校戶尙·平章事，出爲宣武節度使，散官如故。

●魏謩——大中十年十月十八戊子，由中書侍郞·兼禮尙·同中書門下平章事遷門下侍郞·兼戶尙，仍平章事。（新表、舊傳、新傳〔無禮部〕。）〔考證〕。時階銀青光祿大夫。（參舊傳及後階）。十一年二月十三辛巳，出爲檢校戶尙·平章事·劍南西川節度使，（新表、舊紀、通鑑、兩傳〔作十年誤〕、全唐文七九宣宗授魏謩西川節度使制。）階如故。（舊紀、授制。）——舊一七六、新九七有傳。

〔考證〕 新表此數年中書宰相遞兼禮部戶部情形年月日極詳整，當有據。而舊紀，大中八年「七月，銀青光祿大夫·守門下侍郞·同平章事魏謩兼戶部尙書。」與新表異，今不取。

柳仲郢——大中十三年，由刑尙遷戶尙，進階金紫光祿大夫。旋出爲山南西道節度使。（詳刑尙卷。）——舊一六五、新一六三有傳。

封敖——大中末，曾官戶尙。（詳右僕卷。）——舊一六八、新一七七有傳。

畢諴——咸通元年，由宣武節度使入遷戶尙·判度支。十月二十三己亥，遷禮尙·同中書門下平章事。（詳兵尙卷。）——舊一七七、新一八三有傳。

○裴休——咸通二年正二月，由鳳翔隴右節度使入遷戶尙。約三年，卸。（詳吏尙卷。）——此再任。

李福——咸通四年九十月或稍前，由宣武節度使入遷戶尙。蓋卽本年末，換刑尙·充鹽鐵轉運使。——舊一七二、新一三一有傳。

〔考證〕 舊傳：「大中時，……充義成軍節度·鄭滑潁觀察使。入爲刑部侍郞。累遷刑部戶部尙書。乾符初，以檢校右僕射（略）充山南東道節度。」新傳：「徙鎭鄭滑。再遷兵部侍郞·判度支。出爲宣武節度使。入遷戶部尙書。會蠻侵蜀，詔福持節宣慰，卽拜劍南西川節度使·同中書門下平章事，……僖宗初，……山南東道節度使。」兩傳互有詳略，合而觀之，蓋由鄭滑入爲刑部侍郞，遷兵部侍郞·判度支，出鎭宣武，入遷刑部戶部二尙書，又出鎭西川。按：舊紀，咸通二年二月，「鄭滑節度使·檢校工部尙書李福奏，屬郡潁川……」云云。「八月，以中書舍人衛洙爲工部侍郞，尋改（略）義成軍節度・鄭滑潁觀察處置等使。」則福入爲刑侍當即在二年八月。又通鑑，咸通五年「二月己巳，以刑部尚書・鹽鐵轉運使李福同平章事・充西川節度使。」則中間諸官歷當在三四兩年中。與表二宣武卷置福於三四年，是也。福前有令狐綯，後有蔣伸。據舊書綯傳，咸通二年改宣武節度使，三年冬遷淮南；據懿宗授蔣伸宣武節度畢諴河中節度同制，則伸爲宣武在四年十月；（詳兵尚卷畢諴條。）則福爲宣武當始於三年冬或四年，卸宣武不能遲於四年九十月矣。綜上所考，福之遷官年月約略可曉：即咸通二年八月由鄭滑節度入爲刑侍。後遷兵侍・判度支。三年末或四年初，（參度支卷此年份益可信。）出鎭宣武。四年九十月或稍前入爲戶尚。尋換刑尚・充鹽鐵轉運使。五年二月己巳出鎭西川。

●曹確——咸通六年六月，由中書侍郎・兼工尚・同中書門下平章事遷兼戶尚，仍中書侍郎・平章事。七年十一月二十七戊辰，遷門下侍郎，仍兼戶尚・平章事。八年十月，遷兼吏尚，仍門下侍郎・平章事。

——舊一七七、新一八一有傳。

〔考證〕 舊紀、新表書事頗歧，列表於次：

年份	新表	舊紀
咸通五年	三月己亥，「確爲中書侍郎。」 八月乙卯，「確兼工部尚書。」	五月壬寅，「以中書侍郎・平章事曹確兼工部尚書。」
六年	六月，「確兼工部尚書。」	
七年	十一月戊辰，「確爲門下侍郎。」	
八年	十月，「確兼吏部尚書。」	十月，「門下侍郎・戶部尚書曹確兼吏部尚書。」

據此，新表兩書兼工尙，必有一誤。而舊紀兼吏尙前爲兼戶尙，亦與表異。考避暑錄卷上云：宜與張公洞有咸通八年昭義軍節度使李蠙贖寺碑，碑後刻勑牒，宰相書銜有「門下侍郎·兼戶部尙書曹」，卽確也。則舊紀兼吏尙前爲兼戶尙，是矣。復按唐世宰相兼尙書，例由工禮，而刑戶，而兵吏，不能由工部直遷吏部。（如原來地位高則可；確非其比。）則六年六月確兼「工部」，當「戶部」之譌也。又按：新表咸通四五年至八年間，書宰相遞兼工部、刑部、戶部三尙書，似頗有軌跡可尋，玆條列如後：

四年，「（楊）收爲中書侍郎。」

五年三月己亥，「（曹）確爲中書侍郎。」

八月乙卯，「收爲門下侍郎·兼刑部尙書。確兼工部尙書。」

六年六月，「收爲尙書右僕射·兼門下侍郎。確兼工部尙書。（路）巖爲中書侍郎。」

七年十一月戊辰，「確爲門下侍郎。巖兼刑部尙書。（徐）商爲中書侍郎·兼工部尙書。」

八年十月，「確兼吏部尙書。巖爲門下侍郎·兼戶部尙書。商兼刑部尙書。」（舊紀有此條，確由兼戶尙遷兼吏尙，巖兼戶尙，實代確任。）

據此排列，疑六年六月條「兼工部尙書」本在「巖爲中書侍郎」之下，誤倒於上，又奪「確」下「兼刑部尙書」五字。七年十一月條「確爲門下侍郎」下亦奪「兼戶部尙書」五字。如此，則六年六月確代收兼刑部，巖代確兼工部；七年十一月確遷兼戶部，巖代確兼刑部，商代巖兼工部；八年十月確遷兼吏部，巖代確兼戶部，商代巖兼刑部。如此，則遞兼之跡無罅隙，亦無抵觸；然無他强證，仍姑從前說，惟改六年六月「工部」爲「戶部」。

●路巖——咸通八年十月，由中書侍郎·兼刑尙·同中書門下平章事遷門下侍郎·兼戶尙，仍平章事。〔考證〕。十一年正月五日戊午，遷右僕，仍兼門下侍郎·平章事。（詳右僕卷。）——舊一七七、新一八四有傳。

〔考證〕 新表：咸通六年六月，「巖爲中書侍郎。」七年十一月戊辰，「巖兼刑部尙書。」八年十月，「巖爲門下侍郎．兼戶部尙書。」而舊紀，八年十月，「門下侍郎．禮部尙書路巖兼戶部尙書。」原銜作門郎兼禮尙，均與新表異。按舊紀此條，巖前曹確由兼戶尙遷兼吏尙，巖後徐商由兼工尙遷兼刑尙，均與新表同。則舊紀此處「禮部」必「刑部」之譌，蓋巖代確兼戶部，商又代巖兼刑部也。復考避暑錄卷上，宜興張公洞有咸通八年昭義軍節度使李蠙贖寺碑，碑後刻勅牒，宰相書銜有「中書侍郎兼刑部尙書路」，卽巖也。此又舊紀巖銜「門下侍郎．禮部尙書」爲「中書侍郎．刑部尙書」之誤之强證。

●于琮——咸通十一年正月五日戊午，以中書侍郎．同中書門下平章事兼戶尙。是年末或十二年，遷右僕．兼門下侍郎，仍平章事。（詳右僕卷。）——舊一四九、新一〇四有傳。

○蕭鄴——蓋咸通十二年，遷任戶尙。十三年蓋二三月，遷吏尙。（詳吏尙卷。）——新一八二有傳。

●劉鄴——咸通十三年十一月十四庚辰，以中書侍郎．同中書門下平章事兼戶尙。（新表。）尋遷門下侍郎，（新表。）蓋仍兼戶尙。十四年八月二十三乙卯，遷兼吏尙，仍門下侍郎．平章事。（新表。）——舊一七七、新一八三有傳。

●趙隱——咸通十四年十月四日乙未，由中書侍郎．兼禮尙．同中書門下平章事遷兼戶尙，仍中書侍郎．平章事。（新表。）時階特進。（舊傳。）乾符元年二月二十四癸丑，出爲檢校兵尙．鎭海節度使。（新表。）〔考證〕。——舊一七八、新一八二有傳。

〔考證〕 舊傳：「加中書侍郎．兼禮部尙書，進階特進。……乾符中，罷相，檢校兵部尙書．潤州刺史．浙西觀察等使。」觀新表惟少兼戶尙一遷，又節度作觀察。新傳作節度，又少兼禮尙。通鑑，乾符元年二月甲午，「以中書侍郎．同平章事趙隱同平章事．充鎭海節度使。」雖不書兼尙書，然與新表不悟。而舊紀，乾符元年三月，「以中書侍郎·刑部尚書·同平章事趙隱檢校吏部尚書·潤州刺史·浙江西道都團練觀察等使。」與表不合，與舊傳亦不相應，蓋誤。又其時浙西置鎮海軍，未廢，則舊傳只云觀察使，誤；舊紀作都團練觀察等使，更誤。

●盧攜——乾符四年九月，由中書侍郎·兼刑尚·同中書門下平章事遷兼戶尚，仍中書侍郎·平章事。（新表。）五年，卸戶尚。〔考證〕。——舊一七八、新一八四有傳。

〔考證〕 新表：五年五月丁酉，「攜罷爲太子賓客，分司東都。」舊紀惟有罷相一條，在六年五月。岑仲勉先生據舊紀及新書五行志謂罷相在六年五月八日丁酉，今姑從之，詳吏侍卷崔沆條。然李都於乾符五年秋在戶尚任，若攜罷相在六年五月，則攜卸戶尚必在五年。又據新表，攜於宰相任內，以中書侍郎歷兼工部、刑部、戶部三尚書。新傳僅書中書侍郎、刑部尚書，省工戶二部。舊傳云，「累加門下侍郎、兼兵部尚書。」此乃再相時之本、兼官也。

李都——乾符五年九月，由戶尚·判戶部事出爲河中節度使。（通鑑。）——兩書無傳。

●豆盧瑑——乾符六年十二月，由兵部侍郎·同中書門下平章事遷中書侍郎·兼戶尚，仍平章事。（新表、原官詳吏侍卷崔沆條。）廣明元年十二月二十一庚子，爲黃巢所殺。（新表、舊紀、通鑑。）——舊一七七、新一八三有傳。

李都——中和元年，由太子少傅遷檢校僕射，復兼戶尚·充鹽鐵轉運等使。——此再任。

〔考證〕 桂苑筆耕七有鹽鐵李都相公別紙二首（代高駢作）。其一云：「伏承榮膺寵命，兼掌漕運。……相公中庸日彰，大任天降，舟楫暫妨於援溺，棟梁必俟於扶危。今者三年禮成，萬乘恩至，假途端揆，正位司元，憑孔僅之智謀，……遍致豐貲，答上帝之殊恩，振中興之盛事。」其二云：「相公……再居重任，大洽羣情，必計海若傾心，廣潤煎熬之利，山靈效力，助成鎔鑄之功，便令流馬飛牛，終得踰千越萬。」按：通鑑，乾符五年九月，都由戶尚判戶部出爲河中節度同平章事，已見前引。廣明元年十一月，又書：「辛酉，以王重榮權知河中留後。以河中節度使・同平章事李都爲太子少傅。」在河中適三年，故此云「三年禮成」；前已爲戶尙・判戶部，故此云「再居重任」。「三年禮成」下接云，「萬乘恩至，假途端揆，正位司元。」則以檢校僕射兼戶尙領使務也，當卽在卸河中後不久。按：中和元年自正月至十月，不見他人任戶尙，豈都再任戶尙領使職卽此時歟？其一又云：「某每慙糠粃居前，久阻鹽梅入用，主張多失，固難稱老成人，交代叨榮，無以告新令尹。」其二亦云：「每辱榮緘，卽垂虛譽，周顗齊名於樂廣，固是懷慙，韓非接傳於老聃，實爲過望。」則都卽繼駢任者。蓋駢爲鹽鐵轉運使，此時中卸而都繼之，旋復歸於駢，至二年又卸耳。又按：同書八復有鹽鐵李都相公別紙二首，則駢兼侍中加實封落使務時所作，亦題銜鹽鐵何耶？然內容絕無交代繼任之意，蓋書前官耳。

●**蕭遘**——中和元年十一月，由中書侍郎・兼禮尙・同中書門下平章事遷兼戶尙，仍中書侍郎・平章事。（新表、全唐文八六僖宗授蕭遘監修國史制。）階由光祿大夫進特進。（監修國史制。）中和二年二月，判度支，餘並如故。（新表、全唐文八一四樂朋龜蕭遘判度支制。）四月，遷門下侍郎・兼吏尙，仍平章事。（新表、全唐文八六僖宗蕭遘罷判度支制。）同時，罷判度支，階如故。（罷判度支制。）——舊一七九、新一〇一有傳。

盧渥——光啓二年三月十九戊戌，由御史中丞・兼左丞遷戶尙・充山南西道節度留後。（通鑑、神道碑、參看左丞卷。）文德元年春，轉檢校司空・兼太常卿。（詳右僕卷。）——全唐文八〇九有司空圖撰太子太師盧公神道碑。

●**張濬**——文德元年四月，以中書侍郎・同中書門下平章事兼戶尙。（新表。）龍紀元年三月一日壬辰朔，兼判戶部事。卽以此月遷兼吏尙，仍中書侍郎・平章事。〔考證〕。——舊一七九、新一八五有傳。

〔考證〕　新表：龍紀元年「三月，濬兼吏部尙書。」而舊紀：龍紀元年三月壬辰朔，「以中書侍郎・戶部尙書・同平章事張濬爲集賢殿大學士・判戶部事。」紀表不同，合而觀之，蓋三月一日判戶部，旋遷兼吏尚歟？

鄭延昌——大順中，由兵侍·兼京兆尹遷戶尚。景福元年三月，遷中書侍郎·同中書門下平章事·兼判度支。——新一八二有傳。

〔考證〕新傳：「進累兵部侍郎·兼京兆尹·判度支。拜戶部尚書。以中書侍郎同中書門下平章事。」新表，景福元年「三月，戶部尚書鄭延昌爲中書侍郎·同中書門下平章事。」新紀、通鑑同。舊紀在大順二年十二月，前後官銜同，惟「平章事」下有「判度支」三字。觀其年份及度支卷員闕，當繼劉崇望爲判使也。新傳判度支在前，誤。

盧知猷——約乾寧初，曾官戶尚。——舊一六三、新一七七有傳。

〔考證〕舊傳：「遷尚書右丞，兵部侍郎，歷太常卿，工部、戶部尚書，復領太常卿。昭宗在華下，加檢校右僕射，守太子少師，進位太子太師，檢校司空，卒於華下。」按知猷爲右丞兵侍蓋大順景福中，昭宗幸華州在乾寧三年七月，則官工戶二尚書蓋乾寧初年。

楊堪——乾寧二年五月，由戶尚貶雅州刺史。（通鑑。）——舊一七六、新一七五附見父虞卿傳。

●李知柔——乾寧二年六月一日丁亥朔，以京兆尹兼戶尚·判度支·兼充諸道鹽鐵轉運使。（舊紀、會要八七、同書八八、全唐文九〇昭宗授薛王知柔戶部尚書判鹽鐵度支制。）七月五日庚申，權知中書事，餘並如故。（新表、舊紀、通鑑〔辛酉〕。）同月十六辛未，帶平章事出爲清海軍節度使。未赴任，仍權知京兆尹·判度支·充鹽鐵轉運使。時階特進。〔考證〕。——新八一附宣惠太子業傳。

〔考證〕新表，是年七月「辛未，知柔爲清海軍節度使·同平章事，仍權知京兆尹·判度支·充諸道鹽鐵轉運等使。」通鑑同，最後有「俟反正日赴鎮」一句。又舊紀，三年「正月癸丑朔，制以特進·戶部尚書·兼京兆尹·嗣薛王知柔檢校司徒·兼廣州刺史·御史大夫·充清海軍節度·嶺南東道觀察處置等使。」年月與新表通鑑異，蓋此時始赴鎮歟？爲清海節度時已不云權兼戶尚，蓋其時卸。罷判度支鹽鐵當在八月，看彼卷員闕自明。

●王摶——乾寧二年九月三日丙辰，由中書侍郎‧同中書門下平章事遷門下侍郎‧兼戶尚‧判度支，仍平章事。同時，階由正議大夫進金紫光祿大夫。三年，蓋兼充諸道鹽鐵轉運等使。八月六日甲寅，出爲檢校戶尚‧威勝軍節度使，階如故。——新一一六有傳。

〔考證〕　新表：乾寧二年八月壬子，「(中書侍郎‧同平章事)王摶爲門下侍郎‧兼戶部尚書‧判度支‧諸道鹽鐵轉運使。」三年八月「甲寅，摶檢校戶部尚書‧同平章事‧威勝軍節度使。」而舊紀：二年九月丙辰，「制正議大夫‧中書侍郎‧同平章事王摶爲金紫光祿大夫‧戶部尚書‧門下侍郎‧監修國史‧判度支。」三年五月辛巳，「制金紫光祿大夫‧戶部尚書‧門下侍郎‧平章事‧監修國史‧(勳‧封)王摶爲檢校左僕射‧平章事‧兼越州刺史‧充鎭東軍節度‧浙江東道觀察處置等使。」月日判使不同，罷相出鎭軍名亦異。按：通鑑罷相月日軍名與新表同，據後罷相制，亦作威勝軍。(新六八方鎭表，乾寧三年「改威勝軍節度爲鎭東節度。」)則新表是也；月日亦從之。惟遷戶尚月日及判使尚待商榷。按：舊紀，二年九月丙辰，王摶遷戶尚‧判度支。同日，宰相徐彥若由左僕遷司空‧充鹽鐵轉運使。據會要八七及八八，皆云二年九月宰相徐彥若充鹽鐵轉運使，與舊紀合。又新表，彥若實以九月丙辰爲司空；則舊紀此條爲可信。卽彥若充鹽鐵轉運使；摶判度支，不兼鹽鐵也。日亦從之。然全唐文八一九楊鉅授王摶威勝軍節度平章事制云：「金紫光祿大夫‧門下侍郎‧兼戶部尚書‧同中書門下平章事‧監修國史‧判度支‧諸道鹽鐵轉運等使‧(勳‧封‧邑)王摶……可檢校戶部尚書‧同中書門下平章事，散官勳如故，充威勝軍節度‧浙江東道管內觀察處置宣撫等使。」則罷相前夕，摶固兼充鹽鐵轉運等使也。疑其始，彥若與摶分充鹽鐵度支兩使，後彥若卸鹽鐵，而摶兼之耳。新表，三年「三月，彥若兼侍中‧大明宮留守‧京畿安撫制置等使。」其卸鹽鐵蓋此時歟？

●崔胤——乾寧三年九月十七乙未，由檢校禮尚‧平章事‧武安節度使遷中書侍郎‧兼戶尚‧判度支‧同中書門下平章事。時階金紫光祿大夫。光化元年正月，遷兼吏尚，仍平章事‧判度支。——舊一七七、新一二三下有傳。

〔考證〕新表：乾寧三年九月「乙未，崔胤爲中書侍郎・兼戶部尚書・同中書門下平章事。」四年六月乙巳，「胤兼戶部尚書。」光化元年正月，「胤兼吏部尚書。」按：三年九月條，全唐文有制，與表同，惟多「判度支」一職，又時階金紫光祿大夫，詳吏尚卷。遷兼吏尚。亦詳彼卷。四年六月乙巳兼戶尚，與三年九月事重複。始疑「戶」當作「兵」。然考萃編一一八賜錢鏐鐵券：「維乾寧四年歲次丁巳，八月甲辰朔，四日丁未，……」云云。最後「中書侍郎・兼戶部尚書・平章事臣崔胤宣奉。」是四年九月尚在兼戶尚任，則新表六月乙巳一條乃衍文，非誤譌也。

●**陸扆**——光化三年四月，以中書侍郎・同中書門下平章事兼戶尚。九月二十三戊申，遷門下侍郎，仍兼戶尚・平章事。時階光祿大夫。天復元年五月十九庚子，遷兼兵尚，進階特進，仍門下侍郎・平章事。——舊一七九、新一八三有傳。

〔考證〕新表、舊紀書扆官歷甚詳，茲先表列於後：

年份	新表	舊紀
乾寧四年		「八月甲辰朔，以工部尚書陸扆爲兵部尚書。」
光化二年	正月丁未，「兵部尚書陸扆本官同中書門下平章事。未幾，爲中書侍郎・兼戶部尚書・平章事。」	正月「丁未，以兵部尚書陸扆爲兵部侍郎・同平章事。」
三年	九月戊申，「扆爲門下侍郎・兼戶部尚書」（按據表例，此處不應再云「兼戶部尚書。」）	九月戊申，「光祿大夫・中書侍郎・兼戶部尚書・同平章事・（勳・封・邑）陸扆爲門下侍郎・戶部尚書・監修國史。」
天復元年	「五月，扆兼兵部尚書。」	五月「庚子，制門下侍郎・戶部尚書・平章事陸扆加兵部尚書，進階特進。」

按：新表、舊紀年月日及官歷多合。惟新表拜相時本官同平章事，是仍兵尚也。新紀、通鑑雖無「本官」，而實同。新傳云：「從天子自華州還，以兵部尚書復當國。」是亦以兵尚本官入相也。而舊紀由兵尚改兵侍入相，後引舊傳由兵尚遷中書侍郎入相，是不同。考全唐文八三四錢珝代宰相陸公謝再入表云：「臣扆言，臣昨蒙恩制，除授中書侍郎‧同中書門下平章事。」卽此次拜相謝表也。是以中書侍郎同平章事，舊傳最碻；舊紀「兵部」蓋「中書」之譌耳。新表作「本官」，誤；新紀、通鑑、新傳亦皆誤。然表於「平章事」下續云「未幾爲中書侍郎。」或先以本官入相，不一兩日卽改中書侍郎歟？是新書亦未爲大誤也。舊傳：「（乾寧）四年二月，復授扆工部尚書。八月，轉兵部尚書。從昭宗自華還宮。（事在光化元年八月。）明年（二年）正月，復拜中書侍郎‧同平章事。光化三年四月，兼戶部尚書，進封吳郡開國公，食邑一千戶。九月，轉門下侍郎‧監修國史。天復元年五月，進階特進，兼兵部尚書，加食邑五百戶。」此段記載甚詳，且與舊紀、新表合。而以中書侍郎入相，於事最正確，其兼戶尚又有詳明年月，（新表兼戶尚在中書侍郎下。按此條之後一條卽三年「四月，遠兼吏部尚書。」疑扆兼戶尚本在遠事下，與舊傳年月同，今本誤簡於前耳。）尤爲可貴。唐末史料多墜失，故兩書紀、表、傳官歷年月多不相應，惟扆事，紀表傳記載甚詳，且相切合，殊難得可喜。

●**裴贄**——天復元年五月，由中書侍郎‧兼刑尚‧同中書門下平章事遷兼戶尚，仍中書侍郎‧平章事。（新表、新傳。）三年十二月十五辛巳，罷爲左僕。（詳左僕卷。）——新一八二有傳。

●**獨孤損**——天祐元年閏四月十四戊申，由兵侍‧同中書門下平章事‧判度支遷門下侍郎‧兼戶尚，仍判度支。〔考證〕。二年三月十九戊寅，出爲檢校左僕‧平章事‧靜海軍節度使。（新表、舊紀〔五日甲子〕。）時階光祿大夫。（舊紀。）——兩書無傳。

〔考證〕 天復三年，損以兵侍同平章事，兩紀、新表、通鑑並同。新表，天祐元年正月乙巳，「損判右三軍事‧判度支。」閏四月「己卯（乙卯），損爲門下侍郎‧兼戶部尚書。」而舊紀同年閏四月戊申，「戶部尙書·門下侍郎·平章事獨孤損判度支。」日及書事稍異。今書事從新表；而日從舊紀，參看右僕卷裴樞條。

●柳璨——天祐二年三月二十五甲申，由中書侍郎·同中書門下平章事·判戶部遷門下侍郎·兼戶尙·充諸道鹽鐵轉運等使，仍平章事。時階正議大夫。十二月十九癸卯，遷司空，進階光祿大夫，仍兼門下侍郎·平章事·充使職。——舊一七九、新二二三下有傳。

〔考證〕新表、舊紀書璨事頗歧，茲先列表如後：

年份	新表	舊紀
天祐元年	正月乙巳，「翰林學士·左拾遺柳璨爲諫議大夫·同中書門下平章事。」	正月丁酉朔書事與表同。 閏四月戊申，「中書侍郎·平章事柳璨判戶部事。」
二年	三月甲申(二十五)，「璨爲門下侍郎·兼戶部尙書。」 十二月「癸卯(十九)，璨爲司空·諸道鹽鐵轉運使。」 同月「癸丑(二十九)，貶登州刺史。」	三月甲子(五日)，「以正議大夫·中書侍郎·同平章事·判戶部事·(勳·封)柳璨爲門下侍郎·兼戶部尙書·同平章事·太淸宮使·弘文館大學士·延資庫使·諸道鹽鐵轉運等使。 十二月「辛卯(七日)，制正議大夫·門下侍郎·兼戶部尙書·同平章事·太微宮使·弘文館大學士·延資庫使·充諸道鹽鐵轉運等使·(勳·封)柳璨可光祿大夫·守司空·兼門下侍郎·太微宮使·弘文館大學士·延資庫使·充諸道鹽鐵轉運等使。」 同月癸丑，「柳璨責授朝議郎·守登州刺史。」

據此，新表、舊紀官歷頗異。舊紀，諫議大夫後有中書侍郎一遷，新表無，此其一。舊紀判戶部，新表無，此其二。舊紀，二年三月兼戶尙，同時卽充鹽鐵轉運使，新表充使在十二月遷司空時，此其三。按舊傳：「以諫議大夫平章事，改中書侍郎，……遷洛後，累兼戶部尙書，守司空，進階光祿大夫，鹽鐵轉運使。」新傳：「以諫議大夫同中書門下平章事，……進中書侍郎·判戶部。」則舊紀中書侍郎判戶部，是也，新表脫書。據舊傳，充鹽鐵使似在遷司空時，與表同。然會要八七、八八均云天祐元年裴樞爲鹽鐵轉運等使，「其年，門下侍郎·平章事柳璨充鹽鐵轉運使。」其年乃明年之誤，然璨繼樞任蓋可信。樞以二年三月罷相及使職，同月楊涉以宰相判戶部，則舊紀三月璨由判戶部改充鹽鐵轉運使，宜可信。新表似亦誤。其餘月日，舊紀、新表不同者，例從新表。

朱光啓——唐末，蓋不能早過僖宗世，官至戶尙。——兩書無傳。

〔考證〕　新七四下世表，朱氏「光啓，戶部尙書。」按光啓爲武后時宰相朱敬則之六世孫，以世次推之當如此。

唐僕尚丞郎表 卷十二

輯考四下 尚書戶部侍郎

獨孤義順——武德中，官民侍，遷左丞。（全唐文三九三獨孤及潁川郡長史河南獨孤公靈表〔戶侍〕。）——兩書無傳。

趙義綱——約貞觀初，或稍前後，官至民侍。——兩書無傳。
〔考證〕姓纂七：平原趙氏「仲將，隋吏部尚書。生義綱，唐戶部侍郎。」按：郎官柱戶外第一人爲趙義綱。據岑氏新著錄，此前未泐；是卽入唐以後戶外之首任也。則官民侍最早在武德末，或當在貞觀初中葉。

封元素——約貞觀初，或稍後，官至民侍。——兩書無傳。
〔考證〕新七一下世表：封氏「德如，隋河南王司馬。」子「元素，戶部侍郎。」又元素叔「德彝，相高祖、太宗。」則元素官戶侍似當在太宗高宗世。又郎官柱戶外，元素爲第三人，則官戶侍當卽在貞觀中義綱之後。

孫伏伽——貞觀中，由大理少卿遷民侍。十四年，徙大理卿。（舊傳。）——舊七五、新一〇三有傳。

崔仁師——貞觀十七年，或前後一年，由鴻臚少卿遷民侍。（兩傳。）十八年七月二十三甲午，以本官充伐高麗饋運副使。（通鑑、兩傳。）十九年正月二十八丁酉，免官。（通鑑、兩傳。）——舊七四、新九九有傳。

高履行——貞觀十九年，遷民侍，進階銀青光祿大夫。（舊傳。）二十一年正月五日壬辰，或上年，免。〔考證〕。——舊六五、新九五有傳。

〔考證〕　舊傳：「無幾，遭父艱，居喪復以孝聞。」按高士廉以二十一年正月壬辰薨，見兩紀、新表、通鑑，則履行之免當即其時。然後條盧承慶，據會要敍事，二十年已在民侍任，若年份不誤，則履行當先卸也。

盧承慶——貞觀二十一年正月十日丁酉，以民侍充封禪副使。（冊府三五〔戶侍〕。）蓋前數日，或上年，始官民侍。〔考證一〕。二十二年二月，以本官兼檢校兵侍知吏部五品選事。〔考證二〕。是年或明年，遷雍州別駕。（兩傳。）——舊八一、新一〇六有傳。

〔考證一〕　冊府年月日書事甚詳明，舊紀、通鑑雖不書承慶充使事，然亦以是年正月丁酉下詔以來年仲春封禪，則冊府年月日絕不誤，即承慶始官民侍必在此日以前也。舊傳：「累遷民部侍郎。太宗嘗問歷代戶口多少之數，承慶敍夏殷以後迄于周隋，皆有依據。太宗嗟賞久之。」新傳同。會要八四戶口雜錄條記此事云「貞觀二十年。」則始任當在二十年。然高履行傳似任民侍直至士廉薨時，則承慶繼任必在二十一年正月上旬。會要年月舛譌極多，此姑存疑。

〔考證二〕　舊傳：「尋令兼檢校兵部侍郎，仍知五品選事。承慶辭曰，選事職在尚書；臣今掌之，便是越局。太宗不許曰，朕今信卿，卿何不自信也。」新傳同。會要五八吏部尚書條：「蘇氏駁曰：貞觀二十二年二月，民部侍郎盧承慶兼檢校兵部侍郎，仍知五品選事。」事同兩傳，而有年月可考。通典二三吏部尚書條敍此事與會要同，惟民部作吏部，誤。據兩傳、會要、通典，檢校兵侍知五品選事，似爲知兵部五品選；而會要、通典皆入吏部尚書條。初以爲誤。然二十二年二月崔敦禮正在兵尚任，而是年正月九日吏部尚書馬周卒，時值銓選期間，不應闕人，蓋承慶誠知吏部五品選事，傳及會要、通典省書吏部耳。

張文琮——永徽初，由亳州刺史入遷戶侍。（兩傳）。四年二月，貶建州刺史。〔考證〕。——舊八五、新一一三有傳。

〔考證〕 舊傳戶侍下云：「從母弟房遺愛以罪貶授房州刺史，文琮作詩祖餞。及遺愛誅，坐是出爲建州刺史。」新傳同。按：遺愛以永徽四年二月乙酉誅，則文琮貶出當在其時。又據兩傳，文琮只官至戶侍。而新七二下世表：「(張)文琮，吏部侍郎。」考芒洛冢墓遺文卷中清河張氏女殤墓誌：「高祖文琮，皇朝戶部侍郎。」則世表作吏部，誤也。

韋琨——高宗初，蓋永徽中，曾官戶侍。——舊九二附見姪安石傳。

〔考證〕 舊傳：「叔琨，戶部侍郎。」姓纂二：「韋琨，戶部侍郎，太子詹事。」新七四上世表，「琨，太子詹事。」按岑氏姓纂校記：「叢編八引京兆金石錄，唐贈秦州都督韋琨碑，咸亨四年立。永徽二年任太常少卿，見會要三七。冥報記，貞觀十六年，琨爲給事中。」據此推之，爲戶侍當在高宗初，今姑據官名戶侍置永徽中。

杜正倫——顯慶元年三月二十二丙戌，由戶侍遷黃門侍郎・同中書門下三品。(兩紀、新表、通鑑〔作度支侍郎〕。)——舊七〇、新一〇六有傳。

張大象——約高宗初葉，官至戶侍。——舊六八附父公謹傳。

〔考證〕 舊傳，公謹以貞觀初卒，年三十九。(新傳作四十九。)「長子大象嗣，官至戶部侍郎。次子大素、大安。……大素，龍朔中歷位東臺舍人。……大安，上元中歷太子庶子。同中書門下三品。」新七二下世表，魏郡張氏「大象，戶部侍郎。」據此推之，大象官戶侍當在高宗初葉，不能遲過中葉。

魏滿行——約高宗初葉，官至戶侍。——兩書無傳。

〔考證〕 芒洛冢墓遺文四編卷五張嵒妻墓誌：「夫人魏氏，鉅鹿郡人也。曾祖滿行，刑戶二侍郎。」後云：「春秋卌有五，……以開元廿一年七月廿七日權殯于河南縣……。」以世次推之，滿行官達當在貞觀中或高宗初。今姑據官名戶侍書於高宗初。又姓纂八，魏氏「彥元生浦，刑戶二侍郎。生正見。」據誌及隋書五八魏澹傳，此卽滿行之脫誤。據姓纂，祖仕北齊，伯父彥深仕隋，姪克己，高宗末官吏侍，則置滿行官戶侍於高宗初年，亦合。

寇宏——約高宗初葉，或貞觀末，官至戶侍。——兩書無傳。

〔考證〕姓纂九，寇氏「儁，西魏司空。……儁曾孫宏，唐戶部侍郎。」據世次，當在高宗初，不能遲至末葉。

源悟——顯慶中，官至度支侍郎。——兩書無傳。

〔考證〕芒洛冢墓遺文四編卷五楊君夫人源氏墓誌：「夫人諱內則，河南人也。其先出自魏聖武之胤。……曾祖悟，皇朝度支侍郎。」按戶部名度支惟顯慶元年七月至龍朔二年二月，故置顯慶中。又夫人以開元十九年卒，年六十七，上推時代亦合。

張山壽——龍朔二年五月十五癸卯，見在司元少常伯任。（大正藏經第二一〇八集沙門不應拜俗等事卷三聖朝議不拜篇。）——兩書無傳。

柳子房——約高宗世官至戶侍。——兩書無傳。

〔考證〕新七三上世表，柳氏「子房，戶部侍郎。」姓纂七，同。按祖旦，隋黃門侍郎，從昆弟奭相高宗，則子房官達蓋亦高宗世。

崔義起——高宗世，官至戶侍。——兩書無傳。

〔考證〕新七二下世表，「義起，戶部侍郎。」姓纂七，同。按：伯父「子博，隋泗州長史。」則義起官戶侍當在貞觀末或高宗世。郎官柱戶中有義起。勞考一一引舊書龜茲傳，貞觀二十二年，義起在倉部郎中任，則官戶侍必在高宗世無疑矣。

高審行——永隆元年八月二十二甲子稍後或九月初，由戶侍貶渝州刺史。（通鑑、新傳、芒洛冢墓遺文續編卷下高嶸墓誌、新七一下世表。）——新九五附父士廉傳。

宗楚客——垂拱中，曾官地侍。（新傳。）——舊九二、新一〇九有傳。

武攸寧——垂拱四年四月十一戊戌，地侍增一員，以攸寧爲之。（會要五八戶侍條。）——舊一八三、新二〇六附外戚武承嗣傳。

傅元淑——垂拱末，或永昌元年，官地侍。（詳工尙卷。）——兩書無傳。

●狄仁傑——天授二年九月二十六癸巳，由洛州司馬遷地侍·同鳳閣鸞臺平章事。（新紀、新表、通鑑、舊紀、舊傳〔丁酉〕、新傳。）十月，判尙書事。〔考證〕。長壽元年春一月四日庚午，貶彭澤令。（新紀、新表〔從百衲本，通本誤爲正月〕、通鑑、兩傳。）——舊八九、新一一五有傳。

〔考證〕 舊傳：「天授二年九月丁酉，轉地官侍郞·判尙書·同鳳閣鸞臺平章事。」新傳無「判尙書」，新表亦不書。按：舊一八六上酷吏來俊臣傳：「如意元年，地官尙書狄仁傑（略）等六人並爲其羅告。」亦作尙書，非侍郞。又大唐新語一二酷忍類記此事，仁傑銜「春官尙書」春官雖誤，然爲尙書，則與舊傳及來俊臣傳合。檢戶尙卷，天授二年十月地官尙書始闕，仁傑判尙書蓋其時，新表失書。

李元素——長壽元年八月十六戊寅，由檢校地侍遷文昌右丞·同鳳閣鸞臺平章事。（詳右丞卷。）——舊八〇、新一〇六附兄敬玄傳。

張知泰——蓋聖曆、久視中，由夏侍換地侍，出爲益州大都督府長史。——舊一八五下、新一〇〇附兄知謇傳。

〔考證〕 舊傳：「通天中，知泰爲洛州司馬。……尋以知泰爲夏官、地官侍郞，益州長史，中臺右丞。」按知泰爲右丞約在長安三年，詳彼卷。則爲夏侍地侍當在聖曆久視中。

段嗣元——武后世，蓋前葉，官至地侍。——兩書無傳。

〔考證〕 姓纂九，段氏「嗣元，地官侍郞，鄭州刺史。」按：父寶元，高宗初官至左右丞。嗣元，其長子也，蓋武后前葉已宦達。

姜柔遠——武后世，曾官地侍。——舊五九、新九一附祖蕚傳。

〔考證〕 全唐文三九一獨孤及新平長公主故季女姜氏墓誌：「曾祖柔遠，位至尙書地官侍郎。祖晈。」而新書姜蕚傳，孫柔遠，「武后時至左鷹揚衞將軍，攝地官尙書，通事舍人內供奉。」舊傳失書地官，餘並同。按衞將軍位從三品，可能攝尙書事，則新傳作尙書未必誤。傳誌不同，今姑從誌。

紀處訥——武后末，曾官地侍。——舊九二附蕭至忠傳，新一〇九附宗楚客傳。

〔考證〕 姓纂六，天水上邽紀氏，「處訥，地官侍郎，太府卿，平章事，侍中。」據傳，神龍元年在太府卿任。參之官名，其官地侍必在武后末。

楊溫玉——蓋武后末，曾官地侍。——舊九〇附見再思傳，又一一九附孫綰傳。

〔考證〕 再思傳：「弟溫玉，爲戶部侍郎。」綰傳：「祖溫玉，則天朝爲戶部侍郎，國子祭酒。」

尹思貞——長安末，或神龍初，蓋曾官地侍或戶侍。——舊一〇〇、新一二八有傳。

〔考證〕 姓纂六，尹氏「思貞，刑戶二侍郎，御史大夫，戶部尙書。」據兩傳，長安中官刑侍，神龍初官大理卿外貶，不云戶侍。若姓纂不誤，則當在長安神龍年間。

樊忱——神龍元年正月二十三甲辰，見在地侍任。（舊紀。）——兩書無傳。

薛季昶——神龍元年春蓋二月，由洛州長史遷戶侍。時階銀青光祿大夫。蓋五月，出爲荊州大都督府長史。——舊一八五上、新一二〇有傳。

〔考證〕 舊傳：「長安末，爲洛州長史。……神龍初，以預誅張易之兄弟功，加銀青光祿大夫，拜戶部侍郎。時季昶勸敬暉等因兵勢殺武三思等，暉等不從。……因是累貶，自桂州都督授儋州司馬。」新傳云：「爲梧州長史，預誅張易之等功，進戶部侍郎。五王失柄，出季昶荊州長史，貶儋州司馬。」蓋先貶荊州，再貶桂州，三貶儋州也。按：誅張易之在神龍元年正月，爲戶侍當在二三月。又按：五王以神龍元年五月並罷知政事，七月出張柬之爲襄州刺史。二年正月出敬暉、桓彥範、袁恕己爲刺史，六月，五王皆貶流爲遠州司馬。季昶貶荊州長史較貶他州刺史爲輕，蓋元年五月五王罷相時事，新傳所謂「五王失柄」是也。及五王貶授刺史，季昶貶桂州；五王遠流，季昶貶儋州司馬耳。

韋太眞——蓋中宗初，或武后世，曾官戶侍。——兩書無傳。

〔考證〕 新七四上世表，韋氏「眞泰，戶部侍郎。」姓纂二作太眞，戶侍同。岑氏校記：「太眞，咸亨元年爲通事舍人，見元龜一〇五。」蓋太眞爲正。又據此年份，其爲戶侍當在武后或中宗世。今據官名戶侍，書中宗世。又世表，從弟「月將，以直諫死中宗朝。」則書中宗時亦無不合。

樊忱——景龍元年夏，見在戶侍任。——此再任。

〔考證〕 册府一〇五：「神龍三年夏，山東、河南二十餘州大旱，饑饉疾疫，死者二千餘人。命戶部侍郎樊悅巡撫賑給。」按：神龍元年正月甲辰有樊忱在地侍任，見舊紀。忱悅必是一人。考姓纂四，盧江樊氏「忱，戶部尚書。」則似作「忱」爲正。豈後爲戶尚耶？抑侍郎之誤歟？抑册府此條侍郎爲尚書之誤歟？待考。

于經野——景龍三年九月，蓋見在戶侍任。——兩書無傳。

〔考證〕 新七二下世表，于氏「經野，戶部侍郎。」按唐詩紀事一二：「于經野，中宗時爲戶部尚書。」又云：「中宗九日登高應制二十四人。……于經野及盧懷愼詩後成，時景龍三年也。」作尚書，蓋誤。

徐堅——景龍末，以禮侍兼判戶部。時階銀青光祿大夫。景雲元年秋，轉太子右庶子。（詳禮侍卷。）——舊一〇二、新一九九有傳。

和逢堯——景雲二年十一月八日戊寅稍後，或先天元年春，由御史中丞遷戶侍。（通鑑、舊傳。）開元元年秋，貶朗州司馬。〔考證〕。——舊一八五下附姜師度傳。

〔考證〕 舊傳，「驟遷戶部侍郎」下云：「尋以附會太平公主，左遷朗州司馬。」按太平公主以開元元年七月賜死，逢堯之貶必其時稍後。

劉知柔——開元元年，由荆州大都督府長史入遷戶侍。是年或明年，遷右丞。時階銀青光祿大夫。（詳右丞卷。）——舊一〇二、新二〇一有傳。

王志愔——開元元二年，由汴州刺史·河南道按察使·兼御史中丞遷戶侍。同時或稍前，進階銀青光祿大夫。旋出爲魏州刺史·本道按察使。——舊一〇〇、新一二八有傳。

〔考證〕舊傳：「遷汴州刺史，仍舊充河南道按察使。太極元年，又令以本官兼御史中丞內供奉。……尋加銀青光祿大夫，拜戶部侍郎。出爲魏州刺史，轉揚州大都督府長史，俱充本道按察使。……久之，召拜刑部尙書。」新傳省書戶侍。按五年，志愔已爲刑尙。又據新百官志，景雲二年置十道按察使，至開元四年罷。志愔卸戶侍後歷兩道按察使，則爲戶侍當在開元元年不能遲過二年。

馬懷素——開元二年，由刑侍遷戶侍。時階銀青光祿大夫。三年，徙光祿卿，階如故。（詳吏侍卷。）——舊一〇二、新一九九有傳，全唐文九九五有秘書監馬懷素墓誌。

源乾曜——開元初，由少府少監遷戶侍。（舊傳、全唐文二五一蘇頲授源乾曜戶侍制〔作少府監據新傳當作少監〕。）時階正議大夫。（授制。）旋兼御史中丞。（舊傳。）三年十二月或四年正月，遷左丞，階如故。（詳左丞卷。）——舊九八、新一二七有傳。

崔皎——開元四年十二月，以戶侍充置頓副使。（冊府一一三。）——兩書無傳。

王怡——開元五年正月，見在戶侍知置頓使任。（會要二七行幸條，參新七二中世表。）——兩書無傳。

倪若水——開元五六年，由汴州刺史·河南採訪使入遷戶侍。七年遷右丞。（兩傳。）——舊一八五下、新一二八有傳。

楊滔——開元六年至七年三月十九戊申，見在戶侍任。（舊五〇刑法志、新五八藝文志、會要三九定格令條。）——兩書無傳，見新七一下世表。

源光裕——約開元九年，由刑侍遷戶侍。十年，遷左丞。（詳刑侍卷。）——舊九八、新一二七附從祖乾曜傳。

强循——開元十年初，在戶侍任。——舊一八五下、新一〇〇附見姜師度傳。

〔考證〕 姓纂五，扶風强氏「修，御史中丞，戶部侍郎。其先略陽人也。」即循。舊姜師度傳：「開元六年，以蒲州爲河中府，拜師度爲河中尹，令其繕緝府寺。先是，安邑鹽池漸涸，師度……疏決水道，置爲鹽屯，公私大收其利。再遷同州刺史。又……就古通靈陂，擇地引雒水及堰黃河灌之，以種稻田，……置屯十餘所，收穫萬計。特加金紫光祿大夫。尋遷將作大匠。明年，左拾遺劉彤上言，請置鹽鐵之官，收利以供國用。……疏奏，……遂令師度與戶部侍郎强循並攝御史中丞，與諸道按察使計會，以收海內鹽鐵。其後，頗多沮議者，事竟不行。師度以十一年病卒。」新傳同，惟無年份。舊四八食貨志上：「開元元年十一月，河中尹姜師度以安邑鹽池漸涸，……疏決水道，置爲鹽屯，公私大收其利。其年十一月五日，左拾遺劉彤上表曰……（云云較傳詳）。遂令將作大匠姜師度、戶部侍郎强循俱攝御史中丞，與諸道按察使檢責海內鹽鐵之課。」（各本均同。）冊府四九三山澤條敍事年月日全同。會要八八鹽鐵條：「開元元年十二月，河中尹姜師度」云云，「其年十一月五日，左拾遺劉彤論鹽鐵上表……」云云，皆與舊志、冊府全同，惟元年十一月作十二月。而「鹽鐵之課」下有云：「至十年八月十日，勑諸州所造鹽鐵，每年合有官課，比令使人勾當，除此更無別求。」云云。（舊志、冊府，「比令使人勾當」云云直接上文「鹽鐵之課」，無「至十年」至「合有官課」二十字，均誤。）按：舊傳作「開元六年」「明年」，舊志、會要作「開元元年」「其年」，是不同。考舊三九地理志，河中府下，「開元八年置中都，改蒲州爲河中府，其年罷中都，依舊爲蒲州。」新三九地理志同。而舊紀開元九年「春正月丙辰（九日），改蒲州爲河中府，置中都。」「秋七月戊申，罷中都依舊爲蒲州。」通鑑同。蓋置中都河中府之議發於八年，故地志云八年，實則九年正月九日始有改置之詔耳，至七月復罷爲蒲州矣。然則，師度爲河中尹必始於九年春，其置鹽屯必卽在九年之十一月，同月五日劉彤上表議鹽鐵，師度及戶侍强循出使檢校鹽鐵之課必在十年春。至「十年八月十日」又勅諸州云云，所謂「比令使人勾當」者，卽指循及師度而言也。舊傳作「六年」，舊食貨志及冊府、會要作「元年」，均「九年」之形譌，且其譌蓋宋時已然。

徐知仁——開元十二年，在戶侍任。——兩書無傳。

〔考證〕姓纂二：「戶部侍郎徐知，世居柳城。」勞氏御考一云：「脫仁字。」考全唐文三四三顏眞卿朝議大夫徐秀神道碑云：「戶部侍郎徐知仁請爲招慰南蠻判官。」五遷丹陽令。「天寶二載二月，加朝散大夫，敕攝新安郡別駕。」則知仁爲戶侍當在開元十餘年。又同書五六一韓愈衢州徐偃王廟碑：「開元初，徐姓二人相屬爲刺史，……改作廟屋，載事於碑。後九十年，當元和九年，而徐氏放復爲刺史。放字達夫，前碑所謂今戶部侍郎，其大父也。」按由元和九年上數九十年爲開元十二年，則此徐某是年在戶侍任也，時代與知仁正合，蓋卽其人。岑氏姓纂四校云：「知仁於開元十二年任華州刺史，見會要二七。」蓋前後官。

呂太一——開元中，蓋十年稍後，曾官戶侍。——兩書無傳。

〔考證〕全唐文五二二梁肅外王父東平呂公神道碑云：公諱某。從祖父「太一，歷御史，尙書郎，中書舍人，戶部侍郎，右庶子。」考舊九八魏知古傳：「知古初爲黃門侍郎，表薦洹水令呂太一、蒲州司功參軍齊澣，……後咸累居清要。」按：知古爲黃門侍郎在睿宗初卽位時，齊澣宦達爲右丞吏侍在開元十五年前後，則太一宦達爲戶侍亦不能早過開元十年。又舊張嘉貞傳，開元八年爲中書令，中書舍人呂太一等皆爲所引，位列清要。按：嘉貞以十一年二月貶，益證太一爲戶侍當在十年稍後。又此碑主呂公以開元二十五年卒，年齡雖不詳，然據前後文意，壽非太促。太一爲其從祖父，則宦達當亦不能在十年後過久，可能卽在十年稍後也。又通鑑，廣德元年十一月，「宦官廣州市舶使呂太一發兵作亂。……討平之。」舊紀同。杜詩云：「自平中宮（一作官）呂太一，收珠南海千餘日。」此爲宦官，且時代較後，自非一人。

楊瑒——由御史中丞遷戶侍。（兩傳。）開元十三年正月或十二年冬末，出爲華州刺史。（詳下李元紘條。）——舊一八五下、新一三〇有傳。

白知愼——與瑒同時由戶侍出爲刺史。（詳下李元紘條。）——兩書無傳。

宇文融——開元十三年二月六日庚申，以御史中丞兼戶侍。（通鑑、舊傳。）十五年二月，左遷魏州刺史。（舊紀、舊傳。）——舊一〇五、新一三四有傳。

李元紘——開元十三年春，由吏侍轉戶侍〔考證〕，進階中大夫。（舊傳。）十四年四月九日丁巳，遷中書侍郎·同中書門下平章事。（新紀、新表、通鑑、舊紀〔無「爲中書侍郎」誤〕、冊府七〇〔誤同〕、兩傳。）——舊九八、新一二六有傳。

〔考證〕 舊傳：「歷工部、兵部、吏部三侍郎。（開元）十三年，戶部侍郎楊瑒白知愼坐支度失所，皆出爲刺史。上令宰臣及公卿已下精擇堪爲戶部者。多有薦元紘者，……加中大夫，拜戶部侍郎。」新傳同而略。又舊書楊瑒傳，「歷御史中丞，戶部侍郎。……時御史中丞宇文融奏括戶口。……勅百寮省中集議。時融方在權要，公卿以下多雷同融議，瑒獨盡理爭之。尋出爲華州刺史。」新傳同。宇文融傳敍事與瑒傳同，「瑒出爲外職」下云「融尋兼戶部侍郎。」按：議括戶事，通鑑書於十二年紀末。十三年「二月庚甲，以御史中丞宇文融兼戶部侍郎。」則楊瑒、白知愼之卸必在十三年正月或十二年冬末，元紘之任亦同時，元紘傳云十三年，亦合。

蘇晉——開元十四年冬，由戶侍遷吏侍。（詳吏侍卷。）——舊一〇〇、新一二八有傳。

宇文融——開元十六年正月十七甲寅，由魏州刺史遷戶侍，仍兼魏州刺史·充河北道宣撫使。同月二十九丙寅，兼檢校汴州刺史·充河南北溝渠堤堰決九河使。（通鑑。）〔考證〕。十七年六月十五甲戌，遷黃門侍郎·同中書門下平章事。（兩紀、新表、通鑑、兩傳。）——此再任。

〔考證〕　新傳：「融爲魏州刺史。方河北大水，卽詔領宣撫使。俄兼檢校汴州刺史·河南北溝渠隄堰決九河使。入爲鴻臚卿兼戶部侍郎。」舊傳官歷同，而文稍略，惟「入爲鴻臚卿」上有「十六年」三字。按兩傳與通鑑小異，今從鑑。

裴耀卿——開元十七年秋，由冀州刺史入遷戶侍。〔考證一〕。中間嘗以疾轉太子左庶子；旋復爲戶侍。〔考證二〕。二十年正月，以本官副信安王褘討契丹。（舊紀、通鑑、兩傳。）冬，遷京兆尹。（兩傳、碑。）——舊九八、新一二七有傳，萃編一〇六、全唐文四七九有許孟容撰裴耀卿碑。

〔考證一〕　舊傳：「十三年，爲濟州刺史，……又歷宣冀二州刺史，皆有善政。入爲戶部侍郎。」新傳全同。全唐文三一二孫逖齊州刺史裴公德政頌亦云：「自宣郡守，改授冀州，……入拜戶部侍郎。」考舊一〇五宇文融傳，融拜相，「欲以天下爲己任，……於是薦宋璟爲右丞相，裴耀卿爲戶部侍郎，許景先爲工部侍郎，甚允朝廷之望。……在相位凡百日而罷。」按：融以十七年六月十五甲戌拜相，九月壬子貶出，則薦耀卿爲戶侍，必在年秋。

〔考證二〕　耀卿碑云：「換宣冀二州，……（闕二十一字）除左庶子，仍領崇文館事。疾間，復拜戶部侍郎，尋遷京兆尹。」所闕爲入拜戶侍事。德政頌云：「入拜戶部侍郎，今爲左庶子。」合碑頌觀之，由冀州入拜戶侍後，嘗以疾改左庶子，旋復爲戶侍也。按耀卿由戶侍遷京兆尹，舊傳在二十年冬，新傳亦在二十年。而頌云「今爲左庶子」，又云：「父老懷公之惠……思欲銘德，……以予國之史臣也。」則耀卿爲庶子時，逖在史臣任。考舊一九〇孫逖傳：「轉左補闕，……李暠出鎭太原，辟爲從事。……二十一年，入爲考功員外郎·集賢修撰。逖選貢士二年，多得俊才。」檢徐考八，據語林，逖以二十二年二十三年知貢擧，則逖傳云二十一年還考功員外，不誤。集賢修撰，亦得稱史臣，則此頌之作似不得早過二十一年，由左庶子復爲戶侍亦不得早過二十一年，是與兩傳不合。復檢吳表四，李暠鎮太原在十五年至十八年，甚有據，則遜於十八九年二十年當已在朝廷，不必始於二十一年也。或者遜於二十年前已以某官領修撰，至二十一年遷考功外郎仍領修撰，史傳略書之耳。

宋遙——約開元十八九年，在戶侍任。——兩書無傳。

〔考證〕　姓纂八，扶風宋氏「遙，禮、戶、吏侍郎，左丞。」岑氏校記引遙誌：「拜中書舍人，除御史中丞，……戶部、禮部、吏部、再戶部四侍郎，左丞。」又引元龜一六二，李元紘爲相，引爲中書舍人。按元紘以十四年相，十七年罷，則爲戶侍不能早過十六七年。又誌云「再戶部」，知戶禮吏乃官歷先後。遙二十二年二月見在禮侍任，則戶侍在前，卽當在十七至二十一年間。考全唐文三九〇獨孤及睢陽太守李少康碑，開元中「爲青州刺史，……海濱之俗變爲鄒魯。按察使戶部侍郎宋遙，以狀聞……。」按新書百官志，開元十七年復置十道按察使，二十年曰採訪處置使。則遙爲戶侍充按察使不能遲過二十年，故當在十八九年也。

張敬輿——約開元二十年夏，以戶侍充河南宣慰使。——兩書無傳。

〔考證〕　全唐文三〇元宗宣撫河南詔：「河南數州致滋水損，……宜令戶部侍郎張敬輿宣慰簡（檢）覆。」按此卷編次，此詔前之第十一詔爲贈張說太師詔，（舊紀，說以十八年十二月薨。）第十爲貶王毛仲詔，（舊紀，毛仲以十九年正月貶。）第七爲宰相疏決囚徒詔，（舊紀，二十年二月與十月兩度命宰相疏決囚徒。）第二爲答裴光庭等表賀幽州執奚壽斤詔。（舊紀，二十年三月幽州大破奚契丹，五月獻俘。）此詔後之第一詔爲答裴光庭請修續春秋手詔，第四爲許士庶寒食上墓詔，（舊紀，二十年五月「癸卯，寒食上墓宜編入五禮。」）第九爲答裴光庭詔，（舊紀，光庭以二十一年三月薨。）第十一爲遣蕭嵩往秦州致祭山川詔。（舊紀，事在二十二年二月。）據此序次，此宣撫河南詔當卽行於開元二十年夏也。

席豫——蓋由中書舍人遷戶侍。開元二十年或稍前，出爲鄭州刺史·充河南東道巡撫使。——舊一九〇中、新一二八有傳。

〔考證〕舊傳：「遷中書舍人，與韓休、許景先、徐安貞、孫逖相次掌制誥，皆有能名。轉戶部侍郎·充江(河)南東道巡撫使·兼鄭州刺史。入爲吏部侍郎。」新傳省戶侍。按：豫以二十一年三月稍後由鄭州入遷右丞，二十二年爲吏侍，則由戶侍出刺鄭州絕不能遲過二十一年春，今姑置於二十年。

源光譽——蓋開元二十年前後，官至戶侍。——兩書無傳。

〔考證〕姓纂四：源氏，循業「生光裕、光垂、光賓、光譽。光裕，左丞、刑戶二侍郎。……光譽，戶部侍郎。」新七五上世表，官名同，而以光乘(垂?)光譽爲光裕之子，誤下一格耳。按：光裕官戶侍左丞在開元十年稍後，則光譽官達不能早過二十年前後也。

裴寬——開元二十一年十二月二十四丁巳稍後，由兵侍換戶侍。(詳吏侍卷。)二十二年正月八日辛未，以本官使河南存問賑給。(舊紀。)是年或明年，遷吏侍。(詳吏侍卷。)——舊一〇〇、新一三〇有傳。

裴恩義——開元中或稍前，曾官戶侍。(詳吏侍卷。)——兩書無傳。

宋溫瑾——開元中或末葉，官至戶侍。——兩書無傳。

〔考證〕姓纂八，河南宋氏「溫瑾，戶部侍郎。」兄溫瑗，侍御史。按：御史精舍碑有溫瑗。據勞考前後人官歷，溫瑗官侍御史不能早過開元十五年，則溫瑾爲戶侍當亦開元中，或末葉歟?

蕭炅——開元二十三年或上年冬，由太府少卿·江淮轉運使遷戶侍。二十三年或明年，出爲岐州刺史。——兩書無傳。

〔考證〕舊九九嚴挺之傳：「九齡入相，用挺之爲尙書左丞。……林甫引蕭炅爲戶部侍郎，嘗與挺之同行慶弔，客次有禮記，蕭炅讀之曰蒸嘗伏獵……。挺之白九齡曰，省中豈有伏獵侍郎?由是出爲岐州刺史。」按：九齡以二十一年十二月拜相，二十二年五月爲中書令，二十四年十一月罷相。挺之以二十二年爲左丞，與九齡同罷。則炅之左遷當在二十三四年。(通鑑卽系此事於二十四年十一月九齡罷相時。)又按：炅於二十二年九月以太府少卿充江淮轉運使，則遷戶侍不能早過二十二年冬，或爲二十三年，同年或明年出爲岐州刺史。

韋濟——開元二十四年，(舊傳。)由京兆少尹遷戶侍。(兩傳〔無原官〕、全唐文三〇八孫逖授韋濟戶部侍郎制。)時階朝散大夫。(授制。)累年，出爲太原尹。(兩傳。)——舊八八、新一一六有傳。

蕭炅——開元二十六年六月四日辛丑，由岐州刺史復爲戶侍·判涼州事·充河西節度留後。(通鑑、舊一九六上吐蕃傳上。)——此再任。

張均——開元天寶之際，由左庶子遷戶侍。天寶二三載遷兵侍。時階正議大夫。(詳兵侍卷再任條。)——舊九七、新一二五有傳。

宋遙——天寶三載或上年，由武當太守入遷戶侍。三載，遷左丞。(詳左丞卷。)——此再任。

郭虛己——天寶三載或稍前，由工侍遷戶侍。時階朝議大夫。(全唐文三〇八孫逖授宋鼎右丞郭虛己戶侍制〔此制年份詳右丞卷〕。)四載八九月，見在任。時階中散大夫。(石臺孝經題名，參左丞崔翹條。)五載八月，出爲劍南節度使。(舊紀、全唐文三四三顏眞卿鮮于仲通碑。)——兩書無傳。

王翼——天寶五載前後，由廣陵〔揚州〕長史入遷戶侍。(通鑑。)——兩書無傳。

楊愼矜——天寶五載，由御史中丞·諸道鑄錢使遷戶侍，仍兼中丞·充使職。(兩傳。)〔考證一〕。六載十一月三日乙亥，下獄。二十五丁酉，賜死。〔考證二〕。——舊一〇五、新一三四有傳。

〔考證一〕 兩傳皆云五載，而會要五九出納使條：「天寶六載三月，楊愼矜改戶部侍郎·充兩京含嘉倉出納使。」蓋六年始充出納使，非始爲戶侍也。

〔考證二〕 舊紀：六載「十一月乙亥，戶部侍郎楊愼矜……爲李林甫……所構，下獄死。」是三日。而新紀、通鑑皆書於十一月丁酉。是二十五日。按舊傳：「天寶六載十一月，玄宗在華清宮，林甫令人發之。玄宗震怒，繫之於尙書省……鞫之。……二十五日，賜自盡。」蓋三日下獄，二十五日賜死。

王鉷——天寶七載，由御史中丞遷戶侍，仍兼中丞。（兩傳。）〔考證一〕。八載，以本兼官充閑廄使及苑內營田五坊宮苑等使·隴右羣牧都支度營田使。（兩傳。）閏六月五日丁卯，（上加尊號日。）進階銀青光祿大夫。（舊傳。）九載五月，遷御史大夫·兼京兆尹，仍充諸使，階如故。〔考證二〕。——舊一〇五、新一三四有傳。

〔考證一〕 舊傳：「天寶二年，……遷戶部郎中。三載，……加鉷長春宮使。四載，……遷御史中丞兼充京畿採訪使。五載，又爲京畿關內道黜陟使。……七載，又加檢察內作事，遷戶部侍郎，仍兼御史中丞。」新傳雖無年份，但官歷同。而全唐文五一四殷亮顏魯公行狀：「天寶元年秋，扶風郡太守崔琇擧博學文詞秀逸，元宗……策試上第，以其年授京兆府醴泉縣尉，黜陟使戶部侍郎王珙以清白名聞，授通直郎·長安尉。六載遷監察御史。」是五載前已官戶侍，今不取。

〔考證二〕 舊傳：「九載五月，兼京兆尹，使並如故。鉷威權轉盛，兼二十餘使。……十載，……又兼殿中監。十一載四月，……賜死。」新傳，「兼京兆尹」上有「爲御史大夫」五字，餘並同。按：鉷以十一載四月賜自盡，兩紀通鑑均書之，通鑑銜爲「戶部侍郎·兼御史大夫·京兆尹」，而舊紀銜爲「御史大夫·兼京兆尹」，新紀銜爲「御史大夫」，是亦不同。考全唐文三三元宗賜王鉷自盡詔，鉷官銜爲「銀青光祿大夫·御史大夫·兼京兆尹·殿中監·閑廄使（下諸使略）」，則兩紀新傳有御史大夫一遷，是也；舊傳失書；通鑑又誤書前官戶侍也。

李暐——天寶九載四月以後，由禮侍遷戶侍。（詳禮侍卷。）十載正月十三丁酉，以本官知朔方節度留後事。（通鑑。）——兩書無傳。

韋鎰——由吏侍轉戶侍。蓋天寶十一二載卒官。（詳吏侍卷。）——兩書無傳。

楊暄——天寶末，以太常卿兼戶侍。（兩傳。）至德元載六月十四丙申，誅。（通鑑、兩傳。）——舊一〇六、新二〇六附父國忠傳。

〔附考〕 明皇雜錄卷上：「楊國忠之子暄，舉明經，禮部侍郎達奚珣考之不及格，……懼國忠，……因致暄於上第。既而爲戶部侍郎，珣纔自禮部侍郎轉吏部侍郎，與同列。暄話於所親，尙歎己之淹泗，而謂珣遷改疾速。」通鑑天寶十二載紀，全載此文。按珣以五載由禮侍遷吏侍，國忠拜相在十一載十一月，暄爲戶侍實在天寶末，謂暄珣爲戶吏同時，必非事實。

蔣冽——天寶末蓋十三三載，官戶侍。（詳吏侍卷。）——舊一八五上、新一〇六附見高智周傳。

顏眞卿——至德元載正月十五己巳，由平原太守遷戶侍，仍兼平原太守·本郡防禦使。（通鑑、舊紀〔作乙巳誤合鈔已正〕、兩傳、墓誌、行狀、全唐文三三六顏眞卿讓憲部尙書表、同書三四四顏眞卿祭伯父文。）同月，又加河北招討採訪處置使。（行狀、墓誌、新傳、讓憲尙表、祭伯父文。）七月，遷工尙，仍充河北招討採訪處置等使。（通鑑、兩傳、墓誌、行狀、祭伯父文。）——舊一二八、新一五三有傳，全唐文三九四有令狐峘撰顏眞卿墓誌銘，同書五一四有殷亮撰顏魯公行狀。

李麟——至德元載八月，由國子祭酒遷戶侍·兼左丞。時階銀青光祿大夫。年冬，遷憲尙。（詳左丞卷。）——舊一一二、新一四二有傳。

李揖——至德元載十月，見在戶侍任。（通鑑、舊一一一房琯傳。）——兩書無傳。

崔器——至德二載閏八月二十九甲戌，以御史中丞兼戶侍。（會要三七禮儀使條、兩傳。）十二月，以本兼官充三司使。（舊五〇刑法志、兩傳。）〔通鑑器銜爲御史大夫誤。〕乾元二年夏，遷吏侍。（詳吏侍卷。）——舊一一五、新二〇九有傳。

●第五琦——乾元元年十月，由度支郎中·兼御史中丞遷戶侍，仍兼中丞、專判度支及轉運租庸鹽鐵鑄錢等使。〔考證〕。二年三月二十九乙未，以戶侍本官同中書門下平章事。（兩紀、新表、通鑑、兩傳、全唐文四二肅宗授第五琦等平章事制〔下銜誤爲戶尙〕。）時落判度支等使。四月九日乙巳，依舊判度支租庸等使。（舊紀。）十一月七日庚午，貶忠州刺史。（兩紀、新表、通鑑、兩傳、全唐文四二肅宗貶第五琦忠州刺史制。）時階正議大夫。（貶制。）——舊一二三、新一四九有傳。

〔考證〕　舊傳：「遷戶部侍郎・兼御史中丞・專判度支，領河南等道支度都勾當轉運租庸鹽鐵鑄錢、司農太府出納、山南東西江（新傳江下有西字）淮南館驛等使。」新傳遷戶侍上有「進度支郎中兼御史中丞」一遷。舊四九食貨志下稍略。考會要五八戶侍條：「蘇氏駁曰：故事，度支案，郎中判入，員外郎判出，侍郎總統押案而已，官銜不言專判度支。至乾元元年十月，第五琦改戶部侍郎帶專判度支，自後遂爲故事，至今不改。若別官來判度支，即云知度支事，或云專判度支。」而同書八九泉貨條：「乾元元年七月，戶部侍郎第五琦以國用未足，幣重貨輕，乃先鑄乾元重寶錢，以一當十。」是七月已銜戶侍，與前條作十月者不同。按：舊紀，乾元元年七月丙戌，初鑄乾元重寶。通鑑同，云「從御史中丞第五琦之謀也。」十月又書云：「自中興以來，羣下無復賜物。至是始有新鑄大錢，百官六軍霑賚有差。」蓋七月始建議時，琦尚官中丞，至十月錢成始遷戶侍歟？

蘇震——蓋乾元二年十一二月間，在戶侍・判度支任。——新一二五附從父頲傳。

〔考證〕　傳云：「改河南尹。九節度兵敗相州，……貶濟王府長史。起爲絳州刺史，進戶部侍郎・判度支。爲泰陵建陵鹵簿使，以勞封岐國公，拜太常卿。」按：兵敗相州在乾元二年三月，玄宗以廣德元年三月葬於泰陵，肅宗以同月葬於建陵，則震爲戶侍判度支當在乾元二年三月至廣德元年春之間。考自乾元二年十二月二日至廣德二年正月間，呂諲、劉晏、元載、劉晏相繼判度支，惟乾元二年十一月七日第五琦貶忠州後，判度支闕人二十餘日，若新傳「判度支」非衍文，則當在此二十餘日中。

李嶧——蓋乾元二年，曾官戶侍。時階銀青光祿大夫。——舊一一二、新一三一附兄峴傳。

〔考證〕　舊傳：「初，峘爲戶部尚書，峴爲吏部尚書・知政事，嶧爲戶部侍郎・銀青光祿大夫。兄弟同居長興里第，門列三戟，……榮耀冠時。」新傳同。新七〇下世表，嶧亦官至戶侍。按：峘以至德二載十二月爲戶尙，上元二年貶袁州司馬；峴以乾元二年三月二十九日爲吏尙·同平章事，五月十六日貶蜀州刺史；若泥兩傳以論年月，則乾元二年三月至五月嶧當在戶侍任。

劉晏——上元元年五月二十四癸丑，由京兆尹遷戶侍·兼御史中丞·勾當度支鹽鐵鑄錢等使。（通鑑、舊紀〔原官河南尹〕、舊傳、新傳〔原河南尹〕、冊府四八三、會要五九度支使條及鑄錢使條、同書八八鹽鐵使條。）旋復兼京兆尹。（新傳。）二年建子月六日丁亥，貶通州刺史。（通鑑、兩傳。）——舊一二三、新一四九有傳。

裴遵慶——由兵侍換戶侍，又遷吏侍，時當在上元元年。（詳吏侍卷。）——舊一一三、新一四〇有傳。

杜鴻漸——上元二年春，由浙東觀察使入遷戶侍。旋遷右丞。（詳右丞卷。）——舊一〇八、新一二六有傳，全唐文三六九有元載撰杜鴻漸碑。

●元載——上元二年建子月七日戊子，由御史中丞遷戶侍·充勾當度支鑄錢鹽鐵兼江淮轉運等使，（通鑑、舊傳〔無鑄錢鹽鐵而江淮作諸道〕、新傳〔無原官及鑄錢鹽鐵〕、會要五九度支使條、同書八七轉運使條、同書八八鹽鐵使條。）仍兼御史中丞。（據授平章事制。）寶應元年建辰月二十九戊申，以戶侍本官同中書門下平章事，仍充度支轉運等使。（通鑑、兩紀、新表、兩傳、全唐文四二肅宗授元載平章事制。）〔考證〕。時階朝議大夫。（授制。）五月十八丙申，遷中書侍郎，進階銀青光祿大夫，仍平章事·充使職。〔考證〕。——舊一一八、新一四五有傳。

〔考證〕　據通鑑、會要、兩傳及平章事制，載始遷戶侍即充度支等使，及以戶侍入相，仍充使如故。兩紀、新表以戶侍進平章事，均與通鑑、兩傳、授制合，年月日亦與通鑑同，但均不云原充諸使及仍充諸使。而舊紀，寶應元年五月又云：「丙申，以戶部侍郞元載同中書門下平章事·充度支轉運使。」新表同月亦書「丙寅（是月無丙寅寅爲申之譌），載行中書侍郞·勾當轉運租庸支度使。」按：舊紀前已書載以戶侍平章事，此條必誤無疑。又按：舊傳以戶侍平章事仍充諸使下云：「旬日，肅宗晏駕，代宗即位，……遷中書侍郎·同中書門下平章事，加集賢殿大學士·修國史，又加銀青光祿大夫。」新傳進拜中書侍郎同。則新表此條「行中書侍郎」不誤，舊紀此條乃進中書侍郎之誤耳。又據舊紀、新表，以戶侍平章事時尙未充度支轉運等使，至遷中書侍郎時始充使，與通鑑、授制、會要、兩傳均不合，必誤無疑。又按舊傳遷中書侍郎下云：「載以度支轉運使職務繁碎，負荷且重，慮傷名，阻大位。素與劉晏善，乃悉以錢穀之務委之，薦晏自代」。新傳同而略。考晏此任度支等使在六月二十七日，是載遷中書侍郎後不久即辭使務。舊紀、新表此條當云旋罷度支等使，而云始充諸使尤謬。

劉晏——寶應元年六月二十七乙亥，由通州刺史復遷戶侍·兼京兆尹·充度支轉運鹽鐵鑄錢等使。（通鑑、舊紀〔二十四壬申〕、新傳〔又有租庸〕、舊傳〔判度支〕、會要五九鑄錢使條〔二十八日〕、同書八七轉運使條〔同〕、及總敍條、冊府四八三、舊四九食貨志下。）十一月十四己丑，兼充河南道水陸轉運都使。（通鑑。）十二月，徙國子祭酒，仍充度支等使。〔考證〕。——此再任。

〔考證〕舊傳：「時顏眞卿……出爲利州刺史，晏舉眞卿自代爲戶部，乃加國子祭酒。」新傳同。按眞卿以是月爲戶侍，晏徙國子祭酒必同時。且據通鑑，十一月十四晏尙在戶侍任，而明年正月九日即由國子祭酒遷吏尙入相，是亦晏徙祭酒在十二月之證。

顏眞卿——寶應元年十二月，由利州刺史入遷戶侍。（行狀、墓誌、舊傳、全唐文三三八顏眞卿乞御書題額恩勅批答碑陰記，參看劉晏傳，又全唐文三三六有眞卿謝戶侍表，同書四九有代宗答謝戶侍批。）廣德元年三月，遷吏侍。不數日，進階銀青光祿大夫。（詳吏侍卷。）——此再任。

○**第五琦**——廣德二年正月二十五癸亥，由京兆尹遷戶侍·判度支及諸道鹽鐵轉運鑄錢等使。〔考證〕。永泰元年正月，以戶侍判度支分充京畿關內河東劍南山南轉運鑄錢鹽鐵等使。（詳鹽運使卷。）大曆元年正月，使職稍有變動（同上）。五年三月二十六己丑，勅廢度支使及關內河東山南西道劍南西川轉運常平鹽鐵等使職。（舊紀〔脫三月校記已正〕、通鑑，參見鹽運使卷。）五月十八庚辰，貶括州刺史。

(舊紀〔原衔衍判度支又作饒州由括遷也〕、萃編七九第五公華岳題名、舊傳〔作處州郎括之後名〕、新傳。)——此再任。

〔考證〕 舊傳：「吐蕃寇陷京師，代宗幸陝。……郭子儀請琦爲糧料史・兼御史大夫・充關內元帥副使。未幾，改京兆尹。車駕剋復，專判度支・兼諸道鑄錢鹽鐵轉運常平等使，累封扶風郡公。又加京兆尹，改戶部侍郎・判度支。」按此段前云「改京兆尹」，後云「又加京兆尹」，重出一也。前云「專判度支」，後又云「判度支」，重出二也。新傳，郡公以前同。(惟無車駕剋復一句。) 郡公以下僅云「復以戶部侍郎兼京兆尹。」蓋識舊傳之重出而修飾之；然判度支充鹽運等使在戶侍之前，則無異也。復考舊紀，廣德二年正月癸亥，「以戶部侍郎第五琦專判度支及諸道鹽鐵轉運鑄錢等使。」會要八八鹽鐵使條：「廣德二年，戶部侍郎第五琦充諸道鹽鐵使。」是由京兆尹改戶侍不能在判度支充使職之後。又會要五九鑄錢使條：「廣德二年正月，第五琦除戶部侍郎・充勾當鑄錢使。」是以改戶侍與判度支諸使同時也。無論改戶侍在判度支等使之前抑或同時，均與兩傳不合。按：吐蕃陷京師，代宗幸陝，在廣德元年十月；十二月十九丁亥駕還京師。據傳，其時尚在京兆尹任，下距二年正月癸亥僅三十餘日。且劉晏判度支充諸使亦至二年正月癸亥始御任。則此日琦遷戶侍判度支充諸使，最爲可信；兩傳先判度支充諸使後改官戶侍，必誤。意者，舊傳「又加京兆尹」及後「判度支」爲衍文，「改戶部侍郎」當在「專判度支」上，則文不重而事碻矣。又廣德二年七月，永泰元年五月，琦均具銜「判度支」，大曆二年二月具銜「戶部侍郎」，均見舊紀。大曆四年正月具銜「關內道鑄錢等使・戶部侍郎」，見舊食貨志下。

路嗣恭——永泰元年閏十月二十戊申，由戶侍出爲檢校工尚・關內副元帥・朔方節度使。(通鑑、舊紀〔刑侍〕。)——舊一二二、新一三八有傳。

于頎——大曆初，曾官戶侍，轉秘書少監。——舊一四六、新一四九有傳。

〔考證〕　舊傳：「元載爲諸道營田使，又署爲郎官，令於東都汝州置屯田。歷戶部侍郎，秘書少監，京兆尹，太府卿，代杜濟爲京兆尹。」按：元載傳，廣德中爲營田使。又舊紀，大曆八年五月貶京兆尹杜濟杭州刺史。則頎爲戶侍當在大曆初。

韓滉——大曆六年，由右丞換戶侍・判度支，(舊傳、通鑑、新傳、全唐文三〇八孫逖授滉戶侍判度支制〔非逖文〕。)分充京畿關內河東劍南山南西道轉運租庸靑苗鹽鐵等使。(詳鹽運使卷。)時階正議大夫。(戶侍判度支制。)八年六月，(舊紀。)十二年六月，(會要九一。)同年十月，(舊紀。)均見在戶侍・判度支任。十四年閏五月二十七丙申，徙太常卿，罷判使。(通鑑、舊紀〔丁酉〕、兩傳。)——舊一二九、新一二六有傳。

趙縱——大曆十二年四月二日癸未，由戶侍貶。(舊紀、姓纂七。)——兩書無傳。

閻伯嶼——代宗世，約大曆中，由撫州刺史徵爲戶侍。未至，卒。(封氏聞見記九惠化條、語林一政事上。)——兩書無傳。

蕭定——大曆十四年八月，由潤州刺史入遷戶侍。(八瓊六四全唐文四三四蕭定改修吳延陵季子廟記、兩傳。)時階正議大夫。(廟記。)建中初，徙太常卿。(兩傳。)——舊一八五下、新一〇一有傳。

韓洄——建中元年三月二十八癸巳，由諫議大夫遷戶侍・判度支，(舊紀、通鑑、兩傳、行狀〔權知〕、舊四九食貨志下、會要八七轉運鹽鐵總敍、冊府四八三。)與杜佑分掌財賦，如劉晏韓滉之則。(舊紀、通鑑、會要。)二年十一月二十一乙亥，貶蜀州刺史。(舊紀、兩傳、行狀。)——舊一二九、新一二六有傳，全唐文五〇七有權德輿撰國子祭酒韓公行狀。

杜佑——建中二年十一月二十一乙亥，由度支郎中・江淮轉運使遷權知戶侍・判度支。(舊紀、兩傳、墓誌〔省判度支〕、全唐文四九六權德輿杜公淮南遺愛碑〔同〕。)三年五月二十三乙巳，貶蘇州刺史。(舊紀、兩傳、墓誌、遺愛碑。)——舊一四七、新一六六有傳，全唐文五〇五有權德輿岐國公杜公墓誌銘。

趙贊——建中三年五月二十三乙巳，由中書舍人遷戶侍·判度支。（舊紀。）冬，見在任。時階銀青光祿大夫。〔考證〕。四年十二月十九壬戌，貶播州司馬。（舊紀。）——兩書無傳。

〔考證〕金石錄八：張延賞碑，「趙贊撰，歸登八分書。貞元三年七月。」按萃編一〇二有張延賞碑，以三年七月薨，十月乙酉云云。則當作於十月或稍後。正文前一行「□□□□銀青光祿大夫·□尚書戶部□郎」下闕。此卽贊無疑，是散官可考。

裴腆——興元元年正月十七己丑，由京兆尹·判度支遷戶侍，仍判度支。（舊紀。）——兩書無傳。

〔考證〕舊紀：建中四年十二月「癸亥，以京兆少尹裴腆判度支。」興元元年正月「己丑，以京兆尹裴腆爲戶部侍郎·判度支。」按尹及少尹必有一誤，今姑從後條。又新七一上世表，南來吳裴氏「腆，戶部侍郎。」與紀合。而新一四九劉晏傳：「（裴）腆以兵部侍郎判度支，封聞喜縣公。」與舊紀、世表異。按此時兵侍無闕，當從紀表作戶侍。又舊紀，貞元五年「六月乙未，以光祿卿裴腆爲桂管觀察使。」不知何時卸戶侍。

元琇——興元元年九月十六甲申，由前嶺南節度使遷戶侍·判度支。（舊紀、舊一四六盧徵傳〔無原官〕。）貞元元年三月六日辛丑，兼領諸道鹽鐵水陸運使。（舊紀〔無鹽鐵〕、舊四九食貨志、會要八七。）是年，兼御史大夫。（舊志、會要八七。）二年正月二十二癸丑，停度支及諸道水陸運使；琇以戶侍兼判諸道鹽鐵榷酒事。〔考證〕。二月十四甲戌，遷右丞，罷判事。（舊紀〔作左誤詳右丞卷〕、通鑑、舊崔造傳。）——新一四九附見劉晏傳。

〔考證〕舊紀：貞元二年正月癸丑，「以（略）諫議大夫·知制誥·翰林學士吉中孚爲戶部侍郎·判度支兩稅，元琇判諸道鹽鐵榷酒。……甲寅，詔天下兩稅錢物委本道觀察使刺史差人送上都。其先置諸道水陸轉運使及度支巡院江淮轉運使並停。」通鑑書事全同，惟作壬寅，差前十一日。舊一三〇崔造傳詳之云：「造久從事江外，嫉錢穀諸使罔上之弊，乃奏天下兩稅錢物委本道觀察使、本州刺史選官典部送上都，諸道水陸運使及度支巡院江淮轉運等使並停；其度支鹽鐵委尚書省本司判。……乃以戶部侍郎元琇判諸道鹽鐵榷酒等事，戶部侍郎吉中孚判度支及諸道兩稅事。」據此，則正月癸丑，度支及鹽鐵轉運使雖停，惟仍以戶侍分判其事，但不置使額耳。

吉中孚——貞元二年正月二十二癸丑，由諫議大夫·翰林學士遷戶侍·判度支兩稅事。（舊紀、通鑑、舊崔造傳〔以上皆詳前條〕、新六〇藝文志、翰學壁記、新盧綸傳。）——新二〇三附盧綸傳。

李竦——貞元二年二月十四甲戌，由京兆少尹遷戶侍·判鹽鐵榷酒事。（舊紀。）蓋十二月，罷判事。（看韓滉充使。）三年正月二十六辛亥，出爲檢校左散騎常侍·鄂岳觀察使。（舊紀〔無檢校官〕、全唐文五二〇梁肅侍御史李公墓誌。）——兩書無傳。

班宏——貞元二年十二月五日庚申，由吏侍轉戶侍·充度支鹽鐵轉運副使。（通鑑、兩傳。）四年十月，見在任。（會要三〇宮殿雜記。）五年二月二十七庚子，遷戶尚，仍充度支鹽鐵轉運副使。（通鑑、舊紀、兩傳。）——舊一二三、新一四九有傳。

竇參——貞元四年二月二日辛巳，以御史中丞兼戶侍。〔考證一〕。五年二月二十七庚子，遷中書侍郎·同中書門下平章事·判度支·兼充諸道鹽鐵轉運使。（通鑑、兩傳、舊紀。）〔考證二〕。——舊一三六、新一四五有傳。

〔考證一〕　舊傳：「遷御史中丞，……兼戶部侍郎。……明年，拜中書侍郎·同平章事·領度支鹽鐵轉運使。」新傳官歷全同。按：參以五年二月入相，舊傳云「明年」，則兼戶侍必在四年。考舊紀，貞元四年「正月庚戌朔。……辛巳，李泌以京官俸薄，請取中外給用除陌錢及闕官俸(略)等錢，令戶部別庫貯之，以給京官月俸。令御史中丞竇參專掌之，……謂之戶部別處錢。」會要五八戶侍條記此事，參銜即爲戶侍。蓋即此時以中丞兼也。又會要云在貞元四年二月。按「辛巳」乃二月二日，舊紀脫「二月」字，會要不誤。

〔考證一〕　通鑑及兩傳皆由御史中丞．兼戶侍遷中書侍郎．平章事．兼充度支鹽鐵轉運等使。舊紀原銜失書兼戶侍。新紀新表原銜作御史大夫，誤；又失書充度支等使。

竇覦——貞元五年八月二日辛未，由同州刺史入遷戶侍。（舊紀〔名誤爲穎合鈔已正〕、舊傳。）十月二十五癸巳，出爲淮南節度使。（舊紀、舊傳、姓纂九、舊一四五杜亞傳。）——舊一八三有傳。

盧徵——貞元七年正月，由給事中遷戶侍。八年二三月，出爲同州刺史。——舊一四六、新一四九有傳。

〔考證〕　舊傳：「驟遷給事中，戶部侍郎。竇參深遇之，方倚以自代。貞元八年春，同州刺史闕，……特詔用徵，以間參腹心。」新傳同。考全唐文五九八歐陽詹唐天文述：「歲在辛未，實貞元七年。……是歲也，范陽盧公徵爲地官之元年。」則遷戶侍在七年。復考八瓊三二龍門觀世音石像銘，「□部侍郎盧徵撰，」「貞元七年歲次辛未二月八日。」則遷戶侍當在七年正月，不能遲過二月六七日也。又按傳云，八年春出爲同州刺史。而會要七五附甲條：「貞元八年二月，戶部侍郎盧徵奏……。」冊府六三〇，同。則出刺同州當在八年二三月。至四月十一日乙未，竇參已貶黜矣。

張滂——貞元八年三月二十二丙子，由司農少卿遷戶侍．充諸道鹽鐵轉運使；仍隸於戶尙度支使班宏。四月二十二丙午，分掌東都河南淮南江南嶺南山南東道兩稅鹽鐵轉運事。（以上並詳戶尙卷班宏條。）約九年，卸戶侍，（據員闕。）仍充使職。（詳鹽運使卷。）——兩書無傳。

顧少連——貞元八年四月，由中書舍人．翰林學士遷戶侍，出院。（翰學壁記。）年冬，以戶侍權知禮部貢舉。（全唐文五七七柳宗元送苑論歸覲詩序。）蓋九年，正除禮侍。（詳禮侍卷。）——新一六二有傳，全唐文四七八有杜黃裳撰顧公神道碑。

裴延齡——貞元九年六月七日甲寅，由司農少卿．權判度支遷戶侍．判度支。自後度支益與鹽鐵殊途而理。〔考證〕。十二年三月十三乙巳，遷戶尙，仍判度支。時階朝請大夫。（詳戶尙卷。）——舊一三五、新一六七有傳。

〔考證〕 通鑑：貞元八年「七月甲寅朔，戶部尚書·判度支班宏薨。……上……欲用司農少卿裴延齡。……己未，以延齡判度支事。」會要五九別官判度支條：「貞元八年……七月，司農少卿裴延齡加權判度支。」而舊紀：貞元九年「五月，……(脫「六月」合鈔已補)甲寅，以司農少卿裴延齡爲戶部侍郎·判度支。」與通鑑會要小異。按舊傳云：「轉司農少卿。貞元八年，班宏卒，以延齡守本官權領度支。……乃奏……請於左藏庫中分置別庫，欠、負、耗、賸等庫及季庫月庫，納諸道錢物。上皆從之。其年，遷戶部侍郎·判度支。」新傳：「擢延齡司農少卿。會班宏卒，假領度支。……(置別庫事略同)……俄以戶部侍郎爲眞。」據通鑑，置諸庫亦在九年。又考全唐文四八六權德輿論度支疏云：「十一月十二日，……臣權德輿上疏：……伏見司農少卿·權判度支裴延齡……受任已近半載……。」又舊一四八權德輿傳：「裴延齡以巧倖判度支。九年，自司農少卿除戶部侍郎，仍判度支。」則通鑑、會要云八年七月以司農少卿判度支，是也。然舊紀九年六月遷戶侍亦不誤。通鑑九年七月癸卯書事，延齡銜已爲戶侍，益證舊紀六月遷戶侍之可信。八年七月以少司農權領度支，九年六月遷戶侍始眞判度支，故舊紀書判度支於九年亦未爲大誤。舊書四九食貨志：「自後裴延齡專判度支，與鹽鐵益殊塗而理矣。」會要八七、冊府四八三均同。

李衡——貞元九年六月十三庚申，由給事中遷戶侍·充諸道鹽鐵轉運使。——兩書無傳。

〔考證〕 按此惟見舊紀，而脫書「六月」。新一四九劉晏傳：「(李)衡歷戶部侍郎。」蓋以戶侍領關內河東劍南山南西道兩稅鹽鐵轉運事，非諸道也。

蘇弁——貞元十三年二月十九乙亥，由度支郎中·兼御史中丞·副知度支遷戶侍·判度支。〔考證〕。十四年五月二十七丙午，徙太子詹事。(舊紀、兩傳。)——舊一八九下、新一〇三有傳。

〔考證〕 舊紀：貞元十三年二月「乙亥，度支郎中蘇弁爲戶部侍郎·判度支。」按舊傳：「累貶倉部郎中，仍判度支案。裴延齡卒，德宗聞其才，特開延英，面賜金紫，授度支郎中·副知度支，仍命立於正郎之首。副知之號自弁始也。……遷戶部侍郎，依前判度支。」新傳同。又會要五九別官判度支條：「貞元十二年……九月，蘇弁除度支郎中·兼御史中丞·副知度支。」同卷度支員外條：「貞元十二年九月，以倉部郎中·判度支案蘇弁授度支郎中·副知度支事，仍命立於正郎之首。有副知之號自弁始也。」同書三〇宮殿雜記條：「貞元十二年……十二月，度支郎中·兼御史中丞·副知度支蘇弁奉勅……」云云。是十二年九月判度支裴延齡卒，弁已以度支郎中兼御史中丞繼判度支事，惟位低只稱副知，實無他人爲度支正使也。至十三年二月始遷戶侍正判度支。舊紀此條原銜「度支郎中」下應有「兼御史中丞副知度支」九字。又舊紀：永貞元年九月「丁丑，前戶部侍郎蔡弁卒。」按舊蘇弁傳，以貞元二十一年卒，即永貞元年。則舊紀「蔡」必「蘇」之誤。

△王純（紹）——貞元十三年二月十九乙亥，以兵部郎中判戶部。（舊紀〔名作召下同當作紹詳戶尙卷〕、神道碑，參兩傳。）七月二十一甲辰，遷戶侍。（舊紀、神道碑，參兩傳。）十六年九月十五庚戌，以本官判度支。（舊紀、神道碑、兩傳。）時階朝散大夫。（神道碑。）十八年八月二十三丁未，遷戶尙，仍判度支。（舊紀、碑、傳。）——舊一二三、新一四九有傳，全唐文六四六有李絳撰王紹神道碑。

于頎——貞元十五年三月十三丁巳，由度支郎中·兼御史中丞·判度支遷戶侍，仍判度支。（舊紀〔參看十四年紀〕、新七二下世表〔無原官〕。）十六年九月十五庚戌，貶泉州司戶。（舊紀、通鑑、全唐文四九七權德輿燕國公于公先廟碑。）——兩書無傳。

崔從質——貞元十六年九月十五庚戌，由部郎中擢遷戶侍。（舊紀。）蓋十九年十月或稍前，卒。〔考證〕。——兩書無傳。

〔考證〕　全唐文五〇九權德輿祭戶部崔侍郎文：「維貞元十九年歲次癸未，十月戊寅朔，十二日己丑，……敬祭於故戶部侍郎·贈右散騎常侍崔君之靈。」此即從質之可能性甚大。

陸渭——蓋德宗世，或代宗大歷中，官至戶侍。——兩書無傳。

〔考證〕新七三下世表：陸氏「渭，戶部侍郎。」贄之叔也。按贄相德宗，以順宗時卒，年五十二；則渭官達當在德宗世，或稍前。

王叔文——永貞元年五月二十三辛卯，由起居舍人·翰林學士·度支鹽鐵轉運副使遷戶侍，仍翰林學士·充副使。（舊紀、通鑑、順宗實錄、兩傳〔作起居郎誤〕。）六七月，丁母憂免。（兩傳。）八月六日壬寅，貶渝州司戶。（舊紀〔原銜使職脫副字〕、通鑑、實錄、兩傳、全唐文五六憲宗貶王叔文制。）時階將仕郎。（貶制。）——舊一三五、新一六八有傳。

潘孟陽——貞元末，至遲二十年，由兵部郎中擢授權知戶侍。（兩傳。）永貞元年六月二十一戊午，或七月十一戊寅，以本官充度支鹽鐵轉運副使。（舊紀〔七月戊寅〕、實錄〔六月戊午〕、兩傳。）八月二十五辛酉，以本官本使宣慰河汴江淮。（通鑑、全唐文五二三楊於陵謝潘侍郎宣慰表〔二十日〕、同書五六憲宗遺使宣慰江淮詔、會要七七巡按等使條〔使職脫副字〕、兩傳。）元和元年四月十一甲辰，徙大理卿，罷使職。（通鑑、兩傳。）——舊一六二、新一六〇有傳。

權德輿——永貞元年七月二十一戊子，由禮侍遷戶侍。（順宗實錄四、舊傳、墓碑。）時階朝議郎。（全唐文四八七權德輿戶部侍郎舉人自代狀。）十月二十三戊午，見在任。時階朝散大夫。（全唐文五〇九權德輿祭賈魏公文。）元和元年正月十九甲申，尚在戶侍任。（同卷祭唐舍人文。）約五六月，遷兵侍，（詳吏侍卷兵侍卷。）階如故。（全唐文四八七權德輿兵部侍郎舉人自代狀。）——舊一四八、新一六五有傳，全唐文五六二有韓愈撰故相權公墓碑。

△●武元衡——元和元年三月以後，由御史中丞遷戶侍。〔考證〕。二年正月二十一己酉，遷門下侍郎·同中書門下平章事，（通鑑、舊紀〔作己卯誤合鈔已正〕、新紀〔原官御史中丞誤〕、新表〔同誤〕、兩傳、全唐文五〇〇權德輿沛國武公神道碑〔作三年正月誤〕、同書五六憲宗授制。）階由朝議郎進朝議大夫。（授制。）八月六日辛酉，判戶部事。（舊紀、新表、沛國武公碑〔兼領戶侍〕、兩傳、冊府三二一。）十

月十三丁卯，出爲檢校吏尙・兼門下侍郎・平章事・劍南西川節度使，（舊紀、新表、沛國武公碑、兩傳、冊府三三二有制。）階由大中大夫進銀青光祿大夫。（冊府三三一。）——舊一五八、新一五二有傳。

〔考證〕 舊傳：「憲宗卽位，……復拜御史中丞，……尋遷戶部侍郎。元和二年正月，拜門下侍郎・平章事。」新傳同。按會要二四朔望朝參條：「元和元年三月，御史中丞武元衡奏……」云云，參以入相年月，則由中丞遷戶侍必在元和元年三月後也。

鄭元——元和二年，由左丞轉戶侍・兼御史大夫・判度支。三年春，遷刑尙・兼京兆尹。（舊傳。）——舊一四六有傳。

楊於陵——元和二年四月，由浙東觀察使徵爲戶侍。（吳表五引嘉泰會稽志、墓誌、舊傳。）未到，改京兆尹。（墓誌、舊傳。）不久，復爲戶侍。（墓誌、兩傳。）三年四月二十三乙亥，出爲嶺南節度使。（舊紀、墓誌、兩傳。）〔考證〕。——舊一六四、新一六三有傳，全唐文六三九有李翺撰故金紫光祿大夫楊公墓誌銘。

〔考證〕 舊一七六李宗閔傳謂於陵由吏部尙書出鎭嶺南，與紀誌兩傳均異。按墓誌戶侍下云：「會考制擧人，獎直言策爲第一；中貴人大怒……由是爲嶺南節度使。」兩傳同。是其時以戶侍知吏部考策事，故宗閔傳致誤耳。

裴垍——元和三年四月二十五丁丑，由中書舍人・翰林學士承旨遷戶侍，出院。（承旨院記、翰學壁記〔失書承旨〕、兩傳。）九月十九丙申，遷中書侍郎・同中書門下平章事。（兩紀、新表、通鑑、兩傳、全唐文六五九白居易除裴垍平章事制〔最末有元和六年十一月，衍文〕。）時階正議大夫。（除制。）——舊一四八、新一六九有傳。

張弘靖——元和四年，由工侍遷戶侍。（詳禮侍卷。）同年十二月一日壬申朔，出爲陝虢觀察使。（舊紀、兩傳。）——舊一二九、新一二七有傳。

李夷簡——元和五年三月五日乙巳，由御史中丞遷戶侍·判度支。（舊紀、新傳。）六月，見在任。（會要九〇緣封雜記條。）六年四月六日庚午，出爲檢校禮尙·山南東道節度使。（舊紀、新傳。）——新一三一有傳。

△衞次公——元和五年，或上年秋冬，以右丞兼判戶部事。（舊傳，詳右丞卷。）六年二月二十八癸巳，出爲陝虢觀察使。（舊紀、舊傳。）——舊一五九、新一六四有傳。

△李絳——元和六年二月二十八癸巳，由中書舍人·翰林學士承旨出院爲戶侍·判本司事。（承旨院記〔作二十七日又無判本司〕、翰學壁記〔同上又無承旨〕、舊紀〔無承旨無判本司〕、通鑑〔無日無承旨〕、兩傳〔無承旨〕。）十二月二十八己丑，遷中書侍郎·同中書門下平章事。（兩紀、通鑑、新表〔作十一月己丑誤〕、兩傳、全唐文五六憲宗授制。）階由朝議郎進朝議大夫。（舊紀、授制。）——舊一六四、新一五二有傳。

盧坦——元和六年四月六日庚午，由刑侍·諸道鹽鐵轉運使遷戶侍·判度支。（舊紀、通鑑、東川節度盧公傳、神道碑、兩傳、會要八七轉運鹽鐵總敍條。）十二月二十三甲申，見在戶侍·判度支任。（舊紀。）時階朝議大夫。（會要三一輅條。）八年四月九日辛卯，見在戶侍·判度支任，時階中大夫。（全唐文四七八鄭餘慶祭杜佑太保文。）八月二十一辛丑，出爲劍南東川節度使。時階蓋中大夫。〔考證〕。——舊一五三、新一五九有傳，全唐文六四〇有李翺撰故東川節度使盧公傳，同書四九七有權德輿撰東川節度使盧公神道碑。

〔考證〕　舊紀：元和八年八月「辛丑，以東川節度使潘孟陽爲戶部侍郎·判度支盧坦爲梓州刺史·劍南東川節度使。」按：此條非脫潘孟陽新官，卽脫盧坦原官。考舊一六二潘孟陽傳：「遷梓州刺史·劍南東川節度使。……（武）元衡作相，復召爲戶部侍郎·判度支。」新一六〇潘孟陽傳同。按元衡以元和八年三月入相，則舊紀此條「戶部侍郎·判度支」爲孟陽之新官無疑。是則脫書坦之原官矣。然舊書盧坦傳：「改戶部侍郎・判度支。元和八年，……出爲劍南東川節度使。」李翺撰盧公傳全同。神道碑及新傳雖無年份，但官歷亦同。是坦原官亦爲戶侍・判度支也。復考會要八八鹽鐵條，元和六年閏十二月；同書八九泉貨條，元和七年五月；同書九〇和糴條，元和七年七月；盧坦奏事書銜皆爲「戶部侍郎・判度支。」（新食貨志皆作度支。）全唐文四八七權德輿東都留守擧人自代狀：「準制擧自代官朝議大夫・守尚書戶部侍郎・判度支・（勳・賜）盧坦。」時在元和八年。（據散階朝議，當在祭杜佑文之前；然舊紀，德輿爲留守在八年七月。）同書四七八鄭餘慶祭杜佑太保文，盧坦銜爲「中大夫・守戶部侍郎・判度支。」時在元和八年四月九日。又據同書六九五韋瓘宣州南陵大農陂記，八年六月十五日坦在戶侍任。據通鑑，八年七月仍在戶侍任。則自六年以來至出鎭東川之前一月，坦均官戶侍・判度支。然則舊紀此條坦之原官亦應爲「戶部侍郎・判度支。」衡以舊紀書事體例，此條「盧坦」上當有「代」字，下當有「以坦」二字，傳寫脫之耳。又據前引鄭餘慶祭杜佑太保文，坦出鎭時散官當爲中大夫；而據權德輿東都留守擧人自代狀，則當爲朝議大夫。按六年十二月已見階朝議，此時疑當已進爲中大夫。

潘孟陽——元和八年八月二十一辛丑，由劍南東川節度使入遷戶侍・判度支。九年二月一日己卯朔，徙左散騎常侍，罷判度支。——此再任。

〔考證〕　舊傳：「遷梓州刺史・劍南東川節度使。……（武）元衡作相，（事在八年三月。）復召爲戶部侍郎・判度支・兼京兆五城營田使。……太府卿王遂與孟陽不協，議以營田非便，持之不下，……乃罷孟陽爲左散騎常侍。」新傳同。舊紀：元和八年八月「辛丑，以東川節度使潘孟陽爲戶部侍郎・判度支。」與兩傳合。又舊紀，九年「二月己卯朔，戶部侍郎・判度支・兼京兆五城營田使。」按：此下必有奪文。據舊傳，孟陽轉左散騎常侍之明年復爲戶侍，以元和十年八月卒。則改常侍即在八年或九年。今舊紀九年二月此銜與孟陽舊傳官職一字不異，又自去年八月孟陽以戶侍判度支以來，不見他人亦任此官職，則此條「營田使」下必奪「潘孟陽爲(或貶)左散騎常侍」九字無疑。會要五八左右丞條敍此事在元和十五年，誤。觀左丞卷呂元膺條亦可知。

△王紹——元和七年正月十日庚午，以兵尚判戶部事。〔考證〕。八年四月九日辛卯，見在兵尚任。時階銀青光祿大夫。(全唐文四七八鄭餘慶祭杜佑太保文。)九年十一月三十癸卯晦，卒官。(神道碑、舊紀〔十二月癸丑〕、兩傳。)時階仍銀青光祿大夫。(碑。)——此再任。

〔考證〕 舊紀：元和七年正月「庚午，以兵部尚書王紹判戶部事。」神道碑：「遷檢校尚書右僕射·徐州刺史·(略)充武寧節度(略)使。居鎮六年，復徵拜兵部尚書。明年春，詔兼判戶部事。在位三歲，享齡七十有二。」舊傳：「元和初，遷檢校尚書右僕射·徐州刺史·武寧軍節度使。……六年，徵拜兵部尚書·兼判戶部事。九年卒。」新傳官歷同，無年份。碑云「居鎮六年」，舊傳云「(元和)六年，」是不同。按：紹以九年十一月晦卒，見本碑；(紀在十二月癸丑。)紹以元和元年十一月爲武寧軍節度使，見通鑑；碑云「居鎮六年」「在位三歲」，則由武寧入爲兵尚必在六七年。又舊紀，元和六年十月，以李愿爲武寧節度使，當卽代紹者。參以「明年春詔兼判戶部事」云云，則紹卸武寧節度入爲兵尚必在六年冬無疑，是碑傳似歧實合也。又據碑，直至卒時仍兼判戶部事。而冊府五〇二，記八年九月事作判度支，誤。

李遜——元和九年末，或十年初，由給事中遷戶侍。〔考證〕。十年十月三日庚子，出爲襄州刺史·襄復郢均房節度使。(舊紀、通鑑、兩傳。)——舊一五五、新一六二有傳。

〔考證〕 舊傳：「遜……浙東都團練觀察使 ……(元和)九年，入爲給事中。……俄遷戶部侍郎。元和十年，拜襄州刺史(下略)。」新傳官歷同。按舊紀，元和五年八月，以李遜爲浙東觀察。九年九月戊戌，以給事中孟簡爲浙東觀察。吳表五引嘉泰會稽志，元和五年八月，李遜授浙東，九年九月追赴闕。則遜入爲給事中，卽代孟簡任，不能早過九年九月二十五戊戌；其遷戶侍不能早過九年末。

潘孟陽——元和十年，由左散騎常侍遷戶侍。（兩傳，參再任條。）八月稍前，以疾復徙左散騎常侍。（兩傳。）——此三任。

△崔羣——元和十年，（詳禮侍卷。）由禮侍遷戶侍・（舊傳。）判本司事。（新一六〇孟簡傳。）十二年七月二十九丙辰，遷中書侍郎・同中書門下平章事。（兩紀、新表、通鑑〔作丙戌誤〕、新傳、舊傳〔作二年誤〕、全唐文五八授制。）時階朝散大夫。（舊紀、授制。）——舊一五九、新一六五有傳。

〔附考〕 全唐文六七五白居易答戶部崔侍郎書：「侍郎院長閣下，戶部牒中，奉八月十七日書：……。」又云：「自到潯陽，忽已周歲。」按舊白居易傳，元和十年七月稍後貶江州司馬，則此書作於十一年冬或秋末，崔侍郎即羣也。

△孟簡——元和十二年八月三日庚申，由工侍遷戶侍〔考證一〕・判本司事。〔考證二〕。十三年，兼御史中丞。（舊傳〔遷中丞仍兼戶侍〕、新傳、全唐文七二〇李珏丞相牛公神道碑。）五月二十三丙午，出爲檢校工尙・山南東道節度使。（舊紀、兩傳。）——舊一六三、新一六〇有傳。

〔考證一〕 舊紀：元和十二年八月庚申，「孟簡爲戶部侍郎。」失書原官。按舊傳：「（元和）九年，出爲越州刺史・兼御史中丞・浙東觀察使。……十二年，入爲戶部侍郎。十三年，……爲御史中丞，仍兼戶部侍郎。」新傳：「爲浙東觀察使，……以工部侍郎召還。……進戶部，加御史中丞。」據新傳，戶侍前有工侍一歷。考新二〇三吳武陵傳：「又遺工部侍郎孟簡書曰，……（柳）子厚之斥，十二年，殆半世矣。」按：子厚以永貞元年貶，則武陵遺簡書當在十二年，不能早過十一年。然則舊傳失書工侍一遷，而舊紀此條孟簡上脫書「工部侍郎」銜。復按：王涯以十一年十月爲工侍，十二月十六日卸，則簡由浙東入爲工侍不能早過此時。考吳表五引嘉泰會稽志，孟簡元和九年九月爲浙東，十二年正月追赴闕，薛戎繼之。又引韓集薛戎墓誌，元和十二年正月二十二日爲浙東。與前考年份正合。會要七八諸使雜錄條：「元和十三年二月，浙東觀察使孟簡授（受）代……」云云。「十三」爲「十二」

之譌。然則簡以十二年正月下旬由浙東觀察使入爲工侍，八月三日庚申遷戶侍。

〔考證二〕　新傳「進戶部」下云：「戶部有二員，判使案者居別一署，謂之左戶。元和後選委華重，宰相多由此進。崔羣旣相，而簡代之，故簡意且柄任。」是羣簡皆判本司事也。又會要八八倉及常平倉條：「十三年正月，戶部侍郎孟簡奏：天下州府常平義倉等斛斛，請準舊例減估出糶，但以石數奏申有司，更不收管，州縣得專，以利百姓。從之。」舊四九食貨志同。此亦簡判本司之證。然羣簡書銜皆不云判本司。

楊於陵——元和十三年八月，蓋二十四乙亥稍前，由原王傅復遷戶侍·知吏部選事。〔考證〕。十四年二月十七乙丑，以本官兼御史大夫·充淄青宣慰等使。（通鑑、會要七七巡按使條、墓誌、兩傳。）七月七日壬午，見在戶侍兼御史大夫任。（全唐文五二三楊於陵祭權相公文。）十五年正月末，見在戶侍任。（會要一帝號條。）二月二十九辛丑，遷戶尚。（舊紀、墓誌、兩傳。）——此再任。

〔考證〕　墓誌：「轉兵部侍郎，……出爲郴州刺史。……明年，召拜原王傅。數日，又爲戶部侍郎，復知吏部選事。」兩傳官歷同。按：貶郴州，舊傳在元和十一年，舊紀在十一年四月；據墓誌「明年」之言，則入爲戶侍當在十二年，與余所考皇甫鎛、崔羣、孟簡年月衝突。考舊紀，十三年八月乙亥，勅寬迴避改換之限。「時刑部員外郎楊嗣復以父於陵除戶部侍郎，遂以近例避嫌，請出省。不從，因有是勅。」會要五七尚書省條記此事亦云十三年。按乙亥是二十四日，則於陵除戶侍必在十三年八月。此與當時員闕亦合。墓誌「明年」，不可泥。

●皇甫鎛——元和十一年四月稍後，（詳度支卷。）由司農卿·兼御史中丞·判度支遷戶侍，仍判度支。（兩傳。）蓋十二年，兼御史大夫。（兩傳。）十三年九月二十三甲辰，以本兼官同中書門下平章事，仍判度支。（兩紀、新表、通鑑、兩傳、全唐文五八憲宗授皇甫鎛平章事制，參看授門下侍郎制。）時階朝請大夫。（授制。）十四年七月二十一丁酉，遷門下侍郎，仍平章事·判度支。（新表、新傳、全唐文五八憲宗授鑄門下侍郎制。)時階如故。(授制。)——舊一三五、新一六七有傳。

崔倰——元和十五年正月九日壬午，由前湖南觀察使遷權知戶侍·判度支。(舊紀、墓誌、兩傳。)年冬，或長慶元年春，正拜戶侍，仍判度支。時階朝議大夫。(全唐文六四六元稹授崔稜戶侍制。)長慶元年十月二十六己丑，遷工尙，仍判度支。(舊紀、墓誌。)——舊一一九、新一四二有傳，全唐文六五四有元稹撰贈太子少保崔公墓誌銘。

〔附考〕 舊紀：長慶三年二月「戶部尙書崔倰卒。」新七二下世表，亦云「倰，戶部尙書。」據墓誌及兩傳，戶尙乃致仕官，非實官。

●杜元穎——元和十五年十一月十七乙卯，由中書舍人·翰林學士承旨遷戶侍·知制誥，仍充承旨。(承旨院記、翰學壁記〔無承旨〕、兩傳〔承旨在戶侍下〕、全唐文六四八元稹授杜元穎戶侍制〔無承旨〕。)時階朝散大夫。(授制。)長慶元年二月十五壬午，以戶侍本官同中書門下平章事。(承旨院記、翰學壁記、兩紀〔原銜均無承旨〕、新表〔同〕、通鑑〔同〕、舊傳〔作三月誤〕、新傳、全唐文六四穆宗授杜元穎平章事制。)〔考證〕。時階如故。(舊紀、授制。)二年二月十九辛巳，遷中書侍郎，仍平章事。(新表。)——舊一六三、新九六有傳。

〔考證〕 拜相日，院記、壁記皆作二月十五日。新紀、新表均作二月壬午，卽十五日。而舊紀、通鑑皆作二月壬申。按舊紀是年二月紀日次序爲：戊辰朔，癸酉(六)，甲戌(七)，乙亥(八)，丙子(九)，己卯(十二)，壬申，乙酉(十八)。「己卯」與「乙酉」之間不容有「壬申」，「申」必「午」之譌，無疑。通鑑同誤。

△●牛僧孺——長慶二年二月十九辛巳，由御史中丞遷戶侍〔考證一〕·判本司事。〔考證二〕。時階朝議郎。(白居易牛僧孺可戶侍制〔一作大夫誤〕。)三年三月七日壬戌，以本官同中書門下平章事 。〔考證三〕。階由朝議郎進朝散大夫。(穆宗授牛僧孺平章事制。)同月十二丁卯，復判戶部。(新表。)十月九日

庚寅，遷中書侍郎，仍平章事，（新表、兩傳、墓誌。）進階銀青光祿大夫。（舊傳。）——舊一七二、新一七四有傳，全唐文七五五有杜牧撰奇章公牛公墓誌銘，同書七二〇有李珏撰牛公神道碑。

〔考證一〕　僧孺由御史中丞遷戶侍，全唐文六六二有白居易撰牛僧孺可戶部侍郎制。兩傳、墓誌、神道碑及通鑑考異引實錄，官歷皆然，無歧說。舊傳云在長慶二年正月。而通鑑長慶二年二月辛巳元稹爲相，考異曰：「實錄，以御史中丞牛僧孺爲戶部侍郎，翰林學士李德裕爲御史中丞。」月份與舊傳歧。按舊紀，德裕爲中丞正與稹拜相同在二月辛巳。又翰學壁記：李德裕，長慶二年二月「十九日，改御史中丞出院。」十九日卽辛巳。是德裕以此日爲中丞，不誤。又按前條杜元穎正以此日卸戶侍，則僧孺以此日由中丞遷戶侍，兩官月日正相銜接，足證考異引實錄月日亦絕不誤。然則舊傳「正月」當「二月」之譌耳。

〔考證二〕　墓誌，「遷戶部侍郎」下有「掌財賦事」一句。白居易牛僧孺可戶部侍郎制亦云：「戶部侍郎，……掌天下田戶之圖，生齒之籍，賦役貨幣之政令。……元和以還，日益寵重，善其職者，多登大任。」是僧孺此遷實判本司事也。又觀新表三月七日拜相，十二日又書「復判戶部」，亦原判本部事之證。蓋當時制度，拜相卽不預本部事，故復特詔加判耳。

〔考證三〕　舊傳：「長慶二年正月，拜戶部侍郎。三年三月，以本官同平章事。」墓誌、神道碑及新傳均合。全唐文六四穆宗授牛僧孺平章事制亦由戶侍本官入相。而新紀：長慶三年三月「壬戌，御史中丞牛僧孺爲戶部侍郎·同中書門下平章事。」新表同。原官御史中丞，誤。通鑑同日，以戶部侍郎牛僧孺爲中書侍郎·同平章事。始相卽爲中書侍郎，亦誤。舊紀只云「以牛僧孺同中書門下平章事。」失書原官。

張平叔——長慶二年三月十一壬寅，由鴻臚卿·兼御史大夫·判度支遷戶侍，仍判度支。（舊紀、會要五九、白居易授制、舊韋處厚傳。）〔考證一〕。時階朝議大夫。（授制。）〔考證二〕。十二月二十一丁未，貶通州刺史。(舊紀。)——兩書無傳，附見全唐文六七八白居易撰贈工侍吳郡張公神道碑。

〔考證一〕　舊紀：長慶二年三月壬寅，「以鴻臚卿・判度支張平叔爲戶部侍郎・充職。」會要五九度支使條事同，有月無日。考全唐文六六一白居易撰張平叔可戶部侍郎判度支制：「朝議大夫・守鴻臚卿・兼御史大夫・判度支・(勳・賜)張平叔……計能析秋毫，吏畏如夏日，司會逾月，綱條甚張。……可守尙書戶部侍郎・判度支，散官勳賜如故。」又舊一五九韋處厚傳：「張平叔……爲鴻臚卿・判度支。不數月，宣授戶部侍郎。」則始判度支在遷戶侍前不久。檢舊紀，長慶二年正月「甲寅(二十二日)，以工部尙書度支崔倰(略)充鳳翔隴節度使。以鴻臚卿兼御史大夫判度支。」此條顯有脫文。以前引白居易授制核之，知此處所脫卽「張平叔」三字，當在「兼」字上。(時制，諸官多不兼大夫，惟充三司使者多兼大夫，故姓名當在「兼」字上。)下距遷戶侍纔四十九日，故制云「司會逾月」也。

〔考證二〕　白居易制，時階朝議大夫。而全唐文六七八白居易贈工部侍郎吳郡張公神道碑：「嗣子通議大夫・守尙書戶部侍郎・判度支・(勳・賜)平叔，以長慶二年某月某日立神道碑。」(又和州刺史吳郡張公神道碑，平叔之祖也，可考籍居。)階作通議大夫。四部叢刊白氏長慶集卷二四，同。按此散官與授制不同，豈後進階通議耶？然通議大夫與戶侍同爲正四品下，不應曰「守」。或者碑之誤歟？

●竇易直——長慶二年十二月二十四庚戌，由吏侍轉戶侍・兼御史大夫・判度支。(舊紀、舊傳〔作十一月誤〕、新傳〔無原官〕。)四年五月七日乙卯，以本官同中書門下平章事，仍判度支。(兩紀、新表、通鑑、兩傳、全唐文六八敬宗授制。)時階由朝議郎進朝散大夫。(舊紀、授制。)寶曆元年正月十七辛酉，遷門下侍郎，仍平章事・判度支。(新表、兩傳。)——舊一六七、新一五一有傳。

李紳——長慶三年十月十一壬辰，由御史中丞新除江西觀察使留拜戶侍。(通鑑、舊紀、兩傳、家廟碑。)〔考證〕。四年二月三日癸未，貶端州司馬。(通鑑、舊紀、八瓊五三七星崖李紳題名、兩傳、家廟碑。)——舊一七三、新一八一有傳，全唐文六七八有白居易撰李公家廟碑。

〔附考〕　舊一六〇韓愈傳作兵部侍郎，誤。

△韋顗——長慶四年三月七日丙辰，由右丞換戶侍。（舊紀、舊傳。）十月二十七壬寅，兼御史中丞。（詳吏侍卷。）此時或稍前，蓋判本司。〔考證〕。寶曆元年七月二十五丁卯，遷吏侍。（舊紀、兩傳，詳吏侍卷。）——舊一〇八、新一一八附祖見素傳。

〔考證〕　按顗兼御史中丞，蓋判本司者。又崔元略繼顗任而判本司，亦顗判本司之旁證。

△崔元略——寶曆元年七月二十五丁卯，由京兆尹遷戶侍。（舊紀、通鑑、兩傳。）判本司事。〔考證〕。大和三年十月十六癸亥，遷戶尚·判度支。（詳戶尚卷。）——舊一六三、新一六〇有傳。

〔考證〕　舊傳，上章辯謗有云：「位列左戶之淸班。」按新書孟簡傳：「戶部有二員，判使案者居別一署，謂之左戶，元和後選委華重。」元略自稱左戶，則判本司必矣。又考舊一八七下庾敬休傳，奏稱：「太和元年，戶部侍郎崔元略……奏請茶稅事，使司自勾當。」云云。冊府五〇四同。又會要五八戶侍條：「寶歷二年正月，戶部侍郎崔元略奏請一切合免課役，須准戶部文符。」此尤元略實判本司之强證。

于敖——寶曆元年春，由刑侍遷戶侍。（詳刑侍卷。）大和元年正月十六戊寅稍前，卸戶侍。此日，出為宣歙觀察使。（舊紀〔作于敎誤合鈔已正〕、新傳。）——舊一四九、新一〇四有傳。

韋表微——大和元年正月蓋八日庚午，由中書舍人·翰林學士遷戶侍·知制誥，仍充學士。〔考證一〕。二年十二月二十八己卯，進充承旨。〔考證二〕。三年八月二十丁卯，以疾守本官出院。（翰學壁記、新傳。）蓋不久卒。（兩傳。）——舊一八九下、新一七七有傳。

〔考證一〕　翰學壁記：表微「寶歷元年五月二十五日，拜中書舍人。二年正月，遷戶部侍郎·知制誥。」兩傳官歷同。岑氏注補謂「二年」為「三年」之譌。其文略云：舊傳云，「俄拜戶部侍郎，職並如故。」似與記符。新傳獨云，「文宗立，獨相處厚，進表微戶部侍郎。」則似為寶歷二年末或大和元年初之事。考表微學士院新樓記（全唐文六三三）云：「樓成之月，學士韋公秉國鈞。……明年正月，學士路君遷小司馬爲承旨。表微洎王宋二舍人皆遷秩加職。」所謂「遷秩加職」卽壁記「遷戶部侍郎·知制誥。」據壁記及舊紀、新紀、新表、通鑑，韋處厚以寶歷二年十二月十七庚戌由兵侍承旨遷中書侍郎入相（詳兵侍卷），則此「明年正月」卽三年正月，亦卽大和元年正月也。壁記，路隋、韋表微兩條皆作寶歷「二年正月」，「二」皆「三」之譌。又此處缺日，而路隋條作「正月八日」，疑表微遷戶侍亦在正月八日。

〔考證二〕 壁記續云：「大和二年二月二十八日加承旨。」岑氏注補云「二月」上脫「十」字。按表微加承旨乃繼路隋者。隋以大和二年十二月二十七日由兵侍承旨學士拜相，詳兵侍卷，則表微加承旨正當是十二月二十八日。岑補「十」字，是。

楊嗣復——大和三年冬，蓋由吏侍轉戶侍。〔考證一〕。四年十二月二十四甲子，丁父憂免。〔考證二〕。——舊一七六、新一七四有傳。

〔考證一〕 舊傳：「文宗卽位，拜戶部侍郎。」新傳同。據會要七四及冊府六三六，大和二年春及十月，嗣復皆在吏侍任。其丁父憂免時見官戶侍，則戶侍在吏侍後。然戶侍二員自大和元年至三年秋均無缺，三年冬十月始有缺；而吏侍卷，至三年冬，王璠已由右丞遷吏侍；則嗣復任戶侍不能早過三年冬，或卽由吏侍換歟？

〔考證二〕 舊傳，戶侍下云：「太和四年，丁父憂免。七年三月，起爲尚書左丞。」新傳同，惟省年月。又舊紀：太和七年三月，「以前戶部侍郎楊嗣復爲尚書左丞。」全唐文六三九李翺楊於陵傳：「太和四年十二月癸亥，以疾薨於新昌第。……子……曰嗣復，戶部侍郎。」皆丁憂免前見官戶侍之證。於陵薨日，舊紀作十二月甲子，後碑一日。嗣復免官日姑從紀。舊書楊於陵傳云十月卒，奪「二」字。

王源中——大和三年十一月五日辛巳，由中書舍人·翰林學士遷戶侍·知制誥，仍充學士。時階中散大夫。十二月，進充承旨。〔考證一〕。六年秋以前，遷兵侍，仍知制誥·充承旨。〔考證二〕。——新一六四有傳。

〔考證一〕 新傳：「累轉戶部郎中，侍郎，擢翰林學士，進承旨學士。……以疾自言，出爲山南西道節度使。」敍事甚略。翰學壁記：「王源中，寶曆……二年正月二十八日，權知中書舍人。大和二年二月五日，正拜。十一月五日，遷戶部侍郎·知制誥。十二月，加承旨。」岑氏注補云寶歷二年正月二十八日應作「三年正月八日」，極碻。又於「加承旨」下注云：

唐摭言一五：「王源中，文宗時爲翰林承旨學士。」按前引李藏用碑係大和四年立，而不稱承旨。（碑，王源中撰，今引見於後。）如謂碑撰於二年十二月已前，似去立碑時稍遠。尤可疑者，此柱有月無日，頗露脫文之迹。又韋表微充承旨至三年八月二十方以疾出院，更不應同時承旨二人。合此以推，余謂十二月上最少當奪「三年」二字。

按：岑疑充承旨當在三年十二月，甚碻。然非十二月上奪「三年」。考崔元略自寶曆元年遷戶侍，至大和三年十月十六日始遷戶部尚書，韋表微自大和元年遷戶侍，至三年八月二十日出院仍守戶侍本官，則自大和元年至三年八月下旬，（至早八月下旬始有缺。）戶侍兩員並無闕可補，源中何能於二年十一月五日遷戶侍？然則壁記「大和二年」應作「大和三年」，或「十一月」上脫「三年」二字。其年十一月五日，崔元略卸戶侍纔二十日，表微可能亦卸任，源中此時遷戶侍正合。而岑疑各點亦氷釋矣。源中遷戶侍，全唐文六九三有李虞仲授制云：「翰林學士·中散大夫·中書舍人·上柱國·賜紫金魚袋王源中……可尚書戶部侍郎·知制誥，依前充翰林學士，散官勳賜如故。」舊一六三李虞仲傳：「轉兵部郎中·知制誥，拜中書舍人。太和四年，出爲華州刺史。」此制在三年十一月，時間亦合。

岑注又云：「叢編七引集古錄目：『唐左威衛將軍李藏用碑，唐禮部侍郎·翰林學士王源中撰。……碑以太和四年立。』按禮侍爲知擧之官，遷此者卽須出院。據石林燕語，源中之結銜實爲中散大夫·守尙書戶部侍郎·知制誥·翰林學士。集古錄目作禮部，誤。」此論甚碻。

〔考證二〕　壁記續云：「八年四月二十日出院。」似官戶侍直至此時。御覽八四亦云「王源中爲戶部侍郎·翰林承旨學士。……以眼病，求免所職。」及前引新傳，似與壁記均合。然舊紀：太和八年四月「乙巳，翰林學士·兵部侍郎王源中辭內職，乃以源中爲禮部尙書。」則出院時，原官兵侍，非戶侍也。岑氏注補未判舊紀與壁記孰是。今按：大和六年七月二十九日己未，宇文鼎已爲戶部侍郎，庾敬休爲戶侍亦不能遲於六年秋。則最遲六年秋戶侍兩員均已用他人，亦卽源中卸戶侍不能遲於六年秋。且唐中葉以後，以戶侍充翰學者，數月或一兩年中例遷兵侍，決無四五年不遷者。源中以三年冬遷戶侍，六年秋由戶侍遷兵侍，與當時習慣法極合。至八年，又由兵侍出院爲禮部尙書。舊紀書事正確。新傳前後省略殊甚，壁記亦脫中間兵侍一遷，出院時又不書爲禮尙，(記例應書。)亦脫漏也。又出院在八月二十四日乙巳，壁記作八月二十日。壁記此條既多脫漏，故當從舊紀。

宇文鼎——大和六年七月二十九己未，由御史中丞·兼刑侍遷戶侍·判度支。(舊紀。)——兩書無傳。

△庾敬休——大和五年，由吏侍轉戶侍·判本司事。〔考證〕。十月七日辛未，見在任。(冊府五〇四。)六年秋以前，兼魯王傅。〔考證〕。七年正月，見在任。(會要二五、九二。)七月二十乙巳，遷左丞。(舊紀、兩傳。)——舊一八七下、新一六一有傳。

〔考證〕　舊傳：「遷吏部侍郎。上(文宗)將立魯王爲太子，愼選師傅，改工部侍郎·兼魯王傅。……再爲尙書左丞。」新傳省書吏侍；左丞同；而工侍作戶侍。按舊一七五文宗莊恪太子永傳：「太和四年正月，封魯王。六年，上以王年幼，思得賢傅輔導之，……因以戶部侍郎庾敬休守本官兼魯王傅，太常卿鄭肅守本官兼王府長史。……其年十月，降詔冊爲皇太子。」新書永傳及舊一七六鄭肅傳亦均作戶侍。則舊傳「工部」蓋誤無疑。又舊傳，工侍兼魯王傅下書云：「奏劍南西川、山南西道每年稅茶及除陌錢，……請取江西例，於歸州置巡院一所，自勾當收管諸色錢物送省。……從之。又奏兩川米價騰踊，……請糶兩川闕官職田祿米以救貧人。從之。」新傳奏事同。是乃戶部事。又檢冊府五〇四：「文宗太和五年十月辛未，戶部侍郎庾敬休奏」云云，即此事。是明言戶侍，且五年十月辛未已在任矣。益證舊傳前作工部乃字譌。又會要二五朝參雜錄條：「太和七年正月，戶部侍郎庾敬休奏當司未有待漏院，今請於鹽鐵度支待漏院側創造。依奏。」同書九一內外官料錢條下：「(太和)七年一月，戶部事侍郎庾敬休奏，應文武九品以上每月料錢合給段疋絲綿等。……」云云。合兩傳、冊府、會要奏觀之，敬休此任不但是「戶侍」，非「工侍」，且以戶侍判本部事矣。

許康佐——大和七年七月二十五庚戌，由中書舍人‧翰林侍講學士‧兼學士遷戶侍‧知制誥，仍充學士。(翰學壁記〔岑注本誤爲十五日，又兼學士原作兼侍講據岑說改〕、舊傳〔只云侍講學士〕。) 八年五月八日戊午，進充承旨。(壁記。)九年五月五日己酉，遷兵侍出院。(壁記、舊傳。)——舊一八九下、新二〇〇有傳。

李漢——大和八年，由禮侍遷戶侍。九年四月，遷吏侍。(舊傳，參吏侍卷。)——舊一七一、新七八有傳。

△李翺——大和九年，由刑侍遷戶侍，(舊傳。)蓋判本司事。〔考證〕。八月一日甲戌朔，出爲檢校禮尙‧山南東道節度使。(舊紀、舊傳〔作七月檢校戶尙〕。)——舊一六〇、新一七七有傳。

〔考證〕 舊紀：大和九年「八月甲戌朔，以戶部侍郎李翺檢校禮部尙書‧山南東道節度使，代王起；以起爲兵部尙書‧判戶部事。」據此，翺似亦判本司事。

△王起——大和九年八月一日甲戌朔，由山南東道節度使入遷兵尙‧判戶部事。時階銀青光祿大夫。開成元年四月三日壬申，尙見在任。同月二十七丙申或稍前，罷判。(詳兵尙卷。)——舊一六四、新一六七有傳。

李珏——大和九年五月十九癸亥，由中書舍人‧翰林學士承旨遷戶侍‧知制誥，仍充承旨。(翰學壁記、舊傳〔無承旨〕。)八月五日戊寅，貶江州刺史。(壁記、舊紀〔無承旨〕、通鑑〔同〕、舊傳〔七月，就宗閔言〕、新傳。)——舊一七三、新一八二有傳。

楊汝士——大和九年九月九日辛亥，由同州刺史入遷戶侍。(舊傳、舊紀〔誤爲駕部侍郎〕。)開成元年七月，遷兵侍。(舊傳。)——舊一七六、新一七五有傳。

●**李石**——大和九年十一月十七戊午，由京兆尹遷戶侍·判度支。(舊紀、通鑑、舊傳〔作十月誤〕。)同月二十四乙丑，以本官同中書門下平章事，(兩紀、新表、通鑑、兩傳、全唐文七〇文宗授李石平章事制。)階由朝議郎進朝議大夫，(舊紀、授制、舊傳。)仍判度支。(授制、通鑑、兩傳、新表。)開成元年正月二十四甲子，遷中書侍郎，仍平章事·(新表、兩傳。)判度支。(新表，參度支卷。)——舊一七二、新一三一有傳。

歸融——開成元年春，由工侍·知制誥·翰林學士承旨遷戶侍·知制誥，仍充承旨。五月五日癸卯，守本官兼御史中丞，出院。十二月一日丙申朔，遷京兆尹。——舊一四九、新一六四有傳。

〔考證〕　舊傳：「(太和)六年，轉工部郎中·充翰林學士。八年，正拜舍人。九年，轉戶部侍郎。開成元年，兼御史中丞。湖南觀察使盧周仁違勅進羨餘錢十萬貫，融奏……請行重責。……尋遷京兆尹。」新傳無工中及舍人，又無年份；餘並同。舊紀：開成元年五月「癸卯，以翰林學士歸融爲御史中丞。」十二月丙申朔，「以戶部侍郎·兼御史中丞歸融爲京兆尹。」作戶侍，與兩傳同。而翰學壁記云：

歸融，「大和九月八月一日，自中書舍人充。(岑氏注補曰：「按前條丁居晦以九年五月入，後條黎埴以九年十月入，由其序列觀之，記稱九年八月入充，殆不誤。」其說甚碻，則舊傳誤也。)□年□月五日，加承旨。(岑曰：「□年□月當衍。鄧本作十年五月，更是淺人妄塡。」是也。)八月二十日，遷工部侍郎·知制誥。(岑曰：「此處八字疑誤；否則八月亦是衍文。」是也。)二十四日，賜紫。開成元年五月十五日，守本官兼御史中丞出院。（舊紀是月癸卯爲中丞，是五日。岑氏據紀謂此「十五日」衍「十」字。是。）」

壁記作工部，與舊紀、兩傳作戶部者異。勞氏郎官考一〇，據壁記謂傳誤。而岑氏云，「記作工，誤；非傳誤也。」今按：會要五八戶侍條：「開成元年，湖南觀察使盧周仁進羨餘錢十萬貫，戶部侍郎歸融奏曰……。」此在戶侍條，又爲戶部事，融銜戶部必不誤。則開成元年曾任戶侍，必不誤。然若如岑說壁記「工」爲「戶」之譌，則自九年八月官戶侍至開成元年十二月始卸。然自大和九年十一月至開成元年正月二十四日，李石、楊汝士同在戶侍任，不容再有一人，然則壁記「工部」亦未必爲「戶部」之譌也。又按壁記此條本多衍奪，意者「工部」不誤，而「開成元年」下脫戶侍一遷耳。蓋舊傳「工部郎中」本「工部侍郎」之誤，既誤侍郎爲郎中，然郎中不能在舍人後，故又誤移於前，致年份亦誤耳。傳與記皆有誤，故年月官歷參差不相合：然舊傳八年拜中舍，壁記九年充學士遷工侍，其遷戶侍不能早過開成元年正月，此三點殆不可易。據此比勘壁記與兩傳，其遷轉之迹仍歷歷可考。即八年遷中舍；九年八月一日，以本官充翰林學士；旋加承旨；是月（或稍後某月）二十四日，遷工侍·知制誥，仍充承旨；開成元年春，遷戶侍，仍知制誥·充承旨。五月五日，守本官兼御史中丞出院；十二月一日又遷京尹耳。

△●李固言——開成元年四月二十七丙申，以門下侍郎·同中書門下平章事判戶部事。二年五月七日己巳，進階金紫光祿大夫，罷判戶部，仍門下侍郎·平章事。——舊一七三、新一八二有傳。

〔考證〕　舊紀：開成元年四月「甲午，詔以（銜略）李固言爲門下侍郎·同中書門下平章事。……丙申，李固言判戶部事。」新表同。舊傳：「開成元年四月，復召爲平章事·判戶部事。二年，羣臣上徽號。上紫宸言曰，中外上章請加徽號，朕思理道猶鬱，實愧岳牧之請。……尋進階金紫，判戶部事。」按：最後「判戶部事」，「判」上必脫「罷」字。新傳省書進階罷判。檢羣臣請上徽號文宗謙遜事，舊紀在二年三月壬申；則罷判戶部當在二年三月稍後。又舊紀，開成二年五月丙寅(四日)，「戶部侍郎李珏判本司事。」據舊書一七三李珏傳，珏爲戶侍判本司事乃固言所援引，蓋即以自代也，是固言罷判當亦在二年五月矣。而新表於元年四月「丙申固言判戶部」後，即書「五月己巳罷。」既與傳不合，而元年五月亦無己巳日。意者此爲二年五月七日己巳事，誤移前一年耳。(七日雖較李珏判戶部事差後三日，然此亦不妨，如崔龜從繼珏者，然其任亦在珏罷前五日。)

王彥威——開成元年七月二十七甲午，由平盧節度使入遷戶侍·判度支。(舊紀、兩傳、全唐文六〇九劉禹錫王俊神道碑。)二年正月二十六庚寅，見在戶侍·判度支任。(舊紀。)九月二十七戊子，徙衞尉卿，分司東都。(舊紀〔脫九月合鈔已補〕、兩傳、王俊神道碑。)——舊一五七、新一六四有傳。

●△李珏——開成二年三月二十五戊子，由河南尹遷戶侍。(舊紀、兩傳。)五月四日丙寅，判本司事。(舊紀、舊傳。)八月，在戶侍·判本司任。(會要九二內外官料錢條〔據奏事知判〕。)三年正月九日戊辰，以本官同中書門下平章事，(新表、兩紀〔作戊申誤〕、通鑑〔同〕、兩傳、全唐文七〇文宗授制。)仍判本司事。(舊紀、新表、通鑑、授制。)時階朝議郎。(舊紀、授制。)四月九日丙申，罷判戶部事。(新表。)九月十四己巳，遷中書侍郎，仍平章事。(新表。)——此再任。

△崔龜從——開成三年三月，由華州刺史入遷戶侍。(舊傳〔新傳惟云戶侍〕。)四月四日辛卯，判本司事。(舊紀、舊傳。)〔附考〕。四年春，權判吏尙銓事。(舊傳，參吏尙卷。)四月二十二癸酉，出爲宣歙觀察使。時階蓋朝散大夫。〔考證〕。——舊一七六有傳，新一六〇附崔元略傳。

〔附考〕 舊紀：開成三年四月「辛卯，戶部侍郎崔龜從判本司事。詔曰：戶部侍郎兩員，今後先授上者，宜令判本司錢穀；加帶平章事、判鹽鐵、度支、兼中丞、學士，不在此限。」此詔，會要五八戶侍條，同；惟有月無日，又「加」作「如」，最後有「仍爲永制」四字。有關制度，故詳附之。

〔考證〕 舊紀：開成四年「三月癸未朔，……。丙申，……。癸酉，……以戶部侍郎崔龜從爲宣歙觀察使。」按三月無「癸酉」，實爲四月二十二日。然下文有「四月壬子朔」，故始疑「癸酉」字譌。（合鈔改作癸卯。）然「癸酉」前書「丙申」云云，「丙申」後無干支字形與「癸酉」相類者。復考全唐文七二九崔龜從宣州昭亭山梓華君神祠記云：「前年四月，自戶部侍郎出爲宣州，……五月到郡。……明年七月得疾，……經月而良已。……因出私俸修廟，……大設樂以享神。」又其敬亭廟祭文云：「維開成五年歲次庚申，九月甲戌朔，十四日丁亥，……。」此二文同時作，則龜從由戶侍出爲宣歙觀察實開成四年四月，非三月也。再檢舊紀是年三月書事，「癸酉」爲最後一條，而四月書事亦惟「壬子朔」及「壬戌」（十一日）兩條，均甚短。疑「癸酉」事本在四月「壬戌」事後，誤移前月之末耳。又據敬亭廟祭文，龜從時階朝散大夫，蓋四年出鎭時已然歟？

△杜悰——開成四年四月，以戶尙兼判戶部度支事。蓋年冬，或五年正月，卸。（詳戶尙卷。）——舊一四七、新一六六有傳。

△崔蠡——開成四年，由禮侍遷戶侍。（舊傳、新傳〔無原官〕。）十月，見在任。（會要二三忌日條。）五年三月，尙在任，且判本司事。（會要五八戶侍條〔據奏事知判〕。）其後出爲華州刺史·鎭國軍使。（舊傳。）——舊一一七、新一四四有傳。

丁居晦——開成五年三月十三己丑，由中書舍人·翰林學士遷戶侍·知制誥，仍充學士。同月二十三己亥，卒官。（翰學壁記。）——兩書無傳。

△盧鈞——開成五年十一月末或十二月上旬，由嶺南節度使入遷戶侍·判本司事。會昌元年七八月，出爲山南東道節度使。——舊一七七、新一八二有傳。

〔考證〕新傳：「擢嶺南節度使。……以戶部侍郎召，判戶部。會昌中，漢水害襄陽，拜鈞山南東道節度使。」舊傳，遷襄陽節度在「會昌初」，惟不書戶侍。考會要七五南選條，開成五年「十一月，嶺南節度使盧均奏，當道伏以海嶠擇吏與江淮不同，……臣當管二十五州……」云云。又八瓊六一祁陽湣溪盧鈞赴闕題記：「戶部侍郎盧鈞，開成五年十二月十一日赴闕過此。」合而觀之，則鈞由嶺南遷戶侍之制必行於五年十一月末或十二月上旬。復考全唐文七九五孫樵復召堰籍：「會昌元年，漢波逾堤，……襄陽以渚。於是天子曰，戶部侍郎盧某，前爲廣州，治稱廉平，……其以襄陽之殘民屬治之。盧公既秉襄陽……」後又謂爲潞州。此卽盧鈞無疑。又全唐詩第九函第一冊盧肇漢隄詩序：「上元年秋，漢水大溢，齧襄隄，……以地官范陽公舊理南粤，島夷率化，……俾蹕於襄，必克底乂。」又云：「肇於公爲族孫。」是卽鈞無疑。云元年秋。檢舊紀，會昌元年七月，「襄郢江左大水。」吳表四山南東道卷引牛僧孺墓誌，會昌元年七月，漢水溢堤，罷爲太子少師。因定鈞卽繼僧孺，是也。

李讓夷——會昌元年，最遲明年春，由工侍遷戶侍。二年夏以前，遷右丞。（詳右丞卷。）——舊一七六、新一八一有傳。

盧商——會昌三年夏，由京兆尹換戶侍·判度支。旋兼御史中丞。四年六七月，出爲檢校禮尙·劍南東川節度使。時階正議大夫。——舊一七六、新一八二有傳。

〔考證〕舊傳：「轉京兆尹。（會昌）三年，朝廷用兵上黨……以商爲戶部侍郎·判度支·兼供軍使，軍用無闕。逆稹盪平，加檢校禮部尙書·梓州刺史·劍南東川節度使。」新傳略同。全唐文七二八封敖授盧商東川節度使制：「正議大夫·戶部侍郎·兼御史中丞·（封·邑·賜）盧商……貳秋曹而無留獄，大京兆而有餘地。及授其徵賦，較其盈虛，屬武車在郊，軍食繼輓，役其心慮，所効則勤，均其勞逸，用旌久次，……可檢校禮部尙書·兼御史大夫·東川節度使。」官歷與傳全合。按劉稹以會昌三年四月叛，五月下詔討伐，則商始任當在三年夏。又新傳，判度支供軍下有：「又詔杜悰兼鹽鐵度支，並二使財以贍兵，乃不乏。」一段。則商卸任似在稹平之前。舊紀，會昌四年六月，合鹽鐵度支爲一使。七月，以杜悰爲宰相領之。八月，稹誅，事平。則商卸判任必卽在四年六七月也。

●△李回——會昌四年秋，蓋八月，由刑侍·兼御史中丞遷戶侍·判本司事。〔考證一〕。五年五月十九乙丑，遷中書侍郎·同中書門下平章事，仍判戶部。〔考證二〕。蓋卽本年兼禮尙，罷判戶部事。（詳吏尙卷。）——舊一七三、新一三一有傳。

〔考證一〕　新傳：「四遷中書舍人。會昌中，以刑部侍郎兼御史中丞。時方伐劉稹，武宗慮河朔列鎭陰相締以撓兵事，（李）德裕薦回持節往諭。……賊平，以戶部侍郎判戶部事。俄進中書侍郎·同中書門下平章事。」舊傳：「開成初，以庫部郎中知制誥，拜中書舍人，賜金紫服。武宗卽位，拜工部侍郎，轉戶部侍郎·判本司。三年，（各本均作「三」。）兼御史中丞。會昌三年，劉稹據潞州邀求旄鉞，朝議不允，加兵問罪。武宗懼稹陰附河北三鎭，……乃命回奉使河朔。……賊平，以本官同平章事，累加中書侍郎。」兩傳不同殊甚。舊傳由工侍遷戶侍，新傳由刑侍，此其一。遷戶侍判戶部事，舊傳在會昌三年出使河朔之前，新傳在四年稹誅之後，此其二。舊傳以戶侍本官拜相，新傳遷中書侍郎拜相，此其三。檢通鑑，會昌三年七月，「上遣刑部侍郎·兼御史中丞李回宣慰河北三鎭。」舊紀在是年七月戊子。然據紀及舊一六一劉稹傳，回時爲中丞，不云侍郎。考摭言二恚恨條，會昌中，李回爲刑部侍郎。又全唐文七〇〇李德裕李回宣慰三道勅旨云：「宜令刑部侍郎·兼御史中丞李回充幽州鎭魏等道宣慰。」同書七七五李商隱上座主李相公狀卽上回者，狀云：「一昨秋官分寵，風憲兼司，克揚典刑，肅整嚴裁，重以潞潛逆孽，帝命遄征，……單車就路，明宣朝旨，……」則新傳、通鑑出使前官刑侍兼中丞，是也。然則新傳稹誅遷戶侍判戶部，是也；舊傳誤。據紀，澤潞平在四年七月，則遷戶侍蓋年秋，觀刑侍卷員缺，不能遲過九月也。又狀文「一昨秋官分寵」上之「入陳嘉話，納晁董之降旗，百家無抗禮之人，六藝絕措詞之士。」乃指知制誥、中書舍人而言，不云中經工侍一遷，然其後亦不書戶侍事，則亦不能據此以斷舊傳「工侍」必爲「刑侍」之誤，姑存待考。

〔考證二〕　前引新傳由戶侍·判戶部事遷中書侍郎·同平章事，舊傳以戶侍本官同平章事。是不同。按：新表，會昌五年五月壬戌，「杜悰罷爲右僕射。」乙丑，「戶部侍郎·判戶部李回爲中書侍郎·同中書門下平章事・兼判戶部。」通鑑同。新紀不云「判戶部」，餘並同。考全唐文七六武宗授李回同平章事制，前後銜與新表同，惟下銜平章事下多「充集賢殿大學士」七字，足爲新書通鑑之强證；舊傳以戶侍本官同平章事，誤也。又李商隱上李相公狀云：「伏見制書，相公以五月十七日登庸。」卽乙丑日。足爲新書通鑑系日之强證。而舊紀會昌五年三月，「以御史中丞・兼兵部侍郎李回本官同平章事。」官歷誤，月分亦誤。復按：舊紀本年三月書云，「三月，崔鉉罷知政事，出爲陝虢觀察使。」下卽書李回拜相事。此月僅此二事。又四月封公主廢僧尼下書：「宰相杜悰罷知政事。以戶部侍郎・判戶部崔元式同平章事。」按崔元式以六年入朝爲刑尙，旋判度支，大中初拜相，詳度支卷及刑尙卷；舊紀此條必誤。又鉉悰同制罷相，見全唐文七六，時在五月十六壬戌，新紀、表、通鑑皆同，當不誤。疑舊紀「三月」云云本「五月」云云，在四月廢僧尼事後，誤移四月之前，「崔元式」卽「李回」之誤，又衍書中丞兼兵侍本官同平章事耳。

△鄭朗——會昌五年末或六年初，由御史中丞遷戶侍・判本司事。蓋同年，出爲鄂岳觀察使。——舊一七三、新一六五有傳。

〔考證〕　舊傳：「(開成)四年，遷諫議大夫。會昌初，爲給事中，出爲華州刺史，入爲御史中丞，戶部侍郎・判本司事。大中朝，出爲定州刺史・義武軍節度使。……尋遷……宣武軍節度使。」新傳，戶侍以上官歷同，戶侍下無「判本司事」。又云：「爲鄂岳、浙西觀察使，進義武、宣武二節度。」考全唐文七七六李商隱爲滎陽公上浙西鄭尙書啓，卽爲鄭亞上朗者，審文意，亞尙在桂管觀察任。舊紀，大中元年二月，亞由給事中出爲桂管觀察；二年二月，貶循州刺史。則此啓不能遲於二年二月。朗爲鄂岳必在此前。又吳表六鄂岳卷，自大中元年二月至三年爲盧商，有强證；(通鑑、舊傳等。)則朗卸鄂岳必大中元年正二月，或會昌六年，卽其出鎭不能遲過會昌六年也。(吳氏因列朗爲鄂岳始於會昌五年，不爲無見。)據前李回條，會昌四年秋後遷戶侍判本司事，五年五月拜相，仍判戶部。則朗遷戶侍判本司，必與回相先後。再按：通鑑會昌二年十一月己未，以諫議大夫鄭朗爲左諫議大夫，自此至四年秋李回始判戶部，纔一年有半，朗判戶部前尚有給事中、華州刺史、御史中丞數遷，如置朗爲戶侍判戶部於回前，時間嫌促，故姑置回後。

白敏中——會昌四年九月四日甲寅，由中書舍人·翰林學士承旨遷戶侍·知制誥，仍充承旨。（翰學壁記。）五年三月，仍在戶侍·翰林學士任。（會要七六進士條、册府六五一。）是年，遷兵侍，仍知制誥·充承旨。〔考證〕。——舊一六六、新一一九有傳。

〔考證〕　舊傳：「召入翰林充學士，遷中書舍人，累至兵部侍郎，學士承旨。會昌末，同平章事。」新傳：「召入翰林爲學士，進承旨。宣宗立，以兵部侍郎同中書門下平章事。」按新表，會昌六年五月乙巳，「翰林學士承旨·兵部侍郎白敏中本官·同中書門下平章事。」新紀、通鑑同。舊紀事同，惟在四月。則兩傳進兵侍仍充承旨不誤。據會要、册府，五年三月尚在戶侍任，參以員闕，蓋即五年遷兵侍。（衡以唐制慣例，必由戶侍直遷兵侍。）壁記未書出院，是脫漏；又脫書兵侍耳。

盧鈞——會昌五年冬，由昭義節度使入遷戶侍·判度支。六年，遷戶尚。（詳吏尚卷。）——此再任。

韋琮——大中元年三月，由戶侍·知制誥·翰林學士承旨遷中書侍郎·同中書門下平章事。（新表、新紀、通鑑〔作二月誤然下云閏月則二字寫譌〕、舊紀〔作七月誤又以本官入相〕、新傳。）時階正議大夫。（舊紀。）蓋會昌六年，由中書舍人·翰林學士遷。〔考證〕。——新一八二有傳。

〔考證〕　琮入相前具官戶侍·翰林學士承旨，兩紀、新表、通鑑、新傳皆無歧說。又舊紀：大中元年「二月丁卯制：……。二月丁酉，禮部侍郎魏扶奏，臣今年所放進士三十三人，其封彥卿……等三人實有詞藝，爲時所稱，皆以父兄見居重位，不得令中選。詔令翰林學士承旨·戶部侍郎韋琮重考覆。」按丁酉爲三月一日朔，「二月」傳寫之譌。（此事，會要七六進士條及册府六四一、六四四均云「正月」，琮銜爲「翰林學士·戶部侍郎·知制誥」，承旨亦學士也，故載記中常省書承旨。）時在拜相稍前，具官亦全同。據本卷所考員闕，琮官戶侍當始於會昌六年。又集古錄目，唐商於驛路記，翰林學士承旨韋琮撰，碑以大中元年正月立。翰學壁記岑氏注補據此，參以承旨員闕，謂進充承旨亦在會昌六年。是也。然則戶侍承旨皆始於會昌六年，但不知其先後抑同時耳。又壁記云：瑋「會昌……四年……九月四日，拜中書舍人，並依前充(學士)，」下缺。可能由中舍直遷戶侍，亦可能中經工侍或刑侍，不可考矣。

盧弘正——大中元年三月，由工侍遷戶侍·判度支。〔考證一〕。閏三月，見在戶侍·判度支任。(冊府四九四、新五四食貨志。)六月，出爲義成節度使。〔考證二〕。——舊一六三、新一七七有傳。新傳名弘止。

〔考證一〕 舊傳：「三遷……給事中。……(劉)稹誅，乃令弘正銜命宣喻河北三鎭。使還，拜工部侍郎。大中初，轉戶部侍郎·充鹽鐵轉運使。前是，安邑、解縣兩池鹽法積弊，課入不充，弘正令判官司空輿……特立新法，仍奏輿爲兩池使。……其法至今賴之。」新傳，年代官歷及令司空輿勾當河東兩池事並同；惟「充鹽鐵轉運使」作「領度支」。考舊一九〇下司空圖傳，「父輿，大中初，戶部侍郎盧弘正領鹽鐵，奏輿爲安邑兩池榷鹽使。」此下敍事與兩傳同。會要八七轉運鹽鐵總敍條，「薛元賞、李執方、盧弘正、馬植、敬暉五人……相踵理之，植亦由是居相位。」舊書食貨志下同。則舊傳作鹽鐵轉運使似不誤。然冊府四九四山澤條，大中元年閏三月，戶部侍郎·判度支盧弘正奏司空輿新制兩池條例。從之。新五四食貨志敍此事，弘正銜亦爲「戶部侍郎·判度支」。又考全唐文七七四李商隱爲滎陽公與度支盧侍郎狀：「某今月九日到任上訖。」又云：「職重賦輿，俗參夷獠，務便宜於五嶺，或有可觀。」則爲鄭亞到桂管任時所上者。據舊紀，亞以大中元年二月由給事中出爲桂管觀察，則此書必上於元年三四月，與冊府元年閏三月時代正合，是此狀卽上弘正者，亦稱度支，不稱鹽鐵。且自大曆貞元中，河東兩池本隸度支，見萃編一〇三崔敖河東鹽池靈慶公碑；元和中仍隸度支，見冊府四九三；其後蓋沿而未革。弘正既使司空輿勾當兩池鹽務，則弘正所領使職固當爲度支，非鹽鐵。冊府四九四書銜極正確，舊傳、會要蓋以其領河東鹽務，故誤爲鹽鐵使耳。新傳、新志毅然改爲「領度支」，是也。又按舊傳云，大中初爲戶侍。據上引冊府及李商隱狀，弘正始遷戶侍判度支，不能遲過大中元年三月，與當時員闕亦合。又據度支卷，崔元式判度支以大中元年三月入相，不云判如故，蓋卽同時，弘正繼判耳。

〔考證二〕　舊傳，「至今賴之」下云：「檢校戶部尚書，出爲徐州刺史·武寧軍節度使。」新傳同。是由戶侍出鎭武寧。然吳表二及三，引通鑑，大中三年五月，以義成節度使盧弘正爲武寧節度使。又引李訥授盧弘正徐州節度制，亦由義成轉任。則戶侍後尚有義成一遷始轉武寧。兩傳省書耳。復考新五四食貨志云：「宣宗卽位，茶鹽之法益密，……戶部侍郎·判度支盧弘正以兩池鹽法弊，遣巡院官司空輿更立新法。」續云：「兵部侍郎·判度支周墀又言兩池鹽盜販者，」云云。則墀判度支當在弘正之後。按舊紀，大中元年「六月，以義成軍節度使周墀爲兵部侍郎·判度支。」時在弘正始判度支之後不過三數月，且墀由義成入判，則是與弘正互換其職耳。

盧簡辭——會昌末，由刑侍遷戶侍。大中初，遷兵侍。（舊傳。）——舊一六三、新一七七有傳。

●馬植——大中二年五月一日己未朔稍前，由刑侍·諸道鹽鐵轉運使遷戶侍，仍充使職。時階金紫光祿大夫。此日，以本官同中書門下平章事。〔考證〕。六月二十二庚戌，遷中書侍郎，仍平章事。（新表、兩傳。）——舊一七六、新一八四有傳。

〔考證〕　舊傳：「會昌中，入爲大理卿。……宣宗卽位，宰相白敏中與德裕有隙，凡德裕所薄者，必不次拔擢之。乃加植金紫光祿大夫·行刑部侍郎·充諸道鹽鐵轉運使。轉戶部侍郎，領使如故。俄以本官同平章事，遷中書侍郎·兼禮部尚書。敏中罷相，植亦罷爲太子賓客。」新傳，遷中書侍郎以前官歷全同，惟不云兼禮尚，後書罷相云：「罷爲天平軍節度使，……貶常州刺史，以太子賓客分司東都。」視舊傳爲詳；又不云與敏中罷相同時，是也。據兩傳，由刑侍遷戶侍，俄以戶侍本官同平章事。

而新紀：大中二年五月己未朔，「刑部侍郎·諸道鹽鐵轉運使馬植同中書門下平章事。」通鑑同。新表二年第一行「正月……」云云。第二行「己卯……」書植事與新紀通鑑全同，而不書月，似屬正月者。蓋脫「五月」，又譌「己未」爲「己卯」耳，參兵侍卷周墀條。是新紀、新表、通鑑以刑侍本官入相。語林六補遺：「馬植……進大理卿，遷刑部侍郎·充鹽鐵使。……未幾拜相。」亦似由刑侍，皆與兩傳不合。又按：舊紀，會昌六年四月，「以中散大夫·大理卿馬植爲金紫光祿大夫·刑部侍郎·充諸道鹽鐵轉運等使。」「六月，以戶部侍郎·充諸道鹽鐵轉運使馬植本官同平章事。」大中二年三月己酉，「以禮部尚書·鹽鐵轉運使馬植本官同平章事。」官歷與兩傳合。而遷刑侍充使職年月與通鑑不合，詳鹽運使卷；拜相年月既與新書通鑑不合，且自相重複，必誤。考新一八〇李德裕傳：「大中元年，……再貶潮州司馬。明年，……吳汝訥訟李紳殺吳湘事，而大理卿盧商、刑部侍郎馬植、御史中丞魏扶言：紳殺無罪，德裕徇成其寃，……乃貶爲崖州司戶參軍事。」據舊紀，德裕貶潮州在元年七月，吳汝訥訟吳湘事在九月，三司推勘吳湘獄具奏在二年二月，則二年春植尚在刑侍任。兩傳皆遷戶侍，俄卽拜相，亦僅相去兩月，明遷戶侍旋卽拜相，故新紀、新表、通鑑誤卽刑侍入相耳。又新表：二年六月庚戌，「植爲中書侍郎。」三年三月，「植檢校禮部尚書·天平軍節度使。」不書中兼禮尚。然舊傳遷中書侍郎·兼禮尚，舊紀有禮尚之銜，新表亦檢校禮尚出鎭天平。疑實兼禮尚，卽檢校本官出鎭歟？然大中二年正月韋琮兼禮尚，至十一月壬午始罷，則植繼兼禮尚亦不能早過十一月也。又植罷相，新紀亦在三年三月，而通鑑在四年四月庚戌，未知孰是。舊紀，三年「四月，以正議大夫·守中書侍郎·同平章事·集賢殿大學士·(賜)馬植爲太子賓客，分司東都。」年月與新書爲近。據舊紀舊傳，前已由正議進階金紫，此仍正議，必誤。

孫瑴——大中二年七月六日癸亥，由中書舍人·翰林學士承旨遷戶侍·知制誥，仍充承旨。十二月二十四庚戌，遷河南尹，出院。(翰學壁記。)——兩書無傳，見新七三下世表。

柳仲郢——大中二年秋以後，由河南尹入遷戶侍。蓋卽十二月末，與孫瑴互換。三年四五月，徙秘書監。——舊一六五、新一六三有傳。

〔考證〕 舊傳：「（周）墀入輔政，遷爲河南尹。蒞事踰月，召拜戶部侍郎。居無何，墀罷知政事，同列有疑仲郢與墀善，左授秘書監。」新傳同。按墀以大中二年五月拜相，三年四月一日乙酉罷。觀舊傳「踰月」「無何」語意，由河南入拜不能早過二年秋後，然亦不能遲過三年春初，時間正與孫瑴由戶侍出尹河南相値，蓋卽互換其官耳。

△周墀——大中元年六月，以兵侍判度支戶部事。二年五月一日己未朔，以本官同中書門下平章事，罷判使。（詳兵侍卷。）——舊一七六、新一八二有傳

△魏扶——大中二年，以兵侍判戶部事。十一月，見在兵侍·判戶部任。（舊紀、會要五八戶侍條。）三年四月一日乙酉朔，以本官同中書門下平章事。（新表、兩紀、通鑑。）時階正議大夫。（舊紀。）——兩書無傳。

崔龜從——大中二年六月，見在戶侍·兼御史大夫·判度支任。（舊紀。）其判度支蓋始於上月。（度支員闕。）四年六月二日戊申以前，遷戶尙，仍判度支。（詳戶尙卷。）——此再任。

△令狐綯——大中四年，由御史中丞遷戶侍·判本司事。是年遷兵侍·充翰林學士承旨。——舊一七二、新一六六有傳。

〔考證〕 綯此段官歷之材料歧異頗甚，茲條列於後：

舊傳：「大中二年……充翰林學士。三年，拜中書舍人，……尋拜御史中丞。四年，轉戶部侍郎·判本司事。其年，改兵部侍郎·同中書門下平章事。」

新傳：「入翰林爲學士，……進中書舍人，……遷御史中丞，再遷兵部侍郎，還爲翰林承旨。……俄同中書門下平章事。」

翰學壁記：「令狐綯，大中……三年二月二十一日，特恩拜中書舍人，依前充。其年五月一日，遷御史中丞，賜紫，出院。」再充條云：「大中三年九月十六日，自御史中丞充承旨。其月二十三日，權知兵部侍郎·知制誥，依前充。四年十一月三日，守本官同中書門下平章事。」舊紀：大中四年十一月，「以戶部侍郎·判本司事令狐綯爲兵部侍郎·同平章事。」南部新書己：「大中四年冬，令狐綯自戶部侍郎加兵部入相。宰執同列……以綯新加兵部，至其月十八日南省上事……」新表：大中四年「十月辛未，翰林學士承旨·兵部侍郎令狐綯守本官同中書門下平章事。」新紀、通鑑並同。

按上引材料歧異如此。茲先論入相年月及官歷。新紀、新表、通鑑以大中四年十月二十七日辛未由翰學承旨·兵部侍郎本官入相，新傳與紀表合。而舊紀、傳則由戶侍·判本司事遷兵侍入相，時在同年十一月。南部新書由戶侍遷兵侍，同時入相，與舊紀傳合。又云十八日南省上事，是亦當是十一月，非十月。至於壁記，則年月與舊紀合，而先爲兵侍承旨然後入相，則與新書、通鑑合。今按：綯在內庭嘗便殿召對，夜艾方罷，特賜金蓮花燭送歸院，俄而拜相，見摭言十五及東觀奏記上。此爲有名之故事，當不誣。則先爲兵侍承旨，後以本官入相，是也。月日無可折衷，姑從新書、通鑑。關於拜相以前之官歷，舊傳由中丞而戶侍，而兵侍。新傳由中丞再遷兵侍，與舊傳亦合。舊傳失書承旨，新傳承旨在遷兵侍時，而壁記則以中丞再入翰院充承旨，又無戶侍一遷，與傳均異。今按：御史中丞之職甚繁，例不充學士，壁記必誤無疑。戶侍判本司事，亦使職，例不入院。則新傳遷兵侍始入院充承旨，是也。故從兩傳書之。

△高銖——大中初，蓋四年或稍前後，以禮尚判戶部事。——舊一六八、新一七七有傳。

〔考證〕新傳：「大中初，遷禮部尚書·判戶部，徙太常卿。」按會要六五太常卿條，銖以大中九年罷太常卿。判戶部在前，不知何時。然自五年至十年間，戶部不闕判使，則銖判戶部不能遲過四五年。

裴休——大中五年二月，由刑侍遷戶侍·充諸道鹽鐵轉運使。〔考證〕。其年，遷兵侍，仍充使職。（詳戶尙卷。）——舊一七七、新一八二有傳。

〔考證〕五年二月以戶侍充使，見舊紀舊傳，詳戶尙卷。又考會要八七轉運鹽鐵總敍亦云：「大中五年二月，以戶部侍郎裴休爲鹽鐵轉運使。」舊四九食貨志同。冊府四八三，年月充使同，而作刑侍。會要八七轉運使條、卷八八鹽鐵使條，亦皆作刑侍，與冊府同，而與同書總敍不同。考全唐文七六七沈詢授裴休平章事制云：「四貳卿曹，益見大臣之節。」按休由戶侍而兵侍，已詳戶尙卷，前曾爲禮侍，詳彼卷，是三貳可考也。意者休由禮侍，而刑侍，而戶侍，而兵侍；由刑侍遷戶侍正與充使同時，故或云以戶侍充使，或云以刑侍充使耳。

△徐商——大中初，以戶侍判本司事。約五年，遷左丞。——舊一七九、新一一三有傳

〔考證〕戶侍·判本司事見舊傳，引詳左丞卷。據兩傳及徐襄州碑，大中初中葉，商由戶侍·判本司遷左丞，出爲河中節度使。然自五年以後戶部判使皆有年月可考，無闕時，則商以戶侍判本司事必在大中初，但亦不能早過四五年。

韋慤——大中五年，由禮侍遷戶侍。十月，出爲鄭滑節度使。（詳禮侍卷。）——舊一七七、新一八四附子保衡傳。

楊漢公——大中六年或前後數月，由戶侍出爲荊南節度使。——舊一七六、新一七五有傳。

〔考證〕新傳：「擢桂管、浙東觀察使。繇戶部侍郎拜荊南節度使。召爲工部尙書。或劾漢公治荊南有貪贓，降秘書監。」與表五荊南卷，楊漢公。考證云：「許渾詩，李羣之員外從事荊南，尙書楊公詔徵赴闕，……自漢上舟行至此。按當作於渾爲郢刺誌(時)，以渾寄大梁劉尙書詩去年今夜醉蘭

舟之句考之，渾於大中八年刺郢。……東觀奏記：工部尚書楊漢公前任荆南節度使，以不廉聞，左遷秘書監。制曰，考三年之績，爾最無聞；致多士之朝，人言未息。舍人沈詢之詞。詢於大中九年出鎭河東，曰考三年之績，漢公在鎭三年也。然則，漢公於大中六年以戶部侍郎出鎭荆南，八年罷。」岑氏正補曰：「詢自中舍知九年舉，知舉者例於先年九十月間除出，是亦漢公最遲八年罷之證。」按此段考證甚精，就余此表證之，戶侍兩員，亦惟六年有闕，不能早過五年末，亦不能遲過七年初也。

崔璵——大中六年冬，由禮侍遷權知戶侍。七年七月稍前，卸。時階正議大夫。——舊一七七、新一八二有傳。

〔考證〕　舊傳：「拜中書舍人。大中五年，遷禮部侍郎。六年，選士，時謂得才。七年，權知戶部侍郎，（進封邑）轉兵部侍郎。」舊紀：大中七年七月，「權知戶部侍郎崔璵可權知兵部侍郎。」全唐文七四八杜牧崔璵除兵部侍郎制：「正議大夫・前權知尚書戶部侍郎・（勳・封・賜）崔璵……可權知尚書兵部侍郎，散官勳封賜如故。」（此制疑非牧行。）詞有「掌言綸閣，典貢春闈，」則舊傳官歷甚確。惟六年冬崔瑤已受詔知貢舉，璵遷戶侍或當在六年冬。

蘇滌——大中八年五月，由戶侍出爲檢校兵尚・荆南節度使。——兩書無傳。

〔考證〕　舊紀：大中八年五月，「以戶部侍郎・翰林學士承旨・（勳・封・邑）蘇滌檢校兵部尚書・兼江陵尹・御史大夫・充荆南節度使。」按：本紀七年七月，滌由兵部侍郎・翰林學士遷左丞，出院。此條學士承旨衍文。岑氏壁記注補謂此題前銜，又譌兵爲戶。然此時戶侍有闕，今姑據紀書之以待考。

蕭寘——大中八年五月十九癸卯，由中書舍人・翰林學士遷戶侍・知制誥，仍充學士。九年二月十七丙寅，進充承旨。十年八月四日甲戌，出爲檢校工尚・浙西觀察使。（翰學壁記。）——新一〇一附蕭復傳。

△●**魏謩**——大中五年，以御史中丞兼戶侍・判本司事。旋卸中丞。〔考證一〕。十月三十戊辰，以本官同中書門下平章事，仍判戶部事。（新表、通鑑、新紀〔不云仍判〕、舊紀〔五月〕、舊傳、新傳〔省仍判〕、

全唐文七六七沈詢魏謩拜相制。）六年十二月二十一壬午，遷中書侍郎，仍平章事。（新表、兩傳。）八年十二月十八己巳，罷判戶部事。〔考證二〕。——舊一七六、新九七有傳。

〔考證一〕　舊傳：「（大中）二年，內徵爲給事中，遷御史中丞。謝日，面賜金紫之服。……兼戶部侍郎‧判本司事。謩奏曰：御史臺綱紀之地，不宜與錢貨吏雜處，乞罷中司，專綜戶部公事。從之。尋以本官同平章事。」新傳官歷同，惟不云「判本司事」；然「奏曰……」云云，與舊傳同，是卽判本司也。會要六〇御史中丞條：「大中三年，以御史中丞魏謩兼戶部侍郎‧判本司事。謩奏曰……」云云。與兩傳文同。是兼戶侍判使在三年。然舊紀，大中四年「八月，刑部侍郎‧御史中丞魏謩奏……」云云（御史臺事）。會要六二推事條載此奏，年月同（惟譌「大中」爲「太和」），惟銜只御史中丞。則遷戶侍當在四年八月以後，據此可知會要御史中丞條「三年」爲「五年」之譌，謩以五年十月入相，故傳云「尋」矣。又按：舊紀四年八月書事，謩銜刑侍兼中丞，而會要六二無刑侍，兩傳及會要六〇亦僅云以中丞兼戶侍，不云刑侍。檢刑侍卷，此時無闕，則舊紀刑侍蓋衍文歟？

〔考證二〕　新表：大中八年「十二月癸巳，謩罷戶部。」按此月無癸巳，而蕭鄴以本月十八日己巳判戶部，蓋繼謩者，則此癸巳或己巳之譌。

△蕭鄴——大中七年六月十二辛未，由中書舍人‧翰林學士承旨遷戶侍‧知制誥，仍充承旨。（翰學壁記、新傳〔省承旨〕。）時階朝散大夫。〔考證一〕。八年十二月十八己巳，守本官‧判本司事，出院。（翰學壁記、新傳。）十年秋，遷兵侍‧判度支〔考證二〕，散階如故。（全唐文八〇宣宗授蕭鄴平章事制。）——新一八二有傳。

〔考證一〕　高元裕碑，撰人行爲「翰林學士承旨‧朝散大夫‧守尚書戶部□□‧□□□□（「侍郎知制誥」多一□）上□□‧□□□開國男‧食邑三百戶‧賜紫金魚袋□□□。」（參合萃編一一四、八瓊七五。）金石錄及寶刻類編均云蕭鄴撰，是也。錄云七年七月，萃編作七年十月，蓋是；八瓊以爲六年，非也。

〔考證二〕鄴以大中十一年七月由兵侍・判度支本官同平章事，詳兵侍卷。紀傳皆失書何時遷兵侍・判度支。考舊一五八韋澳傳：「召充翰林學士，……學士承旨，……出爲京兆尹……。會判戶部宰相蕭鄴改判度支，（衍宰相二字。）澳於延英對，上曰戶部闕判使，澳對以府事。上言戶部闕判使者三，又曰卿意如何？澳對曰，臣近年心力減耗，不奈繁劇。上默然不樂。……大中十二年，檢校工部尚書・（略）河陽三城（略）節度使。」檢舊紀、通鑑，澳以大中十一年正月由京兆尹出鎮河陽。舊傳十二年，誤。又檢翰學壁記，澳以大中十年五月二十五日出院爲京兆尹，（舊紀在八年五月誤，詳工侍卷。）則蕭鄴由判戶部改判度支，不能早於十年六月，亦不能遲過十一年正月。又考東觀奏記中，宣宗嘗詔樞密院，以兵部侍郎・判度支蕭鄴爲相，仰指揮學士院降麻。樞密使再審聖旨，落下判度支否？上疑左右黨蕭，乃更以戶部侍郎・判戶部事崔愼由爲相，罷判戶部。唐語林一政事上同。按：愼由以十年十二月壬辰拜相，通鑑亦詳書之，則鄴遷兵侍・判度支必在十二月以前也。又觀鄭顥條，則鄴由判戶部改判度支當在十年秋。

△鄭顥——大中十年秋，由禮侍遷戶侍・判本司事。十月十五乙酉，徙秘書監。（詳吏侍卷。）——舊一五九、新一六五有傳。

△崔愼由——大中十年十月，由浙西觀察使入遷戶侍・判本司事。十二月二十三壬辰，遷工尙・同中書門下平章事。時階太中大夫。——舊一七七、新一一四有傳。

〔考證〕新傳：「進翰林學士，授湖南觀察使，召還，由刑部侍郎領浙西，入爲戶部侍郎・判戶部。……俄進工部尙書・同中書門下平章事。」全唐文七九宣宗授崔愼由平章事制：「太中大夫・守尙書戶部侍郎・判戶部事・（勳・賜）崔愼由，……洎擢參內署，……忠讜盡規，……既而察問南服，……盪寇銷災，人安政集，康一方之疲俗，復二職於中臺，……漸河之右，仍歲艱荒，一自鎭臨，載聞惠化，俾司征賦，益覩公忠，……爰授相印，用參樞務，……可守工部侍郎·同中書門下平章事。」是新傳與授制官歷全合；惟拜相官，傳作尙書，制作侍郎耳。

按：新紀，大中十年「十二月壬辰，戶部侍郎·判戶部崔愼由爲工部尙書·同中書門下平章事。」新表（百衲本）同。通鑑亦同，惟「壬辰」系十一月後，脫「十二月」字。後引舊紀舊傳雖誤，然拜相前亦官工尙，非侍郎。則授制「侍郎」必「尙書」之誤，無疑。新紀新表新傳不云仍判戶部；據通鑑，拜相同時落判戶部事。東觀奏記中、唐語林一政事上（已引見蕭鄴條）與通鑑同。

又按：新傳及平章事制，均由浙西入爲戶侍。檢吳表五浙西卷，愼由列九年至十年，雖無碻證；但後任蕭寘，引學士壁記，以大中十年八月四日由戶部侍郎·翰林承旨出鎭浙西，則可信；又吳表六湖南卷引樊川集及通鑑，六年四月愼由尙在湖南，亦可信；然則浙西卷列愼由於九十年，亦不爲無據。由此推之，愼由卸浙西入朝不能遲過十年八月，然其時戶侍兩員不闕，戶部判使亦不闕，至十月乙酉鄭顥卸戶侍判使，蓋愼由繼之耳。

綜上所考，新紀、新表、新傳敍愼由官歷年月與通鑑、東觀奏記、拜相制無不圓合。而舊傳：「充翰林學士·戶部侍郎，再歷方鎭，入朝爲工部尙書。十年，以本官同平章事。」戶侍在兩歷方鎭前，其誤一。遷工部尙書在拜相前，其誤二。舊紀，十一年二月，「以太中大夫·守工部尙書·（勳·賜）崔愼由爲中書侍郎·同平章事。」冊府七四同，在十一年正月。均誤。又舊紀，十一年十一月，「宰相崔愼由爲中書侍郎·兼禮部尙書，蕭鄴兼工部尙書。」又與表合，益證拜相時已爲中書侍郎之誤。

△夏侯孜——大中十一年正月七日丙午，由右丞·兼御史中丞遷戶侍·判本司事，（通鑑、舊紀、舊傳〔作二月誤〕。）階由朝請大夫（舊紀。）進朝議大夫。（舊傳。）十二年二月，遷兵侍·充諸道鹽鐵轉運使，（舊紀、舊傳。）階如故。（舊紀。）——舊一七七、新一八二有傳。

●△蔣伸——大中十年八月二十六丙申，以權知戶侍充翰林學士。〔考證一〕。九月二日壬寅，正拜戶侍·知制誥，仍充學士。（翰學壁記。）十月二日壬申，進充承旨。（壁記、兩傳。）時階通議大夫。（孫景商墓誌。）十一年十二月二十九壬辰，遷兵侍•知制誥，仍充承旨。（壁記、舊紀〔無日〕、舊傳〔省仍充〕、新傳〔省同又作十年誤〕。階如故。（舊紀。）十二年五月十三癸酉，守本官判戶部，出院。（壁記、新傳。）十二月二十七甲寅，以本官同中書門下平章事。（新紀、新表、通鑑、壁記〔二十九日〕、新傳。）〔考證二〕。仍判戶部。（新表。）十三年三月十八甲戌，罷判戶部。（新表、新傳、全唐文八〇宣宗罷蔣伸判戶部制。）時階如故。（罷判制。）——舊一四九、新一三二有傳。

〔考證一〕　翰學壁記：「蔣伸，大中十一年八月二十六日，自權知戶部侍郎充。」岑注：「按前條皇甫珪十年六月入院，後條苗恪十一年正月入院，以序次言之，此不應為十一年八月，可疑者一。此既書十一年，下文不應再用十一年字樣，可疑者二。加承旨似繼蕭寘之後，而寘以十年八月出院，可疑者三。合此三點，余謂十一年應正作十年。」耕望按：岑說是也。復考本所藏天平軍節度使孫景商墓誌，「翰林學士承旨•通議大夫•戶部侍郎•知制誥•上護軍•賜紫金魚袋蔣伸撰。」景商以大中十年八月廿二日薨，十月廿七日葬，此尤為岑說之强證。新傳：「入知戶部侍郎。（大中）九年，為翰林學士，進承旨。十年，改兵部侍郎•判戶部。」岑云：「九年充承旨，與蕭寘之承旨衝突，亦不足據。」耕望按新傳兩年份各誤前一年耳。又舊傳：「轉中書舍人，召入翰林為學士，自員外郎中至戶部侍郎，學士承旨，轉兵部侍郎。」戶侍以前之官歷錯亂特甚。

〔考證二〕　舊紀：大中十三年「四月，以翰林學士承旨•兵部侍郎•知制誥蔣伸本官同平章事。」冊府七四同。年月原銜均誤。

△杜勝——大中十二年二月，由權知刑侍遷戶侍•判本司事。時階朝議大夫。（舊紀。）蓋五月，罷判使。旋出為檢校禮尚•天平節度使。〔考證〕。——新一六九附杜黃裳傳。

〔考證〕　新傳：「拜給事中，遷戶部侍郎•判度支。欲倚為宰相。及蕭鄴罷，為中人沮毀，而更用蔣仲，以勝檢校禮部尙書，出爲天平節度使。」檢新表，蔣伸以大中十二年十二月甲寅拜相，蕭鄴以十三年十一月罷；與此傳不合。然勝出鎭大約在十三年或十二年末蓋可信。然就余考當時員闕言，當在十二年末。又舊紀，大中十二年二月，「以朝議大夫・權知刑部侍郎・賜紫金魚袋杜勝爲戶部侍郎・判戶部事。」判戶部，與傳異。按：夏侯孜以十二年二月由判戶部改充鹽鐵轉運使，五月蔣伸由學士承旨出院判戶部，中間戶部闕判使者三月；而據度支卷，劉瑑以大中十一年十二月判度支，明年正月拜相，判如故，四月遷工尙，五月薨，而六月沈詢又以戶部侍郎判度支，中間幾無闕時；則舊紀「判戶部」爲可信。新傳作度支，蓋誤。

●**劉瑑**——大中十二年十二月，由檢校禮尙・河東節度使入遷戶侍・判度支。（舊紀、通鑑、東觀奏記中、兩傳。）時階朝議大夫。（舊紀。）十二年正月二十五戊午，以本官同中書門下平章事，（通鑑〔看考異引東觀記及實錄〕、新表〔戊戌〕、新紀〔同〕、舊紀〔作二月誤〕、兩傳、全唐文八〇宣宗授劉瑑平章事制。）仍判度支，（新表、舊紀、兩傳、授制、授劉瑑集賢殿大學士制。）階如故。（平章事制、大學士制。）四月十八己酉，遷工尙，仍平章事。（新表、新傳。）——舊一七七、新一八二有傳。

李潘——大中十二年四月十八己酉稍後，由中書舍人・權知禮侍遷戶侍。時階朝議郎。（詳禮侍卷。）——舊一七一附見兄漢傳。

沈詢——大中十二年六月四日甲午，由浙東觀察使入遷戶侍・判度支。（吳表五浙東卷引嘉泰會稽志〔無判度支〕、新傳、舊一七八王徽傳。）——舊一四九、新一三二有傳。

杜審權——大中十二年五月二十八戊子或六月二十八戊午，由刑侍・知制誥・翰林學士遷戶侍・知制誥，進充承旨。十三年八月二十九壬子，遷兵侍，進階通議大夫，仍知制誥・充承旨。——舊一七七、新九六有傳。

〔考證〕翰學壁記：杜審權，「大中十二年，自刑部侍郎充。其月二十八日，轉戶部侍郎・知制誥

•承旨。十三年八月二十九日，加通議大夫•兵部侍郎•知制誥，依前充承旨。其年十二月三日，守本官•同平章事。」岑注謂「其月」上有脫文，因據前條嚴祁十二年五月二十一日入院及蔣伸承旨以五月十三日出院，疑審權之入非五月卽六月。近之。又新表，大中十三年「十二月甲申，翰林學士承旨•兵部侍郎杜審權本官同中書門下平章事。」新紀、通鑑同。卽三日也，與壁記合。新傳：「宣宗時，入翰林爲學士，累遷兵部侍郎、學士承旨。懿宗立，進同中書門下平章事。」拜相官歷亦同。全唐文八三懿宗授杜審權平章事制：「翰林學士承旨•通議大夫•守尙書兵部侍郎•知制誥•(勳•賜)杜審權可守本官同中書門下平章事。」與壁記、新紀、新表、通鑑、新傳均合。而舊紀：大中十三年「正月，以陝虢觀察使杜審權爲戶部侍郎•判戶部事。」「十二月，以戶部侍郎•翰林學士杜審權爲檢校禮部尙書•河中晉絳節度使。」咸通元年二月，「以河中節度使杜審權爲兵部侍郎•判度支。尋以本官同平章事。」官歷與壁記、授制、新紀、新表、通鑑、新傳都不合，誤也。

苗恪——大中十三年八月二十九壬子，由中書舍人•翰林學士遷戶侍•知制誥，進階朝請大夫，仍充學士。十二月十三甲午，進充承旨。咸通元年十一月八日癸未，出爲檢校工尙•山南西道節度使。(翰學壁記。)——兩書無傳，見新七五上世表。

馮圖——大中時，官至戶侍•判度支。(新傳。)——新一七七附父宿傳。

韋澳——蓋咸通初，由檢校戶尙•平盧節度使入遷戶侍，又遷吏侍。時蓋元二年。(詳吏侍卷。)——舊一五八、新一六九有傳。

李蠙——咸通四年三月，由戶侍出爲檢校禮尙•昭義節度使。(舊紀。)——兩書無傳。

孔溫裕——咸通初，蓋三四年，由戶侍出爲檢校禮尙•忠武節度使。時階朝散大夫。(全唐文八三懿宗授孔溫裕忠武節度使制，年份姑從吳表二)。——舊一五四、新一六三附見父戣傳。

△裴寅——咸通四年十一月，以戶侍判本司事。(舊紀。)——兩書無傳。

路巖——咸通四年九月十八丁未，由中書舍人・翰林學士承旨遷戶侍・知制誥，仍充承旨。五年九月二十六庚戌，遷兵侍，仍知制誥・充承旨。（翰學壁記。）——舊一七七、新一八四有傳。

楊知溫——咸通初，約四年或前後一年，由戶侍遷左丞。——舊一七六、新一七五附父汝士傳。

〔考證〕　舊傳：「累官至禮部郎中・知制誥，入爲翰林學士，戶部侍郎，轉左丞，出爲河南尹。」**按**：舊紀，咸通六年「五月，以左丞相楊知溫爲河南尹。」相字衍。則由戶侍遷左丞不能遲過五年末或六年春，然亦可能在三四年，今姑書於四年。

△**蕭寘**——咸通五年四月，由兵侍・判戶部事本官同中書門下平章事。——兩書無傳。

〔考證〕　新表：咸通五年「四月，兵部侍郎・判戶部蕭寘本官同中書門下平章事。」新紀、通鑑同。語林六：「蕭公（寘）自浙西觀察使入判戶部，頃之爲宰相。」判戶部與新書、通鑑同。舊紀：五年十一月「乙未，以兵部侍郎蕭實（寘之譌）本官同中書門下平章事。」冊府七四同。不云判戶部，又較新書通鑑差後七個月。新表，五年八月乙卯，「寘爲中書侍郎。」而舊紀在六年四月，亦差後八個月。觀此時兵侍員闕，當從新書。

劉鄴——咸通五年九月五日己丑，由中書舍人・翰林學士遷戶侍・知制誥，仍充學士。十一月二十二乙巳，進充承旨。十二月二十三丙子，守本官・充諸道鹽鐵轉運使，出院。六年，卸戶侍，罷判使。——舊一七七、新一八三有傳。

〔考證〕　翰學壁記：劉鄴，「大中十四年十月十二日，自左拾遺充。其月二十六日，召對，賜緋。咸通二年九月二十七日，遷起居舍人，依前充。三年二月二十一日，加兵部員外郎・知制誥，依前充。七月二十九日，召對，賜紫。十一月八日，遷中書舍人充。五年九月五日，遷戶部侍郎，依前充知制誥。（岑云知制誥在依前，是。）十一年十一月二十二日，加承旨。十二月二十三日，守本官充諸道鹽鐵等使。」而會要八七轉運使條：「咸通五年十二月，戶部侍郎劉鄴充諸道轉運使。六年十月，兵部侍郎于琮充諸道轉運使。」同書八八鹽鐵使條同，惟十二月作十一月。此二條以戶侍充使年月皆與壁記不合。

按：壁記此段記載甚詳，然本有可疑：唐世在翰院十年以上者絕少，末葉尤絕不見。以宣宗朝論，在翰院一兩年者爲多，其次三四年，惟蕭寘曹確各六年，此最久者。以懿宗朝論，亦一兩年爲多，其次三四年，無五六年者，惟獨孤霖七年，最爲久任。同此條，自大中十四年十月十二日入院，至咸通十一年十二月二十三日出院，凡十年又二月餘。時間太長，此可疑者一。又此條五年九月遷戶侍以前每數月卽一遷官，戶侍以後凡六年餘始加承旨，旋卽出院，此可疑者二。且唐世戶侍兩員，就余所考，自咸通六年至十年間曾四度另有兩人同時在任。如六年八九月，蕭倣侯備同時在任；七年冬，王鐸王諷可能同時在任；八年十月以前至十一月四日，獨孤霖崔彥昭同時在任；十年十一月十一日盧深鄭畋同日遷戶侍，至十二月深卒官，其間月餘亦同時在任。若鄴自五年至十一年皆在戶侍任，則於當時戶侍僅有二員之制度無以爲解。此可疑者三，抑且知其必誤也。今會要既詳載鄴以戶侍充使在五年十二月，（卷八七「十一月」自屬「十二月」之譌。）以校壁記，則壁記「十一年」三字必爲衍文，（蓋因十一月而衍。）則是五年十二月二十三日以戶侍充使出院。與會要全合，而前疑三點亦盡冰釋矣。抑猶有進者，岑氏據翰學壁記排列承旨學士年月，懿宗朝自高璩以下凡十四人，卸繼之間闕承旨者例僅數日或十數日，惟高璩楊收間闕一月又四日，路巖侯備間闕一月又七日，鄭畋劉鄴間闕一月又二十日，此最久者。按路巖充承旨以五年十一月十九日出院，而侯備以十二月二十六日充承旨，鄴條若無「十一年」，則以五年十一月二十二日充承旨，十二月二十三日出院，上距巖之出，下距備進充，皆僅三日，於情事最合，至鄭畋之後則爲張裼，裼條文有奪訛，不知畋裼間究闕若干日也。（翰學壁記：韋保衡以十年充承旨，十一年四月二十五日出院；鄭畋以十一年四月二十六日充承旨，九月二十七日貶出。而張裼條云：「十年……七月十日，遷中書舍人依前充。其年十月，遷工部侍郎依前充。十一月二日，加承旨。十二年正月二十六日，遷戶部侍郎。……十一月十八日，遷兵部侍郎……依前充。十三年五月十二日，貶封州司馬。」由承旨貶封州，舊紀年月日與壁記同，當不誤。岑云：「裼充承旨至咸通十三年五月，當然在劉鄴後。今本重修記乃作十年十一月二日加承旨，則與前保衡敀鄴三條均衝突。『十一月二日』必十一年十二月之訛奪。」耕望按：岑氏疑今本壁記裼始充承旨年月有奪訛，是也。然謂「十一月二日」必「十一年十二月」之訛奪，又恐未必。蓋訛奪之可能尙有其他方式，如「其年」可能爲「十一年」之譌，又「十一月」上亦可能脫「十一年」也。如此之類只能斷其必有奪訛，不能斷其如何奪訛也。岑氏於壁記劉鄴事尙未發現「十一年」爲衍文，其充承旨仍置十一年，在韋保衡鄭畋後，故改裼始充年月日以就之耳。）

舊傳：「正拜中書舍人，戶部侍郎，學士承旨。……尋以本官領諸道鹽鐵轉運使，其年同平章事。」新傳同，惟不云其年。按兩傳以戶侍入相皆誤。又鄴再任鹽運等使，十二年冬入相；此卽書於第一任鹽鐵使時，亦誤。

△于琮——咸通六年，蓋四月，以兵侍判戶部。十月，改充諸道鹽鐵轉運使。（詳鹽鐵轉運使卷。）——舊一四九、新一〇四有傳。

侯備——咸通六年五月二十□日，由中書舍人·翰林學士承旨遷戶侍·知制誥，仍充承旨。九月十七乙未，遷兵侍，進階朝散大夫，仍知制誥·充承旨。（翰學壁記。）——兩書無傳。

蕭倣——咸通六年，蓋由陝虢觀察使入遷戶侍。九月，出爲義成節度使。——舊一七二、新一〇一有傳。

〔考證〕舊傳：「遷禮部侍郎，轉戶部。以檢校工部尙書出爲滑州刺史·充義成軍節度鄭滑潁觀察處置等使。」新傳省書。而舊紀：咸通六年九月，「以吏部侍郎蕭倣檢校禮部尙書·滑州刺史·御史大夫·充義成軍節度·鄭滑潁觀察等使。」作吏部，與傳異。按：此時吏侍兩員皆有他人，當從舊傳作戶部；舊紀蓋涉三年十二月倣以吏侍知貢擧而誤耳。倣知四年春貢擧，二月貶蘄州刺史，詳吏侍卷。又據摭言一四主司失意條，「五年五月，量移虢略。」則爲戶侍當即始於六年，由陝虢觀察入拜。

李當——咸通初，由戶侍出爲河南尹。不能遲過五六年。——兩書無傳。

〔考證〕 八瓊六〇有朝陽洞李當等詩並魏深書事。深書事云：「公(當)嘗自中書舍人乘廉車問俗湖南。他日宣皇帝注意急徵，值公南風中足，不克見。久之，乃有金貂之拜。洎足力如常，除戶部侍郎。尋出尹河南，移宣□，鎮褒斜。」吳表，於湖南，書當於大中八九十年；於宣歙，書當於咸通八九年；於興元，書當於咸通九、十、十一年；雖皆無確證，然爲戶侍約在咸通初，則無可疑。又參看左丞及吏侍卷。

王鐸——咸通七年，由吏侍轉戶侍·判度支。(詳吏侍卷。)——舊一六四、新一八五有傳。

王諷——咸通七年冬，在戶侍任。——兩書無傳。

〔考證〕 吳表五浙東卷，引嘉泰會稽志：「王渢，咸通八年二月，自前戶部侍郎授浙東。」又引羅隱上浙東王大夫詩，「嘯敖辭民部，雍容出帝鄉，趙堯推印綬，勾踐與封疆。」方干越中言事二首，注：「咸通八年，瑯邪公到任作。」按：據志，咸通八年二月稍前已卸戶侍任，據羅隱詩，卸任亦未久，則七年冬必在戶侍任也。又「渢」當作「諷」，詳吏侍卷。

獨孤霖——咸通八年正月二十七戊辰，由工侍·知制誥·翰林學士承旨遷戶侍，仍知制誥·充承旨。時階朝散大夫。十一月四日己亥，遷兵侍，仍知制誥·充承旨。(翰學壁記。)——兩書無傳。

崔彥昭——咸通八年十月，在戶侍·判度支任。十年，出爲檢校禮尚·河陽節度使。——舊一七八、新一八三有傳。

〔考證〕 舊傳：「拜中書舍人，再遷戶部侍郎·判本司事。……(咸通)十年，檢校禮部尚書·孟州刺史·河陽節度使，進階金紫。」考會要五九度支使條：「咸通八年十月，戶部·判度支崔彥昭奏，……當司應收管江淮諸道州府今年以前兩稅榷酒諸色屬省錢……」云云。則其時在任，但作度支。此一奏事，舊紀在咸通八年十月丙寅，但銜爲「兵部侍郎判度支。」冊府四八四，同。是則紀傳會要互有異同。按就奏事內容觀之，當是判度支。又全唐文八六僖宗授崔彥昭中書侍郎制云「兩司大計」，唐中葉以後，大計係指度支言，第一次即此時也。舊傳「判本司事」，誤。本官今姑從傳及會要作戶侍。又按舊紀，十一年春彥昭由河陽三城節度遷河東節度，則傳云十年爲河陽，可信。

鄭言——咸通九年六月十八庚辰，由工侍·知制誥·翰林學士遷戶侍，出院。（翰學壁記，新五八藝文志〔無工侍〕。）——兩書無傳。

△獨孤霖——咸通九年九月八日戊戌，以兵侍判戶部事。（翰學壁記〔今本作十年據岑注校正〕。）——兩書無傳。

●劉瞻——咸通九年九月十二壬寅，由中書舍人·翰林學士遷戶侍·知制誥，進充承旨。時階將仕郎。十年六月十七癸卯，以本官同中書門下平章事。〔考證一〕。九月，遷中書侍郎，仍平章事。〔考證二〕。——舊一七七、新一八一有傳。

〔考證一〕 翰學壁記：「劉瞻，（咸通）九年五月二十六日，拜中書舍人，依前充。九月十二日，遷戶部侍郎·知制誥·承旨。十月十七日，以本官同中書門下平章事。」按新表，咸通十年六月癸卯，「翰林學士承旨·戶部侍郎劉瞻本官同中書門下平章事。」新紀、通鑑同。癸卯爲十七日；舊紀在十年正月，無日；皆與壁記不合。岑注云：「記文之『十月』殆『十年六月』之奪文；如是，則記與新紀表全符。……鄧本作『十年十七日』，則又奪去月份，然可證余謂當作『十年』之不妄。」耕望按：此點，勞格讀書雜識已言之，是也。考萃編一一七劉遵禮墓誌，咸通九年十一月八日葬，劉瞻撰，時銜仍爲「翰林承旨學士·將仕郎·守尚書戶部侍郎·知制誥·賜紫金魚袋。」足爲壁記有奪誤之强證，兼知其散階。又舊傳：「爲翰林學士，轉員外郎中，正拜中書舍人，戶部侍郎·承旨，出爲太原尹·河東節度使，入拜京兆尹，復爲戶部侍郎·翰林學士。（咸通）十年，以本官同平章事，加中書侍郎。」似兩入翰林，兩任戶侍。然壁記前入翰林未至戶侍承旨已貶出，後任始至戶侍加承旨；舊傳誤也。又河東節度一節亦誤，詳岑氏注補。

〔考證二〕 舊傳：「十年，以本官同平章事，加中書侍郎・兼刑部尚書。」新表，十年「九月，瞻爲中書侍郎。」而舊紀，進中書侍郎在十一年正月丙午。按：十年十一月十一日，盧深鄭畋同時爲戶侍，瞻卸戶侍必在此前，故新表爲可信；舊紀誤也。復按舊紀十一年正月丙午書事云：

丙午制，宰相門下侍郎・吏部尚書曹確可兼尚書左僕射，門下侍郎・戶部尚書路巖可兼右僕射，中書侍郎于悰可兼戶部尚書・平章事，劉瞻可中書侍郎・知政事，餘並如故。

而新表同年同月戊午書事云：

戊午，確加尚書左僕射，巖加右僕射，瞻兼刑部尚書。

檢是年正月無丙午，舊紀丙午必戊午之譌，是同日也。確巖事全同；表失書于悰兼戶尚，詳戶尚卷；惟瞻事不同。觀舊紀全文，他人皆有原官，惟瞻獨缺，蓋「可」下「中書侍郎」應在「劉瞻」上，又奪「兼刑部尚書」耳。或者舊紀既失書中書侍郎，又誤以兼刑尚年月日爲進中書侍郎年月日歟？新傳云：「咸通十一年，以中書侍郎同中書門下平章事。」蓋統下文罷相而言，不覺書年書官皆誤耳。

盧深——咸通十年十一月十一甲子，由中書舍人・翰林學士遷戶侍・知判誥，仍充學士。十二月，卒官。（翰學壁記。）——兩書無傳。

鄭畋——咸通十年十一月十一甲子，由中書舍人・翰林學士遷戶侍・知判誥，仍充學士。（翰學壁記、舊傳、新傳〔省中舍〕。）十一年四月二十六戊申，進充承旨。（壁記、兩傳。）九月二十七丙子，貶梧州刺史。〔考證〕。——舊一七八、新一八五有傳。

〔考證〕 壁記兩傳皆由戶侍・承旨學士貶梧州刺史，壁記在九月二十七日。通鑑，是年九月丙辰，劉瞻罷相爲荊南節度。「丙子，貶瞻康州刺史；翰林學士承旨鄭畋……貶梧州刺史。」丙子即二十七日，與壁記合。而舊紀，是年九月丙辰，劉瞻罷相出鎮荆南。同日卽書「翰林學士·戶部侍郎·知制誥·(勳·賜)鄭畋爲梧州刺史。」差前二十日。據兩傳，瞻罷相時，畋草制過爲美詞，故致外貶。舊傳載貶畋梧州制云：「一昨劉瞻出藩，……爾次當視草，過爲美詞，……同惡相濟，……一至於斯……。」則畋貶必在瞻罷爲荆南之後，非同日事甚明。且丙辰瞻僅出鎮，未爲重貶，草制者何至重責如此？通鑑系丙子，與瞻遠竄康州同日，既與壁記月日相符，且於情事極合。舊紀蓋不知其日，故附書瞻罷相之日耳。

張裼——咸通十二年正月二十六癸酉，由工侍·知制誥·翰林學士承旨遷戶侍，仍知制誥·充承旨。十一月十八庚寅，遷兵侍，仍知制誥·充承旨。(翰學壁記。)——舊一七八有傳。

崔充——咸通十二年正月二十六癸酉，由中書舍人·翰林學士遷戶侍·知制誥，仍充學士。十三年六月十日己酉，進充承旨。九月二十八乙未，出爲檢校工尙·劍南東川節度使。(翰學壁記。)——舊一五九附父羣傳。

●△趙隱——咸通十三年二月十七丁巳，由刑侍·判戶部遷戶侍·同中書門下平章事。(新表、新紀、通鑑。)〔考證〕。十一月十四庚辰，遷中書侍郎，仍平章事。(新表、兩傳。)——舊一七八、新一八二有傳。

〔考證〕 舊紀惟原銜作「御史中丞」，餘同新紀、新表、通鑑。舊傳云：「歷戶兵二侍郎，領鹽鐵轉運等使。咸通末，以本官同平章事。」新傳：「以兵部侍郎領鹽鐵轉運使。咸通末，進同中書門下平章事。」視舊傳惟省戶侍一遷。是兩傳皆與新紀、新表、通鑑不符，與舊紀亦異，今姑從新表、新紀、通鑑，俟證。

韋保乂——咸通十三年冬，或十四年春，遷戶侍，在翰院。十四年十月以前，遷兵侍，仍在翰院。——舊一七七、新一八四附兄保衡傳。

〔考證〕 舊傳：「保乂，進士登第，尙書郎·知制誥，召充翰林學士，歷禮戶兵三侍郎、學士承旨。坐保衡免官。」新傳：「保乂自兵部侍郎貶賓州司戶參軍。」新七四上世表，「韋保乂，翰林學士，兵部侍郎。」按新表，保衡以十四年八月爲司徒，九月癸亥（一日）貶賀州刺史。（兩紀通鑑有月無日。）通鑑，十月乙未（四日），「韋保衡再貶崖州澄邁令，……又貶其弟翰林學士·兵部侍郎保乂爲賓州司戶。」與傳官歷合。而翰學壁記云：「韋保乂，咸通十二年二月十三日，自戶部員外郞入守本官充。三月十六日，特恩賜紫。五月十日，加戶部郞中·知制誥，依前充。十四年十月，貶賓州司戶。」貶出年月與通鑑同，與兩傳亦合。惟無禮戶兵三侍郞。岑注云：「按：唐制，郞中知制誥約一年便可轉中舍，况以唐末官賞之濫，而謂保乂越兩年餘而無升遷乎？今記文末幅大多殘闕，此處顯有脫文。」其言是也。然禮侍例不充學士；舊傳禮侍當誤。又據保乂官歷，爲戶侍當不能早過十三年。今按十三年九月二十八日崔充卸戶侍後，始闕一員，則保乂遷戶侍當在十三年冬或十四年；後遷兵侍，仍在翰林；至十月四日貶賓州。

劉承雍——咸通十四年十月四日乙未，由翰林學士·戶侍貶涪州司馬。（通鑑。）〔考證〕。——舊一六〇附父禹錫傳。

〔考證〕　此見通鑑。考八瓊七七右常侍楊發女子書墓誌云，「如戶部侍郎·翰林學士劉公承雍……」云云。亦以戶侍充學士，足爲通鑑强證。今本翰學壁記劉承雍條僅「咸通十四年十月貶涪州司戶」十二字，明有脫文。

曹汾——咸通十四年，由忠武節度使入遷戶侍·判度支。十五年，卒。——舊一七七、新一八一附兄確傳。

〔考證〕　舊傳：「遷（略）忠武軍節度觀察等使，入爲戶部侍郎·判度支。」新傳全同，惟「判度支」下有「卒」字。新七五世表亦官戶侍。按徐考二三引唐詩紀事：「曹希幹，汾之子，咸通十四年登第。汾以尙書鎭許下，……榜至鎭，張宴設榜於側。時進士胡錡有啓賀略曰……一千里外，觀上國之風光，十萬軍前，展長安之春色。」與表二亦引此條，較略。則十四年春汾尙在許也。又寶刻叢編七唐贈尚書右僕射曹汾墓誌，李郁撰，咸通十五年。此年十一月改元乾符，則卒在十月以前。故汾爲戶侍・判度支當在十四、五年間，參度支卷，置十四年較妥。

張毅夫——蓋咸通中，官至戶侍。——舊一六二附見父正甫傳。

〔考證〕舊傳：「子毅夫，……位至戶部侍郎・弘文館學士判院事。」按正甫以大和八年卒，年八十三，毅夫子緯官達於僖宗、昭宗世，則毅夫官達不能遲過咸通中。

牛蔚——咸通末，由給事中遷戶侍，旋免官。歲中，復爲戶侍。——舊一七二、新一七四有傳。

〔考證〕舊傳：「咸通中，爲給事中。……踰歲，遷戶部侍郎。……以公事免。歲中復本官，歷工禮刑三尚書。」新傳省三尚書，餘略同。按乾符元年蔚在工尚任，則其任戶侍當在咸通末。

●盧攜——乾符元年，由中書舍人・翰林學士遷戶侍・知制誥，進充承旨。十月一日丙辰朔，以本官同中書門下平章事。〔考證〕。十一月，遷中書侍郎，仍平章事。（新表、新傳。）——舊一七八、新一八四有傳。

〔考證〕新表：乾符元年十月丙辰，「翰林學士承旨・戶部侍郎盧攜同中書門下平章事。」新紀、通鑑官歷年月同，惟無日。舊紀官歷亦同，惟在同年五月。而舊傳云：「拜諫議大夫。乾符初，以本官召充翰林學士，拜中書舍人。乾符末，加戶部侍郎・學士承旨。四年，以本官同中書門下平章事。」新傳：「累進戶部侍郎・翰林學士承旨。乾符五年，進同中書門下平章事。」官歷詳確，而拜相年份與紀表鑑均大異。錢大昕考異五五已論兩傳之誤。按翰學壁記：盧攜，「咸通十四年十二月自左諫議大夫充承旨學士。十五年拜相。」岑注云：「本記稱十五年入相。乾符元年十一月庚寅始改元，此亦足爲攜相在元年之證。攜以十二月入院，舊傳之『乾符初』，不過小小同異，無足深論，『乾符末』三字衍，『四年』謂應正作『其年』。（鄭畋與攜同時相，而畋傳亦作乾符四年，此殆本自同一之錯誤史料。）新傳之『五年』，又或沿舊紀元年五月而訛倒爲五年也。所未確知者，舊紀之五月，與新紀表之十月兩者孰是耳。」其言甚是。今例從新書、通鑑作十月。

崔蕘——約乾符初，由中書舍人遷戶侍。不能遲過二年。——舊一一七、新一四四有傳。

〔考證〕　舊傳：「正拜中書舍人，戶部侍郎。乾符中，自尙書右丞遷吏部侍郎。」按乾符三年三月，蕘在吏侍任，夏秋間遷右丞，九月又權知吏侍，詳吏侍卷。則爲戶侍不能遲過二年。

孔緯——乾符初，由中書舍人·翰林學士遷戶侍·知制誥，仍充學士。旋出院爲御史中丞，時蓋二三年。復爲戶侍，遷兵侍，時蓋五年前後。——舊一七九、新一六三有傳。

〔考證〕　舊傳：「宰臣趙隱嘉其能文，薦爲翰林學士，轉考功郎中·知制誥，賜緋，正拜中書舍人，累遷戶部侍郎……賜金紫之服。乾符中，罷學士，出爲御史中丞。……歷戶部、兵部、吏部三侍郎，……權要有所託，私書盈几，不之省。執政怒……，改爲太常卿。黃巢之亂，從僖宗幸蜀，改刑部尙書·判戶部事。」新傳略同。按新表，趙隱以咸通十三年春拜相，乾符元年二月罷，則緯入充翰學必在此兩年中，然壁記斷止咸通末，不見緯名，則其入當在咸通十四年末或乾符元年春。則由中舍遷戶侍不能早過二年，第二任戶侍遷兵侍當在乾符中葉，不能遲過五年歟？以刑尙判戶部在中和中，詳後。

王徽——約乾符五年前後，由中書舍人·翰林學士遷戶侍·知制誥，仍充學士。約六年五六月，進充承旨。是年或廣明元年，遷兵侍，仍知制誥·充承旨。——舊一七八、新一八五有傳。

〔考證〕　舊傳：「乾封(符)初，……(蕭)倣用徽爲翰林學士，改職方郎中·知制誥，正拜中書舍人，……賜金紫。遷戶部侍郎·學士承旨，改兵部侍郎，尙書左丞，學士承旨如故。廣明元年十二月三日，改戶部侍郎·同平章事。」新傳省書入相以前諸官歷。檢舊紀，乾符三年九月，「戶部郎中·知制誥·翰林學士王徽爲中書舍人，……學士如故。」按：自此至拜相凡四年四改官，則遷戶侍或當在四五年，然徽充承旨必在豆盧瑑之後，瑑由承旨入相本有五年五月及六年五月兩說，今已從舊紀作六年五月，（詳吏侍卷崔沆條。）則徽以戶侍充承旨不能早過六年五六月，其遷兵侍應書於六年秋冬，或廣明元年。

△李都——乾符五年九月，由戶尙·判戶部事出爲河中節度使。（通鑑。）——兩書無傳。

豆盧瑑——乾符六年五月八日丁酉，由戶侍·知制誥·翰林學士承旨遷兵侍·同中書門下平章事。（詳吏侍卷崔沆條。）——舊一七七、新一八三有傳。

●崔沆——乾符六年五月八日丁酉，由吏侍遷戶侍·同中書門下平章事。（詳吏侍卷。）十二月，遷中書侍郎·兼工尙，仍平章事。（新表、新傳。）——舊一六三、新一六〇有傳。

裴澈——廣明元年十二月五日甲申，由戶侍·知制誥·翰林學士遷工侍·同中書門下平章事。（新表、新紀、通鑑。）——兩書無傳。

〔考證〕官歷年月日，新紀、新表、通鑑均同。同日，王徽由左丞·翰林學士承旨改戶侍·同平章事。而舊紀是日書云：「宣制，以戶部侍郎·翰林學士王徽，裴徹本官同平章事。」文有奪譌。又其名，新書通鑑皆作澈，舊紀作徹，岑氏補僖昭哀翰林學士記及郎官柱題名新著錄據石刻作徹，今從之。

●王徽——廣明元年十二月五日甲申，由左丞·知制誥·翰林學士承旨遷戶侍·同中書門下平章事。（新表、新紀、通鑑、舊傳〔作三日誤〕、新傳〔無原官〕。）〔舊紀誤，引見裴徹條。〕是日，因黃巢入關，不及從駕。（兩傳。）中和元年三月，罷爲兵尙，（新表、通鑑、兩傳。）進階光祿大夫。（舊傳。）——此再任。

蕭遘——乾符六年或廣明元年，由中書舍人·翰林學士遷戶侍·知制誥，仍充學士。後進充承旨。中和元年正月一日庚戌朔，遷兵侍·判度支。——舊一七九、新一〇一有傳。

〔考證〕舊紀：中和元年「正月庚戌朔，車駕在興元，以翰林學士承旨·尙書戶部侍郎·知制誥蕭爲兵部侍郎·充諸道鹽鐵轉運等使。尋以本官同平章事，領使如故。」冊府七四：「中和元年正月，以翰林學士承旨・尚書戶部侍郎蕭遘爲兵部侍郎・平章事。」乃舊紀之省書。會要八七轉運使條、同書八八鹽鐵使條亦均云中和元年，遘以兵部侍郎充使。　新表，同年「正月壬申，兵部侍郎・判度支蕭遘爲工部侍郎・同中書門下平章事。」新紀同。通鑑月日同，「以工部侍郎・判度支蕭遘同平章事。」舊傳：「乾符初，召充翰林學士，正拜中書舍人，累遷戶部侍郎・翰林承旨。黃巢犯闕，僖宗出幸，以供饋不給，須近臣掌計，改兵部侍郎・判度支。中和元年三月，自襃中幸成都，次綿州，以本官同平章事。加中書侍郎。」新傳前省中書舍人，後省中書侍郎，餘並同，亦云：「僖宗幸蜀，以兵部侍郎判度支；次綿州，拜同中書門下平章事。」則拜相年月本官並同也。（據新紀、通鑑，僖宗以是年正月三日壬子發興元，二十二日辛未至綿州，壬申卽次日，兩傳謂車駕次綿州拜相，與新書、通鑑實合，與舊紀、冊府亦合，惟舊傳譌「正月」爲「三月」耳。）

綜觀前引材料，遘以中和元年正月二十三日壬申入相，毫無問題。所歧者：兩傳、新紀、新表、通鑑均作判度支，而舊紀作鹽鐵轉運使，會要亦然。此其一。兩傳、舊紀、冊府以兵侍本官入相，而新紀、新表由兵侍改工侍入相，通鑑又以工侍本官入相。此其二。考全唐文八六僖宗授王鐸蕭遘平章事制：「朝散大夫・守尚書兵部侍郎・判度支・上柱國・賜紫金魚袋蕭遘……利可剸犀，清能鑒髮，輔成乾道，兼領冬曹。……可銀青光祿大夫・守工部侍郎・同中書門下平章事，仍落下判度支事。」則作度支、工部侍郎，是也。岑氏補七朝翰林承旨學士記，迂迴解析，以明兵侍本官入相之爲正。以未見此制耳。然則遘以中和元年正月一日庚戌朔，由戶侍・承旨遷兵侍・判度支，同月二十三日壬申，改工部侍郎・同平章事，落判度支。

又岑氏補三朝翰林學士記引舊紀：乾符三年九月，「戶部郎中・知制誥・翰林學士王徽爲中書舍人，戶部員外郎蕭遘爲戶部郎中，學士並如故。」又引全唐文八一六袁循修黃魔神廟記：「咸通末歲，今翰林舍人蘭陵公自右史竄黔南。……乾符丁酉歲仲春九日，司戶參軍袁循記。」則乾符四年春在中舍任。

合兩傳觀之，其遷戶侍不能早過五六年，而據員闕，又不能早過六年，或廣明元年也。又按王徽充承旨至廣明元年十二月甲申入相，遘蓋繼徽者，故書後進充承旨。

韋昭度——中和元年正二月，由中書舍人·翰林學士遷戶侍·知制誥，進充承旨，並權知此年春貢舉。旋遷兵侍，仍知制誥·充承旨。——舊一七九、新一八五有傳。

〔考證〕舊傳：「乾符中，累遷尚書郎·知制誥，正拜中書舍人。從僖宗幸蜀，拜戶部侍郎。中和元年，權知禮部貢舉。明年，以本官同平章事。」新傳：「遷中書舍人。僖宗西狩，以兵部侍郎·翰林學士承旨從。未幾，進同中書門下平章事。」兩傳頗異。新表，中和元年七月「庚申，翰林學士承旨·兵部侍郎韋昭度本官同中書門下平章事。」新紀、通鑑同。與新傳合。舊紀，同年七月，「以兵部侍郎·判度支韋昭度本官同平章事。」册府七四同。是官同新書、通鑑，而職判度支則又異。考全唐文八六僖宗授韋昭度平章事制：「翰林學士承旨·銀青光祿大夫·行尚書兵部侍郎·知制誥·上柱國韋昭度……可守本官·同中書門下平章事，勳賜如故。」則新紀、表、傳、通鑑由兵侍承旨本官入相，是也。然唐語林八稱戶部侍郎韋昭度知貢舉。又摭言九敕賜及第條云：「廣明歲，……駕幸西蜀，……韋中令自翰長拜主文。」是舊傳中和元年以戶部侍郎知貢舉亦信而有徵。且其時已進承旨矣。蓋是年正月，蕭遘由戶侍·承旨遷兵侍·判度支出院，昭度即由中舍繼爲戶侍·充承旨，兼主春貢，旋又遷兵部侍郎仍充承旨，至七月十四日庚申以本官同平章事耳。以上所考，岑氏補三朝翰林學士記略同，惟失引語林一條。岑云：「常例知舉，自應出院。然此時乘輿播遷，容或通變，是須懸以待質矣。」其言甚是。

楊授——中和初，由前工侍徵拜戶侍。（舊傳、新傳〔無工侍〕。）旋徙秘書監。（兩傳。）——舊一七六、新一七四附父嗣復傳。

△孔緯——中和元年，以刑尚判戶部事。即以是年或二年正月，徙太子少保。——此再任。

〔考證〕　舊傳：「改太常卿。黃巢之亂，僖宗幸蜀，改刑部尚書・判戶部事。宰臣蕭遘在翰林時，與緯情旨不協，至是因戶部取給不充，移之散秩，改太子少保。」新傳同。按自二年二月王鐸判戶部後，戶部判使不缺，則緯之判當在元年。

●△王鐸——中和二年二月六日己卯，以司徒・中書令・諸道行營都統・諸道租庸使・權知義成節度等使兼判戶部事。（通鑑、新表〔無日〕、全唐文八六僖宗授王鐸兼判戶部制。）時階開府儀同三司。（授制。）三年正月八日乙亥，檢校司徒・中書令，出爲義成節度使，（新表、通鑑、僖宗授王鐸義成節度使制。）階如故。（授制。）——舊一六四、新一八五有傳。

△張禕——中和三年，以右丞判戶部事。四年三月八日己巳，見在任。九十月間，仍在任。（詳右丞卷。）——舊一六二有傳。

△韋庾——中和四年末，以刑侍判戶部事。光啓元年二月，卒官。——舊一五八附韋澳傳。

〔考證〕　舊傳：「庾，從僖宗幸蜀，改中書舍人，累拜刑部侍郎・判戶部事。車駕還京，充頓遞使。至鳳翔，病卒。」新七四世表，「庾，刑部侍郎・判戶部事。」按舊紀，光啓元年正月己卯自蜀發駕還京，二月丙申次鳳翔，三月丁卯至京師。則庾之卒當在二月。自中和三年至四年九十月，張禕在判戶部任，又四年九十月李燠在刑侍任，則庾遷刑侍判戶部當在中和四年末。

杜讓能——中和末，由中書舍人・翰林學士累遷戶侍，仍充學士。四年九十月稍前，遷禮尚，進階銀青光祿大夫，仍充學士。（詳禮尚卷。）——舊一七七、新九六有傳。

崔凝——中和四年九十月間，見在戶侍・翰林學士任。（益州名畫錄上常重胤條〔年月詳右僕裴璩條〕。）——兩書無傳。

張濬——光啓元二年，遷戶侍。（兩傳。）判度支。（新傳。）三年九月，遷兵侍・同中書門下平章事，仍判度支。〔考證〕。——舊一七九、新一八五有傳。

〔考證〕 新表：光啓三年「九月，戶部侍郎‧判度支張濬爲兵部侍郎‧同中書門下平章事。」新紀、通鑑並同。不云仍判度支。舊傳：「賊（黃巢）平，遷戶部侍郎。僖宗再幸山南，拜平章事‧判度支。」新傳：「賊平，以戶部侍郎判度支。後再狩山南，拜同中書門下平章事，仍判度支。」是兩傳拜相仍判度支也。惟不云遷兵侍，蓋省書耳。舊紀，同年正月乙亥朔，「兵部侍郎‧諸道租庸使張濬本官同平章事。」與新書通鑑及舊傳都不同，今不取。

△鄭昌圖——光啓二年春，在兵侍‧判戶部任。（詳兵侍卷。）——兩書無傳。

劉崇望——約光啓三年，由諫議大夫‧知制誥‧翰林學士累遷戶侍，仍知制誥，進充承旨。約文德元年，遷兵侍，仍知制誥‧充承旨。——舊一七九、新九〇有傳。

〔考證〕 舊傳：「僖宗在山南，以蒲坂近關，欲其效用，選使諭旨，……以崇望爲諫議大夫。既至，諭以大義，重榮奉詔恭順。……使還，上悅，召入翰林充學士。累遷戶部侍郎‧承旨，轉兵部。在禁署四年，昭宗卽位，拜中書侍郎‧同平章事。」新傳省戶兵兩遷。岑氏補三朝翰林學士記引舊紀，光啓二年五月，「楊復恭兄弟於河中太原有破賊連衡之舊，乃奏遣諫議大夫劉崇望賫詔宣諭。」因而擬爲自二年六月由諫議大夫充學士。雖嫌過早，然亦不能遲過二年秋。舊紀：龍紀元年正月癸巳，「以翰林學士承旨‧兵部侍郎‧知制誥劉崇望本官同平章事。」新紀同。新表、通鑑同，皆不書日。新表三月又書「崇望爲中書侍郎。」與兩傳合。自光啓二年至龍紀元年正月首尾四年，則戶侍當在光啓三年，兵侍當在文德元年。

楊知至——僖宗世，官至戶侍。——舊一七六、新一七五附父汝士傳。

〔考證〕 舊傳：「坐故府劉瞻罷相貶官，知至亦貶瓊州司馬。入爲諫議大夫。累遷京兆尹，工部侍郎。」舊紀，乾符三年九月，「京兆尹楊知至爲工部侍郎。」與舊傳合。新傳云「擢累戶部侍郎。」新七一世表亦作戶侍。今兩存之。

△○張濬——龍紀元年三月一日壬辰朔，以中書侍郎·兼戶尙·同中書門下平章事判戶部事。（舊紀。）蓋旋罷判。（詳戶尙卷。）——此再任。

盧知猷——約龍紀元年，由工侍遷戶侍。此年或明年，遷右丞。（詳右丞卷。）——舊一六三、新一七七有傳。

●徐彥若——大順二年正月九日庚申，由御史中丞遷戶侍·同中書門下平章事。（新表、新紀、通鑑、舊紀〔元年十二月〕、新傳、舊傳〔作兵侍誤〕。）二月，遷中書侍郎，仍平章事。（新表、舊傳。）——舊一七九、新一一三有傳。

△●崔昭緯——大順二年正月，以兵侍本官同中書門下平章事·判戶部事。——舊一七九、新二二三下有傳。

〔考證〕新表：「大順二年正月庚申，『翰林學士承旨·兵部侍郎崔昭緯同中書門下平章事。』」新紀、通鑑並同。舊紀雖在元年十二月，但書事亦同。而舊傳：「昭宗朝，歷中書舍人，翰林學士，戶部侍郎，同平章事。」新傳亦云：「昭宗時，……以戶部侍郎同中書門下平章事。」作戶侍，與兩紀、新表、通鑑均異。今姑從紀、表、鑑。又舊紀，二年正月，「工部侍郎·平章事崔昭緯判戶部事。」「工」顯爲「兵」之譌。判戶部事，他書不載，兩傳作戶侍，或卽因判戶部致誤歟。又新表，二月昭緯爲中書侍郎，不知落判使否？

劉崇龜——大順中，由左散騎常侍遷戶侍。後出爲檢校戶尙·清海節度使，不能遲過景福元年。——舊一七九、新九〇有傳。

〔考證〕舊傳：「大順中，遷左散騎常侍·集賢殿學士判院事，改戶部侍郎，檢校戶部尙書，出爲廣州刺史·清海軍節度·嶺南東道觀察使，卒。」與表七嶺南東道卷：「按文苑英華陸扆授陳珮廣州節度使制：……崇龜果以清淨爲理，謳謠日聞，代其任者不亦難乎。是珮代崇龜。通鑑注謂不至鎭。應考。按通鑑景福二年六月，以捧日都頭陳珮爲嶺南東道節度使。」據制辭，崇龜到嶺南時間必不太促，則由戶侍出鎮當仍在大順末，不能遲過景福元年。

司空圖——大順中，曾官戶侍。——舊一九〇下、新一九四有傳。

〔考證〕舊傳：「龍紀初，復召拜舍人，未幾又以疾辭。……景福中，又以諫議大夫徵，……移疾不起。乾寧中，又以戶部侍郎徵，一至闕庭致謝，數日，乞還山，許之。」新傳爲戶侍亦在景福以後。然全唐文八一〇司空圖華帥許國公德政碑：「乾寧元年，上御便殿，遂出鎮國監軍使董重彥所奏前後將吏軍人百姓僧道等懇請爲其帥置生祠紀德政。……翼日，……詔前戶部侍郎司空圖條次所上，刊示無窮。」則圖爲戶侍在乾寧以前也。考摭言三遊詠雜記條：「裴晉公赴敵淮西，題名華岳之闕門。大順中，戶部侍郎司空圖以絕紀之。」則爲戶侍在大順中歟？

崔汪——大順末或景福初，由戶侍・知制誥・翰林學士承旨遷右丞，仍知制誥・充承旨。（詳後李磎條。）——兩書無傳，見新七二下世表博陵崔氏（參岑補三朝學士記）。

崔涓——大順末或景福初，由中書舍人・翰林學士遷戶侍・知制誥，仍充學士。（詳後李磎條。）——舊一七七、新一八二附見父珙傳。

李磎——大順末或景福初，由中書舍人・翰林學士遷戶侍・知制誥，仍充學士。景福二年秋或稍前，遷禮尚。同時或稍前後，進充承旨。——舊一五七、新一四六有傳。

〔考證〕全唐文八三七有薛廷珪授翰林學士承旨戶部侍郎崔汪尚書右丞學士中書舍人崔涓李磎並戶部侍郎知制誥充學士制。考舊一九〇下薛逢傳，子廷珪，「大順初，累遷司勳員外郎・知制誥，正拜中書舍人。乾寧三年，奉使太原。……」則此制不能早過大順元年。又舊李磎傳：「昭宗雅重之，復召入翰林爲學士，拜戶部侍郎，遷禮部尚書。景福二年十月，與韋昭度並命中書門下平章事。宣制日，水部郎中・知制誥劉崇魯，掠其麻，哭……阻之，乃左授太子少師。」會要五五，由學士禮尚入相年月與舊傳同。新傳省書戶侍，而云，「乾寧元年，進禮部尚書・同中書門下平章事。」崇魯哭麻同，惟差後一年。按：磎第一次以禮部尚書拜相，爲崇魯哭廟而罷。舊傳在景福二年十月。舊紀在乾寧元年十月庚寅，云「以翰林學士承旨・禮部尚書・知制誥李磎爲戶部侍郎・同平章事。」恰遲舊傳一年。（戶侍爲二次入相之官，此誤書。）新表在乾寧元年六月戊午，云「以翰林學士承旨・禮部尚書李磎本官同中書門下平章事。庚申，罷爲太子少傅。」新紀、通鑑同。時在舊紀、舊傳之間。此三說無可質證，然舊書自相抵觸，難可依據，例從新紀、表、傳及通鑑。然景福二年九月至十一月，崔胤、王摶同時在戶侍任，則磎由戶侍遷禮尚亦不能遲過二年秋，是則其任戶侍不能早過大順末或景福初矣，亦即此制頒行之時也。

鄭凝績——景福中，由刑侍遷戶侍。（舊傳、新七五上世表〔無刑侍〕。）——舊一七八附父畋傳。

杜弘徽——由中書舍人遷戶侍。景福二年九月，免。——舊一七七、新九六附兄讓能傳。

〔考證〕 舊傳：「累官至中書舍人，遷戶部侍郎・弘文館學士判院事，與兄同日被害。」新傳略同。舊紀：景福二年「十月乙未，賜杜讓能自盡。其弟戶部侍郎弘徽坐讓能賜死。」乙未一日朔也。新紀月日官位同，通鑑無日。按：新紀、通鑑，讓能罷相貶梧州在九月二十乙酉，（新表舊紀無日。）則弘徽之免必其時，不待十月一日也。又按姓纂六，「弘徽，吏部尚書。」新七二世表，同。蓋贈官。

●崔胤——景福二年九月二十七壬辰，由御史中丞遷戶侍・同中書門下平章事。（新表、新紀、通鑑、新傳。）〔考證一〕。乾寧元年六月，遷中書侍郎，仍平章事。（新表。）〔考證二〕。——舊一七七、新二二三下有傳。

〔考證一〕 舊紀：乾寧元年「十月戊申，制御史中丞崔胤爲兵部侍郎・同平章事。」年月底官均與新書、通鑑異。舊傳：「大順中，歷兵部吏部二侍郎，尋以本官同平章事。」是仍吏侍入相。與舊紀又異。今都不取。

〔考證二〕 新表，遷中書侍郎前不書中罷。而新傳，戶侍平章事下云：「方王珙兄弟爭河中，以胤為節度使，不得赴。半歲，復以中書侍郎留輔政。」是則中間曾罷相，為時半年，未知確否？姑存待考。

●△王摶——景福二年十一月，由戶侍·判戶部事本官同中書門下平章事。〔考證一〕。乾寧元年，遷中書侍郎，仍平章事。〔考證二〕。——新一一六有傳。

〔考證一〕　舊紀：景福二年十一月，「戶部侍郎·判戶部事王摶本官同平章事。」而新表：乾寧二年三月，「戶部侍郎·判戶部王摶為中書侍郎·同中書門下平章事。」新紀、通鑑同。皆與舊紀異。新傳：「以戶部侍郎判戶部。乾寧初，進同中書門下平章事。」年份與新紀、表、鑑合，而戶侍本官入相與舊紀合。

考全唐文八三六有錢珝為王相公讓加司空表、代史館王相公讓相位第一表、第二表。按：同書同卷錢珝舟中錄序云：「乙丑歲冬十一月，余以尚書郎得掌誥命，庚申歲夏六月以舍人獲譴佐撫州。」又云「余冒居六年，見考無績。」庚申為光化三年，乙丑當為乙卯(乾寧二年)之誤。(乙丑為會昌五年，此必誤。)則此表必作於乾寧光化中。此時期間，王姓宰相惟摶一人。且新一七七錢徽傳：孫珝，「善文辭，宰相王摶薦知制誥，進中書舍人。摶得罪，珝貶撫州司馬。」則此三表為代王摶所作必矣。

此三表既為王摶所上。檢讓相位第一表云：「偷安四輔，忽已六載，……臣於六年之中，未忍為一朝之計。……今則曠敗漸多，智謀將竭，不能引退，定至顛危。況陛下光復京師，已逾周歲，臣之去就，亦云得宜。」第二表云：「臣某言，去冬以持衡力竭，……乞免機務，……陛下未容休罷，……是以苟安廊廟，又移歲序。」又云：「七年以來，萬機實重。」按摶為相期間，昭宗幸華州，以光化元年八月還京。合觀兩表，第一表上於光化二年冬，故云「光復京師，已逾周歲。」第二表則上於三年，故稱第一表為「去冬」也。據第一表，在相位已六年，第二表在相位已七年。自光化二年冬上數至景福二年十一月，恰六周年，明年即七年矣。若如新紀、新表、通鑑，始相在乾寧二年，則至光化二年，前後只得五虛年，明年才六年耳，不能謂爲六年七年也。又錢珝爲王相公讓加司空表云：「臣忝列公臺，忽踰半紀。」據新表，摶以光化二年十一月爲司空。自此上數至乾寧二年三月只四年又八個月，至景福二年十一月則六年又一個月。此益足證舊紀書摶始相於景福二年十一月爲可信；新書、通鑑書於乾寧二年三月，誤也。

〔考證二〕 舊紀以戶侍本官入相，新傳同。新紀、新表、通鑑則由戶侍遷中書侍郎入相，是不同。按：舊紀，乾寧元年十月，「以中書侍郎·平章事王摶爲湖南節度使。」此條出鎮事雖誤，然銜中書侍郎，已非入相時之本官，又據本卷員闕，蓋卽乾寧元年由戶侍遷中書侍郎耳。

陸扆——乾寧元年五月，由中書舍人·翰林學士遷戶侍·知制誥，仍充學士。（舊紀、舊傳。）二年二月九日丁酉，見在翰林學士承旨·戶侍·知制誥任。（徐考二四載黃御史集引昭宗實錄。）五月，遷兵侍，仍知制誥·充承旨。（舊紀〔省承旨〕、舊傳。）同時，進階銀青光祿大夫。（舊傳。）——舊一七九、新一八三有傳。

趙光逢——乾寧元年，由中書舍人·翰林學士遷戶侍·知制誥，進充承旨。是年，遷兵侍，仍知制誥·充承旨。——舊一七八、新一八二有傳。

〔考證〕 舊傳：「景福中，以祠部郎中知制誥，尋召充翰林學士，正拜中書舍人，戶部侍郎，學士承旨。改兵部侍郎，尙書左丞，學士如故。乾寧三年，從駕幸華州。」據舊紀，二年三月由兵侍遷左丞充職，而二年正月，陸希聲陸扆已同在戶侍任，則由戶侍遷兵侍必在元年。又據本卷員闕及舊傳，由中舍遷戶侍充職亦不得早過元年。

●陸希聲——乾寧二年正月十一己巳，由給事中遷戶侍·同中書門下平章事。（新紀、新表、通鑑、新傳。）四月，罷爲太子少師。（通鑑、新紀、新表、新傳。）——新一一六有傳。

●李磎——乾寧二年蓋四月，由太子少傅遷戶侍·同中書門下平章事·判度支。五月，罷爲太子少師。——

此再任。

〔考證〕　新表：乾寧二年二月「乙未，(太子少傅)李磎爲戶部侍郞·同中書門下平章事·判度支。」三月，「磎罷爲檢校吏部尙書·守太子少師。」新紀、通鑑同。兩傳再相不書以何官。按磎在相位僅月餘，然其官戶侍與陸扆、陸希聲時間衝突，三人月份必有一誤。徐考二四載黃御史集引昭宗實錄，乾寧二年二月「丁酉，宣翰林學士承旨·戶部侍郞·知制誥陸扆……於雲韶殿考所試詩賦。」是二月九日扆在任無疑，而乙未爲七日，則誤當屬磎或希聲。希聲事無歧說。而舊紀，磎罷相在五月李茂貞等入京師以後。若然，則當以四月繼希聲爲戶侍拜相，逾月而罷耳。

△●崔胤——乾寧二年九月三日丙辰，以中書侍郞·兼禮尙·同中書門下平章事兼判戶部事。三年七月二十六乙巳，出爲檢校禮尙·平章事·武安節度使。(詳禮尙卷。)——此再任。

△●孫偓——乾寧三年七月二十六乙巳稍後數日，以中書侍郞·同中書門下平章事兼判戶部事；階由正議大夫進銀青光祿大夫。八月十日戊午，遷門下侍郞，改判度支·兼充諸道鹽鐵轉運使，仍平章事，階如故。——新一八三有傳。

〔考證〕　新表：乾寧二年「十月，京兆尹孫偓爲戶部侍郞·同中書門下平章事·判戶部。」三年「五月，偓爲兵部侍郞。」七月乙巳，「偓爲中書侍郞。」九月「戊申，偓爲門下侍郞·兼諸道鹽鐵轉運使·判度支。」始相條，新紀同，惟無「判戶部」三字。新傳：「以戶部侍郞同中書門下平章事。」與紀表合。舊紀：三年九月丙午，「以京兆尹孫偓爲兵部侍郞·同平章事。」年月底官均與新書異。通鑑年月與新書合，而底官作兵侍，又與舊紀同。是兩書通鑑各不相應。

考全唐文八三四錢珝代中書孫相公謝登庸表：「臣偓言，伏奉今月某日制命，授臣中書侍郞·同中書門下平章事者。」題爲謝登庸表，自屬始相時，據下文亦是始相，非轉官中書侍郞。且後文反復申言書生不足當權衡之任，絕無前曾作相之跡象，是始相卽爲中書侍郞無疑。新書作戶部，舊紀、通鑑作兵部，並誤。（又據裴廷裕授孫偓判戶部制文意，亦始相卽爲中書侍郎之旁證。）又謝表既云：「今月某日制命」，是卽作於制命之同月。然此類謝表例由中書知制誥者代擬。據全唐文八三五錢珝舟中錄自序，珝自乾寧二年十一月始以尙書郎知制誥，光化三年六月貶。則乾寧二年十月，珝尙未入中書，無緣代偓作謝表也。且謝表又云：「今者初當出狩，且欲興戎。」按：乾寧二年七月雖曾幸石門，然八月已還宮，若以此年十月拜相，自不應再有「今者初當出狩」云云，足證新紀、新表、通鑑二年十月入相之誤。然則此二語必指幸華州而言。按幸華事在三年七月十五日甲午，既云「今者初當出狩，」必七月甲午稍後不久。是舊紀三年九月反若可信然。然據下引判戶部制及判度支鹽鐵等使制，知偓始相又不能遲過三年八月初旬，則舊紀九月亦誤也。今按：新表三年七月乙巳，偓由兵部侍郎進中書侍郎，時在駕幸華州後十一日，與「今者初當出狩」云云相應。意者七月乙巳實偓爲中書侍郎·同平章事之日，新表既誤始相於二年十月，故此日只書進官中書侍郎耳。

偓拜相年月及底官既明，茲續考其判戶部及改判度支充鹽鐵轉運使之月日。按新表，二年十月書始相時已附書判戶部事，其誤自不待言。至三年九月「戊申，偓爲門下侍郎·兼諸道鹽鐵轉運使·判度支。」月日亦有問題，茲並論之。

考全唐文八四一裴廷裕授孫偓判戶部制云：「正議大夫·守中書侍郎·同中書門下平章事·上柱國·賜紫金魚袋孫偓……可銀青光祿大夫，依前中書侍郎·同中書門下平章事，充集賢殿大學士·兼判戶部事，仍封安樂縣開國子，食邑五百戶。」同書九〇昭宗授孫偓判度支兼諸道鹽鐵轉運使陸扆判戶部制云：「銀青光祿大夫·守中書侍郎·同中書門下平章事·充集賢殿大學士·判戶部事·上柱國·安樂縣開國子·食邑五百戶孫偓……可門下侍郎·同中書門下平章事·監修國史·判度支·兼諸道鹽鐵轉運使，……散官勳封如故。」是判戶部必在中書侍郎平章事之後，非同時也；其後又卸判戶部爲度支鹽鐵轉運等使。按陸扆判戶部與孫偓判度支等使同制，是必同時。而新表云三年八月「戊午，扆爲中書侍郎·判戶部。」

九月「丁酉，扆貶峽州刺史。己亥，(朱)朴判戶部。」然後始書「戊申，偓爲門下侍郎·兼鹽鐵轉運等使·判度支。」扆判戶部與偓判度支鹽鐵前後相差一個月，必有一誤。檢此年九月無戊申，而扆判戶部貶峽州，舊紀亦詳書之，月日並與新表同。必不誤。(唐末諸人事，以陸扆史料最完備，已詳戶尚卷。)然則偓卸戶部改判度支兼充鹽鐵轉運等使卽在八月戊午，新表九月戊甲書事誤也。由此言之，偓始判戶部必當始於七月乙巳之後八月戊午之前。按崔胤卽以七月乙巳偓爲中書侍郎入相時罷相卸判戶部，則偓加判戶部當卽在七月乙巳後不久，以繼胤者。時甫幸華州，故制云：「萃四海之賦輿，……式仗英規，勉殄寇難，以復朝社。」時事正合。

△●陸扆——乾寧三年七月二十七丙午，由左丞·知制誥·翰林學士承旨遷戶侍·同中書門下平章事。時階銀青光祿大夫。(詳左丞卷。)八月十日戊午，遷中書侍郎·判戶部事，仍平章事，(舊紀、新表、兩傳、全唐文九〇昭宗授孫偓判度支兼諸道鹽鐵使陸扆判戶部制。)階如故。(授制。)九月十九丁酉，貶硤州刺史。(舊紀、新表、兩傳。)——此再任。

△●崔遠——乾寧三年，由中書舍人·翰林學士遷戶侍·知制誥，仍充學士。其年，遷兵侍，仍知制誥，進充承旨。九月十七乙未，守本官同中書門下平章事·兼判戶部。時階銀青光祿大夫。不三四日，卸判戶部事。——舊一七七、新一八二有傳。

〔考證〕舊傳：「召充翰林學士，正拜中書舍人。乾寧三年，轉戶部侍郎(封邑)，轉兵部侍郎·承旨。尋以本官同平章事，遷中書侍郎。」新傳亦云：「乾寧中，以兵部侍郎同中書門下平章事，遷中書侍郎。」考全唐文九〇昭宗授崔允崔遠平章事制：「翰林學士承旨·銀青光祿大夫·行尙書兵部侍郎·知制誥·(勳·封·邑)崔遠……可守本官·同中書門下平章事·判戶部，散官勳封如故。」允則由新授武定節度改中書侍郎兼戶尙復相兼判度支。新表、通鑑書此事於乾寧三年九月乙未，皆不云「判戶部」。(允不書判度支。)新紀月日同，惟譌兵爲戶，亦不云判戶部。據新表、通鑑，此後四日卽九月二十一己亥朱朴判戶部。蓋遠實未親職，卽爲朴所代歟？舊紀：光化元年正月，「以兵部侍郎崔遠爲戶部侍郎同平章事。」年月殆誤，又誤判戶部爲戶侍耳。

又朱朴以乾寧四年二月罷相，新表於三月書「遠判戶部。」蓋又代朴歟？遠旋遷兵尙，中書侍郎兼工尙、吏尙，以光化三年九月丙午罷相，舊紀丙午引罷相制，原銜仍帶判戶部事，（引詳吏尙卷。）豈遠再判戶部三年以上之久耶？

△●**朱朴**——乾寧三年九月二十一己亥，以左諫議大夫·同中書門下平章事兼判戶部事。（新表、通鑑、新傳。）十一月二十七癸卯，遷中書侍郎，仍平章事·判戶部。（新表、新傳。）四年二月三十乙亥，罷守秘書監。（新表〔通本作己亥誤〕、通鑑、新傳。）——舊一七九、新一八三有傳。

△●**崔遠**——乾寧四年三月，以兵侍·同中書門下平章事兼判戶部事。（新表。）四月，遷兵尙；六月，遷中書侍郎；光化元年正月，兼工尙；三年四月，遷兼吏尙；平章事·判戶部事並如故。（新表，判戶部見罷相條舊紀。）九月二十一丙午，罷守吏尙。（舊紀、新表，詳吏尙卷。）——此再判。

薛昭緯——光化二年六月二十五丁亥，由戶侍遷兵侍。（舊紀。）——舊一五三附祖廷老傳。

楊鉅——約光化中，由中書舍人·翰林學士遷戶侍·知制誥，仍充學士。（詳吏侍卷。）——舊一七七附父收傳。

△●**王溥**——天復元年正月，由左散騎常侍遷戶侍·知制誥·充翰林學士。二月，遷中書侍郎·同中書門下平章事·判戶部。三年二月五日丙子，罷守戶侍。明日，徙太子賓客分司東都。——新一八二有傳。

〔考證〕新傳：「昭宗蒙難東內，溥與（崔）胤說衞軍執劉季述等殺之。帝反正，驟拜翰林學士·戶部侍郎，以中書侍郎同中書門下平章事·判戶部。不能有所裨益，罷爲太子賓客分司東都。」岑氏補三朝翰林學士記：「英華四五〇吳融授王搏中書侍郎同中書門下平章事判戶部制：『昨者，朕失遵王度，致降天災，釁起蕭牆，憂（全唐文作「幽」時事更顯）加洊棘。而賴能謀於上相，說彼中權，反正乘輿，肅淸輦轂。疇其忠節，雖已擢於禁林，惜此奇才，難久留於誥命，……旣調金鉉，仍總版圖，必務豐才，以資經費。』按王摶以乾寧初相，其時融尚未掌制誥，且亦無釁起蕭牆之事，惟證諸新書王溥傳則情節均合。考英華三九四錢珝授王摶刑部郎中制，勞氏郎官考二〇謂摶當作溥，今此文之摶亦溥訛也。」耕望按：此制又見全唐文八二〇，不但年世情事與溥合，與摶不合；卽官職亦均與溥同而與摶異。余讀此制，亦斷摶爲溥之譌。及檢岑氏補記已先論之，故照錄。蓋「摶」「溥」形近，時代相接，地位亦均，故史籍往往譌誤，如冊府七四亦譌「溥」爲「摶」，見後引。舊書劉崇望傳又譌「摶」爲「溥」，詳吏尚卷劉崇望條。

新表：天復元年「二月，翰林學士•戶部侍郎王溥爲中書侍郎•同中書門下平章事。」三年二月丙子，「溥罷爲戶部侍郎。」拜相條，新紀、通鑑同，皆失書判戶部。罷相條，新紀日同，例不書罷守何官。通鑑在次日丁丑，罷爲太子賓客分司，與新傳合。蓋丙子罷守戶侍，明日改賓客也。

溥入相事，新紀、表、傳、通鑑、授制均相應合，如上引。而舊紀：天復元年十一月丁巳，「宰相崔胤令戶部侍郎王溥至赤水砦促全忠以兵迎駕。」三年二月乙未，「以戶部侍郎王溥同平章事。」不書何時罷。冊府七四，三年二月，「以戶部侍郎王摶守本官平章事。」與舊紀同，惟譌「溥」爲「摶」。沈氏合鈔據元年崔胤命溥事，謂若同爲宰相，胤不得命使，故疑溥拜相當從舊紀在三年二月。岑氏補記云：「溥由胤援引，故得使之，徒執一字以爲斷，殊難信。夫吳融制所云：『雖已擢於禁林』，卽充翰學也，『難久留於誥命』，可見其相去不久。依新表，溥罷爲戶侍，今舊紀文特『以平章事王溥爲戶部侍郎』之倒錯耳。使信舊紀訛文，則吳融之制，直不切時勢，故知新書作元年之可信。」所論甚確。溥入相年月已俱論如上。又按舊紀，天復元年正月一日甲申，昭宗反正。新紀在二日乙酉。則溥爲戶侍充學士必在正月，可能爲上旬。又舊紀，光化三年十月辛酉，王溥守左散騎常侍充鹽鐵副使，下距爲戶侍僅兩月餘，疑卽由常侍遷也。

薛貽矩——約光化天復中，由戶侍•知制誥•翰林學士遷兵侍，仍知制誥，進充承旨。（詳兵侍卷。）——舊五代史一八、新五代史三五有傳。

裴樞——天復元年二月，由吏侍遷戶侍•同中書門下平章事。（詳吏侍卷。）十一月二十六甲戌，罷守本官。〔考證〕。——舊一一三、新一四〇有傳。

〔考證〕新表：天復元年十一月「甲戌，胤、樞罷，並守工部尙書。」按工尙只一員，此必有誤。檢通鑑同日，「制守司空•兼門下侍郎•同平章事崔胤責授工部尙書，戶部侍郎•同平章事裴樞罷守本官。」與表異。而舊裴樞傳云：「換戶部侍郎•同平章事。其年冬，昭宗幸華州，崔胤貶官，樞亦爲工部尙書。」新傳同，惟「華州」作「鳳翔」是也。則似樞罷爲工尙，而胤則非。復檢舊紀，是年十一月甲戌書胤事與通鑑同，但無樞事。又新二二三下崔胤傳，此次罷相亦爲工尙。舊一七七崔胤傳，此次罷相制詞全部入錄，亦云：「責授朝散大夫•守工部尙書。」則胤罷爲工部不容有疑，樞爲工部實非也。故從通鑑作戶侍。

吳融——天復元年春，蓋二月，由中書舍人•翰林學士遷戶侍•知制誥，仍充學士。十一月卸。——新二〇三有傳。

〔考證〕新傳：「爲翰林學士，拜中書舍人。昭宗反正，御南闕，羣臣稱賀，融最先至。時左右歡駭，帝有指授，疊十許稾，融跪作詔，少選成，語當意詳，帝咨賞良厚。進戶部侍郎。鳳翔劫遷，融不克從，去客閿鄉。俄召還翰林，遷承旨，卒官。」按昭宗反正在天復元年正月二日。則遷戶侍當在年春。是年二月戶侍始有缺，蓋卽二月也。鳳翔劫遷則在十一月。岑氏補三朝翰林學士記云：「召還疑在三年正月回京之後，因全詩十函七冊吳融有閿鄉寓居十首，一作卜居一十，閿鄉上有壬戌歲三字。壬戌，天復二年。」所論甚碻。又云：「全文九二二曇域禪月集後序：『有唐翰林學士•兵部侍郎吳融請爲敍。』按學士率由戶侍改兵侍，新傳是否失載兵侍一遷，待考。」按：後序「兵」字若不誤，則爲兵侍非在元年下半年，卽在三年召還內翰以後。今姑作三年。

●韋貽範——天復二年八月二十六己亥，由喪制起復爲戶侍・同中書門下平章事・（新表、通鑑。）充鹽鐵轉運等使・判度支。（新表。）十一月十四丙辰，薨。（新表、通鑑〔作丙子誤〕。）——新一八二附盧光啓傳。

韓偓——天復二年，由兵侍・知制誥・翰林學士承旨換戶侍，仍知制誥・充承旨。三年二月十二癸未，貶濮州司馬。時階銀青光祿大夫。——新一八三有傳。

〔考證〕新傳：「王溥薦爲翰林學士，遷中書舍人。……（韓）全誨等劫帝西幸，偓夜追及，……至鳳翔，遷兵部侍郎，進承旨。……全忠怒偓薄己，……會逐王溥、陸扆，全忠見帝，斥偓罪，……欲召偓殺之。鄭元規曰，偓位侍郎・學士承旨，公無遽。全忠乃止。貶濮州司馬。」唐才子傳九略同，亦作兵侍。按：昭宗以天復元年十一月四日壬子至鳳翔，則偓遷兵侍當在十一二月。而舊紀，天復三年正月丙午，「令戶部侍郎韓偓……宣諭於全忠軍。」又困學紀聞一四：「韓偓自書裴郡君祭文首書甲戌歲，銜書前翰林學士承旨・銀青光祿大夫・行尚書戶部侍郎・知制誥・（封・邑）韓某。」（岑氏補記引。）甲戌乃梁末帝乾化四年，所書銜當最後之官，則舊紀戶侍亦不誤。然則蓋天復二年由兵侍改戶侍耳。偓貶濮州司馬，通鑑書於二月癸未，乃十二日。岑氏補記：「偓出官經硤石縣詩，係天復三年二月二十二作。同詩又注：『是月十一日，貶濮州司馬。』」差前一日，今姑從通鑑。

張文蔚——天復末，由中書舍人・翰林學士遷戶侍・知制誥，仍充學士。三年，遷兵侍，仍知制誥・充學士。此遷前後，進承旨。——舊一七八、舊五代史一八有傳。

〔考證〕舊傳：「乾寧中，以祠部郎中知制誥，正拜中書舍人，賜紫。崔胤擅朝，……用爲翰林學士・戶部侍郎，轉兵部。從昭宗遷洛陽。」舊五代史傳：「拜中書舍人，俄召入翰林爲承旨學士。屬昭宗初還京闕，皇綱寖微，文蔚所發詔令靡失厥中。……轉戶部侍郎，仍依前充職。尋出爲禮部侍郎。」不書兵侍而多禮侍。按崔胤專政始於光化末，昭宗初還京闕在天復三年正月，又以禮侍知天祐二年春貢舉，岑氏補三朝翰林學士記據此書云：「張文蔚，光化末自中書舍人充。遷戶部侍郎・知制誥，轉兵部侍郎・知制誥，並依前充，加承旨。約天祐元年末，轉禮部侍郎出院。」

韋郊——昭宗末，或哀帝初，由中書舍人・翰林學士遷戶侍，進充承旨。——舊一五八附伯父澳傳。

〔考證〕舊傳：「拜中書舍人。昭宗末，召充翰林學士，累官戶部侍郎、學士承旨，卒。」按：新七四上世表，韋氏逍遙公房「韲字法華，戶部侍郎・翰林承旨學士。」岑氏補記謂此即一人官歷，而舊傳新表歧書之，未知孰是。其說甚碻，今姑從岑氏據舊傳書之。

△●柳璨——天祐元年閏四月十四戊申，以中書侍郎・同中書門下平章事兼判戶部事。二年三月二十五甲申，遷門下侍郎・兼戶尚・充鹽鐵轉運等使，仍平章事。（詳戶尚卷。）——舊一七九、新二二三下有傳。

△●楊涉——天祐二年三月二十五甲申，以吏侍・同中書門下平章事兼判戶部事。（新表、舊紀〔甲子〕、全唐文九三哀帝授楊涉平章事制。）——舊一七七、新一八四有傳。

楊注——天祐元年末，或二年正二月，由中書舍人・翰林學士遷戶侍，仍充學士。〔考證〕。二年三月二十八丁亥，守本官出院。（舊紀、舊傳。）——舊一七七有傳。

〔考證〕舊傳：「正拜中書舍人，召充翰林學士，累遷戶部侍郎。」舊紀，天祐元年六月「丙申，通議大夫・中書舍人・（賜）楊注可充翰林學士。」明年三月丁亥，又書由翰林學士・戶部侍郎守本官出院。則遷戶侍必在元年末或二年正二月也。

姚洎——天祐二年八月二日戊子，由中書舍人遷戶侍・充元帥府判官。（舊紀。）——兩書無傳。

崔就——唐末，不能早過昭宗世，官至戶侍。——兩書無傳。

〔考證〕新七二下世表，南祖崔氏「就字德成，戶部侍郎。」按：就，愼由安潛之從子，胤之從弟，則宦達不能早過昭宗世。

唐僕尙丞郎表卷十三

輯考四附考上　度支使

蕭炅——開元二十二年九月，以太府少卿知度支事·(會要五九判度支、冊府四八三〔名景誤〕。)充江淮轉運使。(冊府四八三、詳鹽運使卷。)——兩書無傳。

李元祐——開元二十三年八月，以太府少卿知度支事。(會要五九判度支、冊府四八三。)——兩書無傳。

●楊釗(國忠)——天寶七載，由度支郎中·諸道鑄錢租庸轉運使(參鹽運卷)遷給事中·兼御史中丞·專判度支，(新傳、冊府四八三、會要五九、舊傳。)仍兼充諸使。(參吏尙卷。)八載，兼權太府卿事。(兩傳。)九載，遷兵侍，仍兼中丞·判度支等使。(詳兵侍卷。)十載十一月二十七丙午，遙領劍南節度使。(通鑑、兩傳。)十一載五月十一丙辰，遷御史大夫，(通鑑、舊傳〔在十年前誤〕。)賜名國忠，(兩傳。)仍兼度支等使。十一月十七庚申，遷右相·兼文尙，仍判度支等使。(詳吏尙卷。)十三載二月十一丁丑，遷司空，仍兼右相·文尙·判度支等使。至德元載六月十四丙申，誅。(詳吏尙卷。)——舊一〇六、新二〇六有傳。

第五琦——至德元載冬，以司虞員外郎·江淮租庸使領山南五道度支使。(詳鹽運使卷。)——舊一二三、新一四九有傳。

●第五琦——乾元元年十月，由度支郎中·兼御史中丞遷戶侍·專判度支·勾當轉運租庸鹽鐵鑄錢等使。二年三月二十九乙未，以本官同中書門下平章事，落判度支等使。四月九日乙巳，依舊判度支租庸鹽鐵等使。十一月七日庚午，貶忠州刺史。(詳戶侍卷。)——舊一二三、新一四九有傳。

蘇震——蓋乾元二年十一月十二月間，在戶侍·判度支任。(詳戶侍卷。)——新一二五附從父頲傳。

●呂諲——乾元二年十二月二日甲午，以兵侍·平章事加判度支·充鹽鐵轉運等使。〔考證一〕。十四丙午，遷黃門侍郎，（新表、兩傳。）仍判度支·充使。上元元年正月，進同三品〔考證二〕，餘如故。五月二十三壬子，罷爲太子賓客。（新表、舊紀、通鑑、兩傳。）——舊一八五下、新一四〇有傳。

〔考證一〕 新表：乾元二年「三月甲午，兵部侍郎呂諲同中書門下平章事·判度支。七月辛卯，諲以母喪罷。十月壬戌，起復。十二月甲午，諲充勾當度支使。」是兩判度支。而通鑑十二月甲午書，「呂諲領度支使。」三月甲午不書。會要五九度支使條，諲勾當度支使亦在十二月。同書八七轉運使條：「（乾元）二年十二月，兵部侍郎呂諲充勾當轉運使。」冊府四八三亦云：「乾元二年十二月，以兵部侍郎·同中書門下平章事呂諲充勾當度支使並轉運使。」兩傳，判度支亦在十月起復以後。按，諲由兵侍入相，全唐文四二有制，不云判度支。且第五琦久判度支，以諲拜相之次日拜相，逾十日依舊判度支諸使，至十一月罷，則諲以十二月繼琦判使是也。新表三月甲午拜相時即判度支，可能爲衍文。然會要八七轉運鹽鐵總敍，「明年（乾元二年），琦以戶部侍郎·同平章事，詔兵部侍郎呂諲代之。」則三月琦入相時諲亦有判度支可能，蓋不數日復歸琦歟？今姑不書。

〔考證二〕 舊傳：「遷黃門侍郎。上元元年正月，加同中書門下三品。」新傳同。而新表不書。按舊紀，上元元年五月壬子罷相時，諲銜黃門侍郎同中書門下三品，與兩傳合。通鑑作兵部侍郎同三品，兵部誤，而三品是。則新表失書也。

劉晏——上元元年五月二十四癸丑，以戶侍兼御史中丞·充度支鹽鐵鑄錢等使。二年建子月六日丁亥，貶通州刺史。（詳戶侍卷。）——舊一二三、新一四九有傳。

●元載——上元二年建子月七日戊子，以戶侍充度支鑄錢鹽鐵江淮轉運等使。寶應元年建辰月二十九戊申，以本官同中書門下平章事，仍充使職。五月十八丙申，遷中書侍郎，仍平章事·充使職。六月二十七乙亥，落度支鹽鐵轉運等使。（詳戶侍卷。）——舊一一八、新一四五有傳。

●劉晏——寶應元年六月二十七乙亥，由通州刺史復入遷戶侍·兼京兆尹·充度支轉運鹽鐵鑄錢等使。十二月，徙國子祭酒，仍充度支等使。廣德元年正月九日癸未，遷吏尙·同中書門下平章事，仍充度支等使。二年正月二十五癸亥，罷爲太子賓客。（詳吏尙卷戶侍卷。）——此再任。

○第五琦——廣德二年正月二十五癸亥，以戶侍判度支及諸道鹽鐵轉運鑄錢等使。永泰元年正月，與劉晏分領天下財賦。大曆五年三月二十六己丑，罷判度支及諸使。（詳戶侍卷、鹽運使卷。）——此再任。

●元載——大曆五年三月二十六己丑，以中書侍郎·平章事權領度支。（通鑑、舊紀、舊傳。）——此再任。

韓滉——大曆六年，以戶侍判度支，與劉晏分領天下財賦。十四年閏五月二十七丙申，徙太常卿，罷判使。（詳戶侍卷、鹽運使卷。）——舊一二九、新一二六有傳。

○劉晏——大曆十四年閏五月二十七丙申，由左僕·東都江淮荆湖山南東道鹽鐵轉運等使加判度支，都領諸道鹽鐵轉運等使。建中元年正月二十八甲午，罷判度支鹽鐵轉運使。（詳鹽運使卷。）——此三任。

韓洄——建中元年三月二十八癸巳，以戶侍判度支。二年十一月二十一乙亥，貶蜀州刺史。（詳戶侍卷。）——舊一二九、新一二六有傳。

杜佑——建中二年十一月二十一乙亥，由度支郎中·江淮轉運使遷權知戶侍·判度支。三年五月二十三乙巳，貶蘇州刺史。（詳戶侍卷。）——舊一四七、新一六六有傳。

趙贊——建中三年五月二十三乙巳，以戶侍判度支。四年十二月十九壬戌，貶播州司馬。（詳戶侍卷。）——兩書無傳。

裴腆——建中四年十二月二十癸亥，以京兆尹判度支。興元元年正月十七己丑，遷戶侍，仍判度支。（詳戶侍卷。）——兩書無傳。

元琇——興元元年九月十六甲申，以戶侍判度支。貞元元年三月六日辛丑，兼領諸道鹽鐵水陸運使。二年正月二十二癸丑，度支及諸道水陸運使並停，琇惟以戶侍判諸道鹽鐵榷酒事。（詳戶侍卷。）——新一四九附劉晏傳。

吉中孚——貞元二年正月二十二癸丑，以戶侍判度支兩稅事；惟不置使額。（詳戶侍卷。）——新二〇三附盧綸傳。

韓滉——貞元二年十二月二日丁巳，以鎮海節度・江淮轉運使加判度支・充諸道轉運鹽鐵使。三年二月二十三戊寅，卒。（詳鹽運使卷。）——此再任。

●竇參——貞元五年二月二十七庚子，以中書侍郎・平章事判度支・兼充諸道轉運鹽鐵使。（通鑑、舊紀、兩傳、舊四九食貨志、會要八七轉運鹽鐵總敘條、轉運使條、同書八八鹽鐵使條、同書五九度支使條、冊府四八三。）八年三月，罷判使。（舊一二三班宏傳、參看班宏張滂年月。）——舊一三六、新一四五有傳。

班宏——貞元二年十二月五日庚申，以戶侍充度支鹽鐵轉運副使。五年二月二十七庚子，遷戶尚，仍充副使。八年三月二十二丙子，以本官進判度支，與張滂共掌諸道鹽鐵轉運事。四月二十二丙午，分掌關內河東劍南山南西道兩稅鹽鐵轉運事。七月一日甲寅朔，卒。（詳戶侍卷、戶尚卷。）——舊一二三、新一四九有傳。

裴延齡——貞元八年七月六日己未，以司農少卿權判度支。蓋領西路財賦如班宏。九年六月七日甲寅，遷戶侍・判度支。自後度支與鹽鐵益殊途而理。十二年三月十三乙巳，遷戶尚，仍判度支。九月十八丙午，卒。（詳戶侍卷、戶尚卷。）——舊一三五、新一六七有傳。

蘇弁——貞元十二年九月，以度支郎中兼御史中丞・副知度支事。十三年二月十九乙亥，遷戶侍・判度支。十四年五月二十七丙午，徙太子詹事，罷判度支。（詳戶侍卷。）——舊一八九下、新一〇三有傳。

于頎——貞元十四年五月二十七丙午，以度支郎中兼御史中丞・判度支。（舊紀。）十五年三月十三丁巳，遷戶侍，仍判度支。（戶侍卷。）十六年九月十五庚戌，貶泉州司戶。（戶侍卷。）——兩書無傳。

王純（紹）——貞元十六年九月十五庚戌，以戶侍判度支。十八年八月二十三丁未，遷戶尙，仍判度支。永貞元年三月中旬，遷兵尙，罷判度支。（詳戶尙卷、戶侍卷。）——舊一二三、新一四九有傳。

●杜佑——永貞元年三月十七丙戌，合度支鹽鐵轉運爲一使，佑以檢校司徒·平章事兼領之。（通鑑、舊紀、順宗實錄二、舊四八食貨志、會要八八、兩傳、全唐文五五順宗授杜佑鹽鐵等使制、同書六二六呂溫代杜司徒讓平章事表、同書六〇一劉禹錫爲杜司徒讓度支鹽鐵等使表。）理於揚州。（舊四九食貨志、會要八七、冊府四八三。）元和元年四月十四丁未，正拜司徒，解判使。（舊紀、通鑑、參看李巽條。）——此再任。

王叔文——永貞元年三月十九戊子，以翰林學士·起居舍人充度支鹽鐵轉運副使，實掌使職。（舊紀、兩傳。）五月二十三辛卯，遷戶侍，仍充翰學·領使職。六七月，丁憂罷。（詳戶侍卷。）——舊一三五、新一六八有傳。

潘孟陽——永貞元年六月二十一戊午，或七月十一戊寅，以戶侍充度支鹽鐵轉運副使。八月二十五辛酉，出充河汴江淮宣慰使。元和元年四月十一甲辰，徙大理卿，罷使職。（詳戶侍卷。）——舊一六二、新一六〇有傳。

李巽——元和元年春，或上年冬，以兵侍充度支鹽鐵轉運副使。（詳兵侍卷。）元和元年四月十四丁未，進判度支兼諸道鹽鐵轉運使。（舊紀、通鑑、墓誌、兩傳。）二年三月十五癸卯，遷兵尙·專充諸道鹽鐵轉運使，落判度支。〔考證〕。——舊一二三、新一四九有傳，全唐文五〇五有權德輿撰吏部尙書充諸道鹽鐵轉運使李公墓誌。

〔考證〕　墓誌：「領洪州刺史·江西觀察使，……入爲兵部侍郎，在塗加度支鹽鐵副使。至止踰月，代今司徒岐公爲使。明年，遷兵部尙書。間一歲，轉吏部尙書。」兩傳同而略。舊紀：元和元年四月丁未，「杜佑爲司徒，……平章事如故，罷領度支鹽鐵轉運使，……仍以兵部侍郎李巽代領其任。」

通鑑同。全唐文六二憲宗豐陵優勞德音：「山陵副使・兵部侍郎・判度支李巽」，卽巽之譌。時在元和元年秋。按巽以四年四月卒，舊紀書銜「鹽鐵使・吏部尙書」，無「判度支」。通鑑四年三月書銜同。舊四八食貨志，三年五月銜亦同。又墓誌題臨卒前之銜亦只「諸道鹽鐵轉運使」，無「判度支」。而鄭元、裴均自元和二年以後疊判度支，蓋巽以元年四月判度支兼充鹽鐵轉運使，至二年卸度支，專領鹽運使也。舊四九食貨志及會要八七轉運鹽鐵總敍條書巽代佑爲鹽運使在二年三月，會要八七轉運使條及同書八八鹽鐵使條在二年四月，是蓋誤以專領鹽運使之年月爲始充年月耳。冊府四八三：「元和元年，以兵部侍郎李巽充諸道轉運鹽鐵使。二年，以李巽代杜佑判鹽鐵轉運使。」書事雖不全確，但分在兩年，正有事據。復按傳、誌，巽遷兵尙在二年。舊紀，二年三月「癸卯，判度支李巽爲兵部尙書，依前判度支・鹽鐵轉運使。」年月正與巽卸度支專領鹽運使年月合。意者，此月遷兵尙，同時卸判度支，舊紀「依前」下衍「判度支」。

鄭元——元和二年，以戶侍兼御史大夫・判度支。三年春，遷刑尙，罷判。（詳再任條。）——舊一四六有傳。

裴均——元和三年四月二十五丁丑，以右僕判度支。九月十一庚寅，出爲山南東道節度使。（詳右僕卷。）——新一〇八有傳。

〔附考〕　冊府四八三：「元和三年七月，判度支裴均……。」會要八八鹽鐵使條作裴垍，誤。又全唐文六五九白居易除裴垍中書侍郎同平章事制，垍銜「正議大夫・行尙書戶部侍郎。」其文有云：「及領地官，且司邦賦，會計務劇，出納事殷。」則似以戶侍兼判度支也。據紀、表，垍以三年九月十七丙申拜相，僅後均由判度支出鎭山南六日。又檢垍由翰學出院爲戶侍亦在三年四月二十五日丁丑，與均遷右僕判度支月日正同，「均」「垍」既字形相近，而月日又巧合如此，故白氏誤以均職屬之於垍歟？

鄭元——元和三年九月，以刑尙復兼御史大夫・判度支。四年四月，罷判職。——此再任。

〔考證〕　舊傳：「入拜尚書左丞。元和二年，轉戶部侍郎・兼御史大夫・判度支。三年春，遷刑部尚書・兼京兆尹。九月，復判度支，依前刑部尚書・兼御史大夫。……元和四年，以疾辭職守本官。逾月卒。」按：裴均以三年四月判度支，九月出鎮，月日適在鄭元兩判度支之間，足證此傳書事極確。又舊紀，四年五月「辛酉(十六)，刑部尚書鄭元卒。」據傳，元卸度支在卒前一月，是四月也。李元素正以四月二十五日判度支，月日亦正銜接。元傳書事正確如此。又冊府四八三：「元和三年……十月，度支使鄭元奏……。」即在再判後一月。

李元素——元和四年四月二十五庚子，以戶尚判度支。是年冬末，或明年春初，罷判職。(詳戶尚卷。)——舊一三二、新一四七有傳。

李夷簡——元和五年三月五日乙巳，以戶侍判度支。六年四月六日庚午，出爲山南東道節度使　。(詳戶侍卷。)——新一三一有傳。

盧坦——元和六年四月六日庚午，以戶侍判度支。八年八月二十一辛丑，出爲劍南東川節度使　。(詳戶侍卷。)——舊一五三、新一五九有傳。

潘孟陽——元和八年八月二十一辛丑，以戶侍判度支　。九年二月一日己卯朔，徙左散騎常侍，罷判度支。(詳戶侍卷。)——舊一六二、新一六〇有傳。

楊於陵——元和九年，三月或稍後，以兵侍兼御史大夫・判度支。(兩傳、墓誌〔月份詳吏侍卷〕。)十一年四月十五庚戌，貶郴州刺史。(舊紀〔原官作戶侍疑誤〕、兩傳、墓誌、新五二食貨志。)——舊一六四、新一六三有傳，全唐文六三九有李翺撰贈司空楊公墓誌。

●皇甫鎛——元和十一年四月十六辛亥，以司農卿兼御史中丞・判度支。(通鑑、兩傳、新五二食貨志。)旋遷戶侍，仍判度支。(兩傳。)後又進兼御史大夫。(兩傳、參平章事制。)十三年九月二十三甲辰，以本兼官同中書門下平章事，仍判度支。(詳戶侍卷。)十四年七月二十一丁酉，遷門下侍郎，仍平章事・判度支。（詳戶侍卷。）十五年正月九日壬午，罷判度支，仍以門下侍郎平章事。（新表、全唐文五八憲宗敕鑄勿兼度支制、新傳〔罷度支在進門下侍郎前誤〕。）——舊一三五、新一六七有傳。

〔附考〕　舊四八食貨志：「（元和）十年七月，度支使皇甫鑄奏……。」會要八八鹽鐵條同。年上當有脫字。

崔倰——元和十五年正月九日壬午，以權知戶侍判度支。（詳戶侍卷。）長慶元年春夏間，在戶侍・判度支任。（通鑑。）十月二十六己丑，遷工尚，仍判度支。（舊紀、墓誌。）二年正月二十二甲寅，出爲鳳翔隴右節度使。（舊紀、墓誌。）——舊一一五、新一四二有傳，全唐文六五四有元稹撰崔公墓誌銘。

張平叔——長慶二年正月二十二甲寅，以鴻臚卿兼御史大夫・判度支。三月十一壬寅，遷戶侍，仍判度支。十二月二十一丁未，貶通州刺史。（詳戶侍卷。）——兩書無傳。

●竇易直——長慶二年十二月二十四庚戌，以戶侍兼御史大夫・判度支。四年五月七日乙卯，以本官同中書門下平章事，仍判度支。寶曆元年正月十七辛酉，遷門下侍郎，仍平章事・判度支。（以上詳戶侍卷。）十一月一日庚午朔，罷判度支，仍以門下侍郎平章事。〔考證〕。——舊一六七、新一五一有傳。

〔考證〕　新表：「寶曆元年『十一月庚午，易直罷度支。』而舊傳：「寶曆元年七月，罷判度支。」月份不同。按新傳云：「讓度支，置其俸三月，有詔停判。」則七月讓度支，十一月一日有詔停判耳。

胡証——寶曆元年十一月一日庚午朔，以戶尚判度支。二年八月一日丙申朔，罷判職。——舊一六三、新一六四有傳。

〔考證〕　舊紀：寶曆元年七月「辛未，以左散騎常侍胡證爲戶部尚書・判度支。」二年十一月「壬申，以戶部尚書胡證（略）充嶺南節度使。」舊傳官歷全同，但有年無月。新傳略同。據紀，似寶曆元年七月辛未遷戶尚即判度支，然觀前條竇易直事，雖於七月辭度支，但至十一月一日始有詔聽解度支，則證判度支必不能早在七月。蓋七月遷戶尚，十一月始繼易直判度支，舊紀統書於七月耳。又証雖以二年十一月始出鎭嶺南，然是年八月一日裴度已判度支，則証蓋先於七、八月解度支，後乃出鎭，亦非同時事也。

●裴度——寶曆二年八月一日丙申朔，以司空·平章事判度支。（舊紀、新表、兩傳。）十二月二十七庚申，兼門下侍郎，（新表、兩傳。）進階特進。（舊傳。）大和三年十月九日丙辰，罷判度支；餘如故。〔考證〕。——舊一七〇、新一七三有傳。

〔考證〕 罷判度支，新表書於大和元年十月丙寅。按是年十月無丙寅。而通鑑，大和三年「十月丙辰，……路隋言於上曰，宰相任重，不宜兼金穀瑣碎之務。……上以爲然。於是裴度辭度支。上許之。」後於新表兩年。考舊傳云：「滄景節度使李全略死，其子同捷竊弄兵柄，……度請行誅伐。踰年而同捷誅。因拜疏上陳調兵食非宰相事，請歸諸有司。詔從之。」新傳同。檢同捷之誅在大和三年四月，則通鑑書於三年十月，是也；新表誤前兩年。

崔元略——大和三年十月十六癸亥，以戶尚判度支。四年四月十六庚申，出爲東都留守。（詳戶尚卷。）——舊一六三、新一六〇有傳。

王起——大和四年四月十六庚申，以戶尚判度支。六年七月二十九己未，出爲河中節度使。（詳戶尚卷。）——舊一六四、新一六七有傳。

宇文鼎——大和六年七月二十九己未，以戶侍判度支。（舊紀。）——兩書無傳。

●王涯——大和七年七月十七壬寅，合度支與鹽鐵轉運爲一使，涯以右僕·鹽鐵轉運使進同中書門下平章事，兼領之。八年三月七日戊午，遷檢校司空·兼門下侍郎，仍平章事·充度支鹽鐵轉運等使。（詳右僕卷、鹽運使卷。）九年五月二十七辛未，正拜司空，罷判度支，仍平章事·充鹽鐵轉運使。（詳鹽運使卷。）——舊一六九、新一七九有傳。

王璠——大和九年五月二十四戊辰，以戶尚判度支。十一月十六丁巳，出爲河東節度使。（詳戶尚卷。）

——舊一六九、新一七九有傳。

●李石——大和九年十一月十七戊午，以戶侍判度支。同月二十四乙丑，以本官同中書門下平章事，仍判度支。（詳戶侍卷。）開成元年正月二十四甲子，遷中書侍郎，仍平章事，（新表、兩傳。）判度支。〔考證一〕。四月二十五甲午，兼充鹽鐵轉運使。（新表、舊紀、兩傳。）八月十二己酉，罷判度支，餘如故。〔考證二〕。——舊一七二、新一三一有傳。

〔考證一〕 新表：開成元年正月甲子，「石爲中書侍郎。」四月甲午，「石兼鹽鐵使。」八月己酉，「石罷度支。」則遷中書侍郎時未罷判度支也。舊紀有四月甲午一條云：「李石判度支・兼諸道鹽鐵轉運使。」似前曾落判度支今復判者；參舊傳，此誤也。表亦失書「轉運」二字。

〔考證二〕 新表：開成元年八月己酉，「石罷度支。」二年「十一月壬戌，石罷鹽鐵使。」而舊傳：「尋加中書侍郎・集賢殿大學士・領鹽鐵轉運使。……石辭領使務，（開成元年）八月，罷鹽鐵轉運使。」誤罷度支爲罷鹽運，又失書罷鹽運也。

王彥威——開成元年八月，以戶侍判度支。二年九月二十七戊子，徙衞尉卿分司東都。（詳戶侍卷。）——舊一五七、新一六四有傳。

杜悰——開成二年十二月十三壬寅，以工尚判度支。（舊紀、兩傳。）四年四月十七戊辰稍後旬日，遷戶尚・兼判戶部度支事。（詳戶尚卷。）——舊一四七、新一六六有傳。

●李紳——會昌二年三月一日丙申朔，以中書侍郎・平章事權判度支。（新表、通鑑〔作二月丁丑即拜相日〕。）蓋三年夏，罷判。〔考證〕。——舊一七三、新一八一有傳。

〔考證〕 新表失書罷判，但書三年五月壬寅爲門下侍郎，庚戌遷右僕射。而盧商始判度支即在三年夏。蓋紳以遷門下侍郎右僕射時罷判度支，而商繼之歟？

盧商——會昌三年夏，以戶侍判度支。旋兼御史中丞。四年六、七月，出爲劍南東川節度使。（詳戶侍卷。）——舊一七六、新一八二有傳。

●杜悰——會昌四年七月二十三甲辰，以檢校右僕·平章事·諸道鹽鐵轉運使兼判度支。閏七月十一壬戌，正拜右僕，餘如故。八月三十庚戌，遷左僕，餘如故。五年五月十六壬戌，罷相守本官，蓋同時罷判使。（詳左僕卷。）——此再任。

盧鈞——會昌五年冬，以戶侍判度支。六年，遷戶尚。（詳吏尚卷。）——舊一七七、新一八二有傳。

盧商——會昌六年，蓋五月，以兵侍判度支。九月，遷中書侍郎·兼工尚·同中書門下平章事。——此再任。

〔考證〕 舊傳：「加檢校禮部尚書·（略）劍南東川節度使。宣宗卽位，入爲兵部侍郎，尋以本官同平章事，加兼工部尚書。」新傳：「入爲兵部侍郎，還判度支，擢中書侍郎·同平章事。」新表，會昌六年九月，「兵部侍郎·判度支盧商爲中書侍郎·兼工部尚書·同中書門下平章事。」新紀、通鑑同，惟不云兼工尚。而舊紀，是年正月己未，「兵部侍郎·判度支盧商奏……。」五月又書，「以劍南東川節度使盧商爲兵部侍郎·同平章事。」此兩條月份自相抵觸，拜相月份復與新書、通鑑異。按宣宗以會昌六年三月始卽位，衡以舊傳，商爲兵侍必在其後，舊紀正月已銜兵侍·判度支，誤也。或者商以五月入朝爲兵侍·判度支，舊紀書此事時連拜相爲一事，至於正月所書者乃五月以後之事誤書於前耳。又芒洛冢墓遺文四編卷六孫讜墓誌：「故相國盧公商出鎭梓橦，……入剸劇曹，仍司邦計，……不旬歲，盧公秉執大政。」與前考合。

崔元式——會昌六年，以刑尚判度支。大中元年三月，遷門下侍郎·兼刑尚·同中書門下平章事。（詳刑尚卷。）——舊一六三、新一六〇有傳。

盧弘正——大中元年，蓋三月，以戶侍判度支。閏三月見在任。蓋六月，出爲義成節度使。（詳戶侍卷。）——舊一六三、新一七七有傳。

周墀——大中元年六月，以兵侍判度支戶部事。二年五月一日己未朔，以本官同中書門下平章事，罷判職。（詳兵侍卷。）——舊一七六、新一八二有傳，全唐文七五五有杜牧撰東川節度使周公墓誌。

●崔龜從——大中二年六月，見在戶侍·兼御史大夫·判度支任。（舊紀。）其判度支蓋始於上月。（參前條。）四年六月二日戊申稍前，遷戶尚，仍判度支。是日，進同中書門下平章事。八月五日庚戌，罷判職。（詳戶尚卷。）——舊一七六、新一六〇有傳。

鄭朗——大中五六年，以工尚判度支。（詳工尚卷。）——舊一七三、新一六五有傳。

●蕭鄴——大中十年秋，以兵侍判度支。（詳戶侍卷。）十一年七月五日庚子，以本官同中書門下平章事，仍判度支。（新表、通鑑、新紀〔無仍判〕，舊紀〔六月〕，全唐文八〇宣宗授蕭鄴平章事制。）十一月二十五己未，遷工尚，仍平章事·判度支。（新表。）十二月，罷判職。〔考證〕。——新一八二有傳。

●劉瑑——大中十一年十二月，以戶侍判度支。十二年正月二十五戊午，以本官同中書門下平章事，仍判度支。四月十八己酉，遷工尚，仍平章事。（詳戶侍卷。）——舊一七七、新一八二有傳。

〔考證〕新表以十月罷度支，而通鑑在十二月。按劉瑑以十二月始判度支，今姑從鑑。

沈詢——大中十二年六月四日甲午，以戶侍判度支。（詳戶侍卷。）——舊一四九、新一三二有傳。

馮圖——大中中，以戶侍判度支。（新傳。）——新一七七附父宿傳。

畢諴——咸通元年，以戶尚判度支。十月二十三己亥，遷禮尚·同中書門下平章事。（詳兵尚卷。）——舊一七七、新一八三有傳。

●杜悰——咸通元年蓋冬，由右僕·諸道鹽鐵轉運使改判度支，右僕如故。二年二月，遷左僕·同中書門下平章事，仍判度支。三年二月一日庚子朔，遷司空，仍平章事。（詳左僕卷。）——此三任。

李福——咸通三年，以兵侍判度支。是年末，出爲宣武節度使。——舊一七二、新一三一有傳。

〔考證〕戶尚卷李福條，考定福以二年八月爲刑侍，後遷兵侍·判度支。三年末或四年初，出鎭宣武。今觀此處員闕，福遷兵侍判度支當在悰遷司空後。又觀兵侍員闕，其出鎭又不能遲過三年末。

曹確——蓋咸通三年末，以兵侍判度支。四年閏六月，以本官同中書門下平章事。——舊一七七、新一八一有傳。

〔考證〕新表：咸通四年「閏六月，兵部侍郎·判度支曹確本官同中書門下平章事。」五年「三月己亥，確爲中書侍郎。」入相條，新紀、通鑑同。舊紀年份官歷亦同，而在十一月；今不取。又八瓊七六修中嶽廟記，咸通六年二月撰，云「上四年用大司計侍郎爲丞相，」跋云指確言，是也。又舊紀，咸通二年八月，「以兵部侍郎曹確判度支。」此年月與杜悰、李福抵觸。按舊紀書事往往誤前一兩年，卽如確弟汾出尹河南本五年三月事，此觀修中嶽廟記及確遷中書侍郎之年月可知，而紀書於四年三月，卽一例也。今姑書確判度支在三年末。舊傳：「權知河南尹事，入爲兵部侍郎。咸通五年，以本官同平章事，加中書侍郎，……累加右僕射·判度支事。」書判度支在右僕下，誤；五年亦誤。新傳無右僕判度支。

王鐸——咸通七年，以戶侍判度支。（詳吏侍卷。）——舊一六四、新一八五有傳。

崔彥昭——咸通八年十月一日丙寅朔，在戶侍·判度支任。十年，出爲河陽三城節度使。（詳戶侍卷。）——舊一七八、新一八三有傳。

蕭倣——蓋咸通十年，以兵尙判度支。旋遷吏尙。（詳兵尙卷。）——舊一七二、新一〇一有傳。

●**劉鄴**——咸通十二年十月，由兵侍·鹽鐵轉運使遷禮尙·同中書門下平章事，蓋改判度支。（詳鹽運使卷。）——舊一七七、新一八三有傳。

高湜——約咸通十三年，以兵侍判度支，旋出爲昭義節度使。——舊一六八、新一七七有傳。

〔考證〕舊傳：「咸通十二年，爲禮部侍郎。」新傳：「咸通末，爲禮部侍郎。……以兵部侍郎判度支，出爲昭義節度使，爲下所逐。」按：湜以中舍知十二年春貢舉，蓋榜後正拜禮侍，其遷兵侍當不能早過十二年末。又舊一六五柳玭傳：「高湜辟爲度支推官，踰年拜右補闕，湜出鎭澤潞，奏爲節度副使，入爲殿中侍御史，李蔚鎭襄陽，辟爲掌書記，湜再鎭澤潞，復爲副使。」新一六三柳玭傳亦云：「湜再鎭昭義，皆表爲副。」按：通鑑，乾符二年十月昭義軍亂，逐節度使高湜。是必再鎭時，而據玭傳，湜判度支在第一次出鎭之前。由玭出入官歷推之，湜判度支約在十三年，其出鎭不能遲過十四年。

蕭倣——咸通十三四年間，以兵尙判度支。十四年，遷左僕。（詳左僕卷。）——此再任。

曹汾——約咸通十四年，以戶侍判度支。十五年，卒。（詳戶侍卷。）——舊一七七、新一八一有傳。

●**崔彥昭**——乾符元年四月，由兵侍·鹽鐵轉運使本官同中書門下平章事，改判度支。十月，遷中書侍郎，仍平章事·判度支。二年，遷門下侍郎·兼刑尙，仍平章事·判度支。三年六月，遷右僕，仍兼門下侍郎·平章事·判度支。四年正月五日丁丑，遷司空，罷判職，仍兼門下侍郎·平章事。（詳右僕卷。）——舊一七八、新一八三有傳。

楊嚴——乾符五年，以兵侍判度支。（兩傳。）四月，見在兵侍判度支任。（通鑑。）是年卒。（舊傳。）——舊一七七、新一八四有傳。

〔附考〕新七一下世表，嚴亦官兵侍·判度支。又摭言三慈恩寺題名遊賞雜詠敍事，似咸通十四年春見在判度支職，非也。

蕭遘——中和元年正月一日庚戌朔，以兵侍判度支。同月二十三壬申，遷工侍·同中書門下平章事，罷判職。——舊一七九、新一〇一有傳。

〔考證〕此已詳戶侍卷。按：舊紀作兵侍·充諸道鹽鐵轉運使，戶侍卷已據授制正其誤。又冊府四八三：「中和元年，車駕出狩興元府，以兵部侍郎蕭遘、中書侍郎平章事韋昭度判鹽鐵。」會要八七轉運鹽鐵總敍條同。同卷轉運使條、同書八八鹽鐵使條均云：「中和元年，兵部侍郎蕭遘充使。其年，中書侍郞平章事韋昭度充使。」遘事並與舊紀同誤。蓋此時高駢方領鹽鐵等使，至二年十一月韋昭度繼之，無緣復有遘也；皆度支之誤耳。

●蕭遘——中和二年二月，以中書侍郞·兼戶尙·平章事兼判度支。四月，遷門下侍郞·兼吏尙，仍平章事，罷判度支。（詳戶尙卷。）——此再任。

鄭紹業——中和二年，（據員闕。）以兵侍判度支。八月，出爲荆南節度使。（通鑑。）——兩書無傳，見新七五上世表。

●裴徹——中和三年，以檢校兵尙判度支。七月，遷中書侍郞·兼兵尙·同中書門下平章事，仍判度支。（詳兵尙卷。）——兩書無傳。

鄭昌圖——中和四年四月，在兵侍·判度支任。（詳兵侍卷。）——兩書無傳。

秦韜玉——中和四年秋冬，在工侍·判度支任。（詳工侍卷。）——兩書無傳。

●張濬——光啓元二年，以戶侍判度支。三年九月，遷兵侍·同中書門下平章事，仍判度支。（詳戶侍卷。）——舊一七九、新一八五有傳。

●杜讓能——文德元年四月，以左僕·平章事判度支。龍紀元年三月，遷司空，仍平章事·判度支。十二月，遷司徒，仍平章事·判度支。大順二年正月九日庚申，改充諸道鹽鐵轉運使。（詳左僕卷。）——舊一七七、新九六有傳。

●劉崇望——大順二年正月九日庚申，以中書侍郞·兼吏尙·平章事判度支。二月，遷門下侍郞，仍兼吏尙·平章事。十月，遷左僕，仍兼門下侍郞·平章事·判度支。景福元年二月，出爲武寧節度使。（詳左僕卷。）——舊一七九、新九〇有傳。

●鄭延昌——景福元年三月，以中書侍郞·平章事判度支。二年六月，兼刑尙，餘如故。乾寧元年二月·遷左僕·兼門下侍郞，仍平章事·判度支。五月三十辛卯，罷守本官。（詳左僕卷、戶尙卷。）——新一八二有傳。

●李磎——乾寧二年蓋四月，以戶侍·平章事判度支。五月，罷爲太子少師。（詳戶侍卷再任條。）——舊一五七、新一四六有傳。

●李知柔——乾寧二年六月一日丁亥朔，以京兆尹兼戶尚·判度支·兼充諸道鹽鐵轉運使。七月五日庚申，權知中書事，餘如故。同月十六辛未，出爲清海節度使；未赴任，仍權知京兆尹·判度支·鹽鐵轉運使。蓋八月，罷判職。（詳戶尚卷。）——新八一附宣惠太子業傳。

●王摶——乾寧二年九月三日丙辰，以戶尚·平章事判度支。三年，蓋兼充諸道鹽鐵轉運使。八月六日甲寅，出爲威勝節度使。（詳戶尚卷。）——新一一六有傳。

●孫偓——乾寧三年八月十日戊午，以門下侍郎·平章事判度支·兼充諸道鹽鐵轉運使。（詳戶侍卷。）九月，罷判度支。（據員闕。）——新一八三有傳。

●崔胤——乾寧三年九月十七乙未，以中書侍郎·兼戶尚·平章事判度支。光化元年正月，遷兼吏尚，仍中書侍郎·平章事·判度支。二年正月十三丁未，罷守吏尚。（詳吏尚卷。）——舊一七七、新二二三下有傳。

●王摶——約光化二年，以右僕·平章事·諸道鹽鐵轉運使兼判度支。十一月，遷司空，仍平章事·度支鹽鐵轉運使。三年六月十一丁卯，罷爲工侍。（詳鹽運使卷。）——此再任。

●崔胤——光化三年六月十一丁卯，以左僕·平章事判度支·兼充諸道鹽鐵轉運使。天復元年正月三日丙戌，遷司空，仍平章事·判度支·兼鹽運使。十一月二十六甲戌，罷爲工尚。——此再任。

〔考證〕　新表：光化三年「六月丁卯，崔胤爲尚書左僕射·兼門下侍郎·同中書門下平章事·諸道鹽鐵轉運等使。」此四相也。通鑑月日同，而不云充使。會要八七轉運使條：「光化三年八月，左僕射·平章事崔胤充諸道轉運使。」同書八八鹽鐵使條同，惟作九月充使。舊紀：光化三年八月甲申制，「特進·行尚書左僕射·兼門下侍郎·同平章事·監修國史·判度支·（略）崔胤可開府儀同三司。」九月「戊申制，左僕射·門下侍郎·平章事·監修國史·判度支崔胤充太清宮使·弘文館大學士·延資庫使，依前判度支·兼充諸道鹽鐵轉運等使。」紀、表、會要書事參差，然兼判兩使則無問題，惟不知充判度支後兼鹽運，抑同時判充耳。今姑書於入相同時。

新表：天復元年「正月，胤爲司空。」十一月「甲戌，胤罷守工部尙書。」舊紀，遷司空在正月丙戌。罷相月日與表同。制云：「開府儀同三司·守司空·門下侍郎·平章事·充太清宮使·弘文館大學士·延資庫使·諸道鹽鐵轉運等使·判度支·(略)崔胤可責授朝散大夫·守工部尙書。」是罷相前仍兼度支鹽運兩使也。通鑑，光化三年十一月，劉季叔幽昭宗，「欲殺崔胤，而憚朱全忠，但解其度支鹽鐵轉運使而已。」昭宗旋以胤謀而復辟，胤當仍兼兩使，與舊紀合。又通鑑，天復元年六月，「胤時領三司使。(韓)全誨敎禁軍對上諠譟，訴胤減損冬衣。上不得已，解胤鹽鐵使。」以當時政情論，蓋旋亦復領也。而作三司使，與舊紀不同，然至少領兩使可知也；新表僅書鹽鐵，失之。(通鑑，天復元年十一月罷相時，考異云：「實錄前云罷胤鹽鐵使務，至此制官位中復帶鹽鐵使，誤。」據此則實錄罷相制詞亦充鹽鐵使也。蓋前罷而旋復充使耳。考異過疑之。)

●盧光啓——天復元年十一月十三辛酉，以兵侍權勾當中書事·兼判三司。(新表、新傳、〔通鑑不書判三司〕。)同月十九丁卯，遷右諫議大夫·參知機務。(新表、新傳、通鑑。)——新一八二有傳。

●韋貽範——天復二年正月二十丁卯，以工侍·平章事判度支。(新表、新傳。)蓋同時，充諸道鹽鐵轉運使。〔考證〕。五月二十五庚午，以母喪罷。(新表、通鑑。)八月二十六己亥，起復守戶侍·同中書門下平章事，(新表、通鑑。)依前充諸道鹽鐵轉運使·判度支。(新表。)十一月十四丙辰，薨。(新表、通鑑〔作丙子誤〕。)——新一八二附盧光啓傳。

〔考證〕 新表先不云充鹽運等使，而八月起復條云「守戶部侍郎·同中書門下平章事，依前充諸道鹽鐵轉運等使·判度支。」則丁憂以前原充鹽運使也，表失書，今姑書於始相判度支時。

●崔胤——天復三年正月二十五丁卯，復以司空·門下侍郎·平章事判度支·兼充諸道鹽鐵轉運使。（舊紀、通鑑〔領三司如故〕、新表〔壬子〕。）同月二十九辛未，兼判六軍十二衞事。（新表、舊紀〔與進司徒同時〕。）二月九日庚辰，遷司徒，餘如故。（新表、舊紀〔己卯〕。）天祐元年正月九日乙巳，罷爲太子少傅，分司東都。（新表、舊紀〔上年十二月又作賓客〕、通鑑〔無日又原銜爲司徒兼侍中判六軍十二衞事充鹽鐵轉運使判度支〕。）——此三任。

●獨孤損——天祐元年正月十日丙午，以兵侍·平章事判度支·兼判右三軍事。（通鑑、新表〔乙巳〕。）閏四月十四戊申，遷門下侍郎·兼戶尙，仍平章事，判職蓋如故。二年三月十九戊寅，出爲靜海節度使。（詳戶尙卷。）——兩書無傳。

●張文蔚——天祐二年三月二十五甲申，以中書侍郎·平章事判度支。（新表、舊紀〔甲子〕。）三年正月，兼充諸道鹽鐵轉運使。蓋三月，罷判使。〔考證〕。——舊一七八、舊五代史一八有傳。

〔考證〕　舊五代史傳：「〔天祐元年夏，拜中書侍郎·平章事·兼判戶部。……（柳）璨死，文蔚兼度支鹽鐵使。」按：元年及判戶部並誤。又按，璨以二年十二月二十九癸丑貶登州，則文蔚兼領鹽運使必在三年正月，至三月則朱全忠兼充三司都使矣。

朱全忠——天祐三年三月二十五戊寅，以元帥領諸道鹽鐵轉運使判度支戶部事，充三司都制置使　。（舊紀、新表、通鑑〔辭不受〕。）四年四月，篡位爲帝。——兩五代史有紀。

唐僕尚丞郎表卷十四

輯考四附考下　諸道鹽鐵轉運等使

此卷考鹽鐵轉運使；其他有關財政之雜出諸使，附見梗概，不能詳。

李傑——開元元年十月，以陝州刺史充陝州水陸發運使。（會要八七、新傳。）二年閏二月，遷河南尹·充河南水陸運使。（會要八七。）——舊一〇〇、新一二八有傳。

〔附考〕　會要八七陝州水陸運使條：「先天二年十月，李傑爲刺史·充水陸運使，自此始也。已後刺史常帶使，……至元和六年十月，勅陝州水陸運使宜停。」同卷河南水陸運使條：「開元二年閏二月，陝郡刺史李傑除河南少尹（同卷鹽鐵轉運總敍條無「少」字兩傳亦無「少」字）充水陸運使。至三年九月，畢構爲河南尹，不帶水陸運使。至天寶三載十一月，李齊物除河南尹，又帶水陸運使。貞元十年二月，河南尹齊抗充河南水陸運使。至元和六年十月，勅河南水陸運使宜停。」今此兩使皆僅書首任。

宇文融——以殿中侍御史勾當括戶勸農租庸地稅等使。有功。開元十二年八月十二己亥，遷御史中丞，仍勾當諸使。——舊一〇五、新一三四有傳。

〔考證〕　新傳：「開元初，…天下戶版刓隱，人多去本籍，浮食閭里，詭脫繇賦。…融由監察御史陳便宜，請校天下籍，收匿戶羡田佐用度。玄宗以融爲覆田勸農使，鈎檢帳符，得僞勳亡丁甚衆。擢兵部員外郎·兼侍御史。融乃奏慕容琦……等二十九人爲勸農判官，假御史，分按州縣，括正丘畝，招徠戶口而分業之。又兼租地安輯戶口使。於是諸道收沒戶八十萬，田亦稱是。…帝悅，引拜御史中丞。」舊傳略同。然皆無年月。會要八四租庸使條：「開元十一年十一月，宇文融除殿中侍御史，勾當租庸地稅使。」通鑑，開元九年正月乙亥（二十八日），「監察御史宇文融上言，天下戶口逃移，巧僞甚衆，請加檢括。」二月「丁亥（十日），制州縣逃亡戶口，聽百日自首；……過期不首，卽加檢括，謫徙邊州。……以宇文融充使括逃移戶及籍外田，所獲巧𫍲甚衆。遷兵部員外郎・兼侍御史。融奏置勸農判官十人，……分行天下，……凡得戶八十餘萬，田亦稱是。」十二年六月壬辰，又書「以兵部員外郎・兼侍御史宇文融爲勸農使，巡行州縣，與吏民議定賦役。」八月「己亥，以宇文融爲御史中丞。融乘驛周流天下，事無大小，諸州先牒上勸農使，後申中書。……凡得客戶八十餘萬，田亦稱是。」冊府四八六戶籍條：「玄宗開元九年正月二十八日，監察御史宇文融請檢察色役僞濫並逃戶及藉田；因令充使。…十二年八月，宇文融除御史中丞・充諸色安輯戶口使。」同書四八三：「開元十一年，以殿中侍御史宇文融勾當租庸地稅使。十二年，融遷御史中丞・充諸色安輯戶口使。」按：此諸材料，年月頗異；然九年正月二十八日上言，十二年八月以功遷御史中丞，則無異說，今姑書其事於遷中丞時。

羅文信——開元二十五年二月，以監察御史充諸道鑄錢使。（會要五九、冊府四八三。）——兩書無傳。

●**裴耀卿**——開元二十一年八月，以京兆尹勾當轉運事。十二月二十四丁巳，遷黃門侍郎・同中書門下平章事・充江淮河南轉運都使。二十二年五月二十八戊子，遷侍中，仍充使。蓋九月，罷使職。（考證併後楊愼矜條。）——舊九八、新一二七有傳。

蕭炅——開元二十一年十二月，以河南少尹充江淮河南轉運副使。二十二年九月，以太府少卿充江淮轉運使。蓋二十三年，遷戶侍，仍充使職。是年或明年，出爲岐州刺史。（考證併後楊愼矜條，又參戶侍卷。）——兩書無傳。

韋堅——天寶元年三月，爲陝郡太守・充水陸轉運使。二載四月，進充緣河及江淮南租庸轉運處置使。四載九月二十九癸未，遷刑尚，落使職。（考證併後楊愼矜條。）——舊一〇五、新一三四有傳。

楊愼矜——天寶四載九月，以御史中丞充諸道鑄錢緣河江淮租庸轉運使。五載，遷戶侍，仍兼中丞・充使職。六載十一月三日乙亥，免。——舊一〇五、新三四有傳。

〔考證〕 關於耀卿、炅、堅、愼矜充使之材料略具如後：

舊四八食貨志：「(開元)二十一年，(裴)耀卿爲京兆尹。京師雨水害稼，穀價踊貴，玄宗以問耀卿。奏稱……。上深然其言。……尋以耀卿爲黃門侍郎・同中書門下平章事・(新表在十二月丁巳。)充江淮河南轉運都使。以鄭州刺史崔希逸、河南少尹蕭炅爲副。……明年，耀卿拜侍中，(新表在五月戊子。)而蕭炅代焉。……天寶三載，韋堅代蕭炅。……是年，楊釗以殿中侍御史爲水陸運使，以代韋堅。」會要八七轉運鹽鐵總敍條事歷年月全同。册府四九八漕運條敍耀卿與堅事年份亦同。

會要八七轉運使條：「開元二十一年八月，侍中裴耀卿充江南淮南轉運使。二十二年九月，太府少卿蕭炅充江淮處置轉運使。天寶二年四月，陝郡太守韋堅加兼勾當緣河及江淮轉運使。四載八月，楊釗除殿中侍御史・充水陸轉運使。」同書八四租庸使條：「天寶二年四月，陝郡太守韋堅兼知勾當租庸使。六載十一月，楊愼矜加諸郡租庸使。」又五九鑄錢使條：「天寶三載九月，楊愼矜除御史中丞・充鑄錢使。四載十一月，度支郎中楊釗充諸道鑄錢使。」册府四八三亦云：「天寶二年，陝郡太守韋堅加兼知勾當租庸使，又加兼勾當緣河及江淮轉運處置使。三載，以御史中丞楊愼矜充鑄錢使。……四載，……以殿中侍御史楊釗……充水陸轉運使。……六載，以戶部侍郎楊愼矜……諸道鑄錢使，仍加諸郡租庸使。」

通鑑：天寶元年「三月，以長安令韋堅爲陝郡太守，領江淮租庸轉運使。」四載「九月癸未，以陝郡太守・江淮租庸轉運使韋堅爲刑部尙書，罷其諸使，以御史中丞楊愼矜代之。」考異云：「舊食貨志，三載以楊釗爲水陸運使，誤也。今從實錄。」

舊書韋堅傳：「爲長安令。……天寶元年三月，擢爲陝郡太守・水陸轉運使，……穿廣運潭以通舟楫。二年而成，……玄宗歡悅。……四月，進銀青光祿大夫・左散騎常侍，陝郡太守・水陸轉運使・

勾當緣河及江淮南租庸轉運處置使並如故。……三年正月，又加兼御史中丞，封韋城男。九月，拜守刑部尙書，奪諸使，以楊愼矜代之。五載正月，……貶堅爲縉雲太守。」新傳同。惟擢左散騎常侍下云：「進兼江淮南租庸轉運處置等使。」無「並如故」三字。是也。

舊書楊愼矜傳：「擢爲御史中丞，仍充諸道鑄錢使。……五載，愼矜遷戶部侍郎，中丞使如故。林甫……心嫉之。……六載十一月，……賜自盡。」新傳略同。

按：前引材料，年月頗歧。合而觀之，耀卿以二十一年八月言漕事稱上意，蓋卽勾當轉運事。十二月丁巳，拜相，正式充轉運都使。二十二年五月，遷侍中，未必卽落使務。蓋至九月始爲蕭炅所代也。韋堅事年份最爲歧出。食貨志云天寶三載始充使。會要轉運鹽鐵總敍條同。而同書轉運使條及租庸使條均作二載四月。冊府亦一作三年，一作二年。通鑑書於元年三月爲陝守時，據舊傳亦當在二年四月。且元年三月堅始由長安令遷陝郡太守充水陸運使，地位本低，不應卽爲轉運都使。蓋緣開廣運潭後，玄宗大悅，故付重任耳，則決不能早過二年；會要二年四月，是也。食貨志三年，通鑑元年，均誤。至堅遷刑尙落使務，據通鑑從實錄作四載九月癸未。代韋堅者，食貨志爲楊釗，堅兩傳均爲楊愼矜，會要時作釗，時又作愼矜；通鑑據實錄作愼矜，是也。愼矜免職年月日詳戶侍卷。

●楊釗(國忠)——天寶六載十一月，以度支郎中充諸道鑄錢租庸轉運使。〔考證〕。七載，遷給事中·兼御史丞，加判度支，仍充鑄錢轉運使。九載，遷兵侍，仍兼中丞·判度支·充使。十一載五月十一丙辰，遷御史大夫，賜名國忠，仍判使。十一月十七庚申，遷右相兼文尙，仍判使。十三載二月十一丁丑，遷司空，仍兼右相·文尙·判度支·充使。至德元載六月十四丙申，誅。(以上詳吏尙卷、度支卷。)——舊一〇六、新二〇六有傳。

〔考證〕　前引舊食貨志及會要謂以楊釗繼韋堅，實楊愼矜之誤。然據舊傳，愼矜被誣，釗實主其謀，「繇是權傾內外，公卿惕息。」其繼愼矜充使，極有可能。又前條引會要租庸使條，天寶「六載十一月，楊慎矜加諸道租庸使。」按：此月慎矜賜死，此「慎矜」蓋「釗」之譌。又同書鑄錢條，「四載十一月，度支郎中楊釗充諸道鑄錢使。」按：四載釗尚未遷度支郎中，此蓋「六載」之譌耳。

●第五琦——至德元載八月，以監察御史充江淮租庸使。冬，遷司虞員外郎，仍充使職。尋加山南五道度支使。蓋二年，遷司金郎中・兼侍御史，仍充使職。乾元元年三月，遷度支郎中・兼御史中丞・充諸道鹽鐵轉運等使。鹽鐵名使自此始。〔考證〕。十月，遷戶侍・判度支，仍兼中丞・充轉運租庸鹽鐵鑄錢等使。二年二月二十九乙未，以本官同中書門下平章事，落判使。四月九日乙巳，依前判度支轉運租庸鹽鐵等使。十一月七日庚午，貶忠州刺史。（詳戶侍卷。）——舊一二三、新一四九有傳。

〔考證〕　新傳：「肅宗駐彭原，……琦奏事，……拜監察御史・勾當江淮租庸使。遷司虞員外郎・河南等五道支度使，遷司金郎中・兼侍御史・諸道鹽鐵鑄錢使。鹽鐵名使自琦始。進度支郎中・兼御史中丞。」舊傳「河南」作「山南」，是也，詳度支卷。又拜監察御史・充江淮租庸使，乃玄宗之命。按：通鑑，至德元載八月癸未（二日），上皇「以琦爲監察御史・江淮租庸使。」十月，「第五琦見上於彭原，請以江淮租庸市輕貨泝江漢而上至洋川，令漢中王瑀陸運至扶風以助軍。上從之。尋加琦山南等五道度支使。」則舊傳是也。而會要八四租庸使條：「至德元年十月，第五琦除監察御史・充江淮租庸使。」同書八七轉運鹽鐵總敍：「肅宗初，第五琦始以錢穀得見，請於江淮分置租庸使，市輕貨以濟食，遂拜監察御史爲之。」蓋上皇除命在八月，尚未行使職權，十月見肅宗，始執行使務耳。然書事仍當從其朔。又舊傳無度支郎中，而創立鹽法在兼御史中丞後，與新傳亦異。考會要總敍續云：「乾元元年，加度支郎中，尋兼中丞，爲鹽鐵使，於是始立鹽鐵法。」舊四九食貨志，同。又會要八七轉運使條：「乾元元年三月，第五琦除度支郎中・充諸色轉運使。」又八八鹽鐵使條：「乾元元年，度支郎中第五琦充諸道鹽鐵使。」冊府四八三：「乾元元年，以度支郎中第五琦又充河南五道度支使・兼諸道鹽鐵使。是年又充兩京司農太府出納使及充諸色轉運使。」與舊志、會要同。南部新書丙：「至德三年，始置鹽鐵使，王綺首爲也。」三年卽乾元元年，王綺卽第五琦之奪誤。然則始置鹽鐵使，琦首充任，當在乾元元年琦遷度支郎中兼御史中丞之後，新傳小誤。

●呂諲——乾元二年十二月二日甲午，以兵侍·平章事加判度支·充鹽鐵轉運等使。同月十四丙午，遷黃門侍郎，仍判度支·充使職。上元元年正月，進同三品，餘如故。五月二十三壬子，罷爲太子賓客。（詳度支卷。）——舊一八五下、新一四〇有傳。

劉晏——上元元年五月二十四癸丑，以戶侍充度支鹽鐵鑄錢等使。二年建子月六日丁亥，貶通州刺史。（詳戶侍卷。）——舊一二三、新一四九有傳。

李輔國——上元元年五月二十五甲寅，以殿中監加充京畿鑄錢使。（會要五九、冊府四八三〔無月日〕。）——舊一八四、新二〇八有傳。

●元載——上元二年建子月七日戊子，以戶侍充度支鑄錢鹽鐵江淮轉運等使。寶應元年建辰月二十九戊申，以本官同中書門下平章事，仍充使職。五月十八丙申，遷中書侍郎，仍平章事·充使職。六月二十七乙亥，落度支鹽鐵轉運等使。（詳戶侍卷。）——舊一一八、新一四五有傳。

●劉晏——寶應元年六月二十七乙亥，由通州刺史復入遷戶侍·兼京兆尹·充度支轉運鹽鐵鑄錢等使。十一月十四己丑，兼充河南道水陸轉運都使。十二月，徙國子祭酒，仍充度支等使。廣德元年正月九日癸未，遷吏尚·同中書門下平章事，仍充度支等使。二年正月二十五癸亥，罷爲太子賓客。（詳吏尚卷戶侍卷。）——此再任。

穆寧——上元二年，以殿中侍御史充鹽鐵轉運副使，（兩傳。）駐埇橋。（新傳。）寶應元年，遷侍御史·充河南轉運租庸鹽鐵等副使。（舊傳、舊四九食貨志〔無副〕、會要八七〔同〕、冊府四八三〔同〕。）廣德元年，遷戶部員外郎，（舊傳、舊志、會要。）加兼御史中丞·充河南江南轉運使。（舊傳。）遷庫部郎中。（舊傳。）是年或明年，遷鄂州刺史·鄂岳沔都團練使·充淮西鄂岳租庸鹽鐵沿江轉運使。（兩傳、舊志、會要。）永泰元年四月，見在任。（全唐文四四〇閻伯瑾黄鶴樓記。）旋貶虔州司馬。（兩傳。）

——舊一五五、新一六三有傳。

〇裴冕——廣德二年二月十日戊寅，以左僕·兼御史大夫充東都河南江南淮南轉運使。（舊紀。）蓋旋卸。

——舊一一三、新一四〇有傳。

王翊——永泰元年四月十六丁丑，以御史大夫充諸道稅錢使。（通鑑。）——舊一五七、新一四三有傳。

〇崔渙——以御史大夫充稅地青苗錢物使。大曆三年八月，貶道州刺史。（舊紀、兩傳。）——舊一〇八、新一二〇有傳。

〇第五琦——廣德二年正月二十五癸亥，以戶侍判度支·充諸道鹽鐵轉運鑄錢等使。永泰元年正月，分充京畿關內河東劍南山南轉運鑄錢鹽鐵使，戶侍·判度支如故。大曆元年正月三十丙戌，充京畿關內河東劍南山南西道轉運常平鑄錢鹽鐵使，戶侍·判度支如故。五年三月二十六己丑，罷度支及諸使；戶侍如故。（考證併後劉晏條，參看戶侍卷。）——此再任。

韓滉——大曆六年，以戶侍·判度支分充京畿關內河東劍南山南西道轉運租庸青苗鹽鐵使。十四年閏五月二十七丙申，徙太常卿，罷判使。（考證併後劉晏條、參戶侍卷。）——舊一二九、新一二六有傳。

〇劉晏——廣德二年三月十二己酉，以太子賓客充河南江淮以來轉運使。永泰元年正月，以本官兼御史大夫·分充東都河南淮南江南等道轉運鑄錢鹽鐵使。大曆元年正月三十丙戌，遷檢校戶尙，仍兼御史大夫·充東都河南淮南江南湖南荆南山南東道轉運常平鑄錢鹽鐵使。四年三月四日壬申，遷吏尙，充使如故。五年三月二十六己丑，廢鹽鐵鑄錢使，常平使似亦廢；旋復置鹽鐵使，仍晏領之。八年八月十一甲寅，知三銓選事。十二年十二月，遷左僕，仍知三銓領使職。十四年閏五月二十七丙申，加判度支·兼領京畿關內河東劍南山南西道轉運租庸青苗鹽鐵等使。始晏與琦分領天下財賦，既而與滉分領天下財賦，至是晏都領之。建中元年正月二十八甲午，罷判度支轉運鹽鐵等使。——此三任。

〔考證〕晏與琦、滉分理財賦事，各處記載頗異。茲先表列如次：

<table>
<tr><th>年份</th><th>列傳</th><th>舊紀、通鑑</th><th>食貨志、會要</th><th>册府四八三</th></tr>
<tr><td>廣德二年</td><td rowspan="3">琦舊傳：「代宗幸陝，……改京兆尹。車駕尅復，專判度支・兼諸道鑄錢鹽鐵轉運常平等使。……又加京兆尹，改戶部侍郎・判度支。」
新傳略同。
晏舊傳：「元振得罪，晏罷相爲太子賓客。（事在廣德二年正月。）尋授御史大夫，領東都河南江淮山東等道轉運租庸鹽鐵使如故。」
新傳略同，惟「尋授」作「俄兼」，「江淮」下無「山南」，而「鹽鐵」下多「常平」二字。</td><td>舊紀：正月癸亥，「以戶部侍郎第五琦專判度支及諸道鹽鐵轉運鑄錢等使。」
通鑑：「三月己酉，以太子賓客劉晏爲河南江淮以來轉運使。」</td><td>舊志：「廣德二年正月，復以第五琦專判度支鑄錢鹽鐵事。而晏以檢校戶部尚書爲河南及江淮以來轉運使。」
會要八七轉運鹽鐵總敍全同。同卷轉運使條卷八八鹽鐵使條及卷五九鑄錢使條，琦充使年月並同。</td><td>與舊志全同，惟無「正月」二字。</td></tr>
<tr><td>永泰元年</td><td></td><td rowspan="2">新志：「永泰二年，分天下財賦鑄錢常平轉運鹽鐵置二使。」下書分道與舊紀、通鑑同。
舊志：「永泰二年，晏爲東道轉運常平鑄錢鹽鐵使。琦爲關內河東劍南三川轉運常平鹽鐵使。」
會要八七轉運鹽鐵總敍條一字不異。而同卷轉運使條：「永泰元年元月，劉晏</td><td>「永泰元年正月，劉晏充東都淮南浙江東西湖南山南東道轉運鹽鐵鑄錢等使。第五琦充京畿關內河東劍南山南西道鑄錢轉運鹽鐵等使。」</td></tr>
<tr><td>永泰二年（大曆元年）</td><td>舊紀：正月「丙戌，以戶部尚書劉晏充東都京畿河南淮南江南東西道湖南荊南</td><td>「二年，以劉晏爲東道轉運常平鑄錢鹽鐵使第五琦爲關內河東劍</td></tr>
</table>

		山南東道轉運常平鑄錢鹽鐵等使。以戶部侍郎第五琦充京畿關內河東劍南西道轉運常平鑄錢鹽鐵等使。至是天下財賦始分理焉。」 通鑑：「東都京畿」作「都畿」，又「劍南」下有「山東」二字，是也。餘並同。	充東畿淮南浙江東西湖南山南東道轉運使。第五琦充京畿關內河東劍南山南西道轉運使。」同書八八鹽鐵使條年月及分道並同。同書五九鑄錢使條分道同，在永泰元年正月十三日。皆與同書總敍條及兩志作二年正月者不同。	南三川轉運常平鑄錢鹽鐵使。」
大曆四年	晏舊傳：「累遷吏部尚書。大曆四年六月，……赴本曹視事。」 新傳：「再遷吏部尚書，又兼益湖南荊南山南東道轉運常平鑄錢使，與第五琦分領天下金穀。」	舊紀：三月壬申，「劉晏爲吏部尚書。」	會要八七轉運使條：「大曆四年三月，劉晏除吏部尚書，兼御史大夫，充東都河南江淮山南東道轉運使。」又八八鹽鐵使條及卷五九鑄錢使條年月遷官及分道並全同。	「大曆四年，以吏部尚書兼御史大夫劉晏充東都河南江淮山南東道轉運鹽鐵鑄錢使。」
大曆五年	琦舊傳：「魚朝恩伏誅，……出爲處州刺史。」 新傳同，惟處作括。	通鑑：三月「己丑，罷度支使及關內等道轉運常平鹽鐵使。其度支事委宰相領之。」 舊紀同，惟「關內」下有「河	舊志：「大曆五年，詔停關內河東三川轉運常平鹽鐵使。自此晏與戶部侍郎韓滉分領關內河東山南劍南租庸青苗使。」新志略同	「五年停諸鐵(鑄)錢監。……又詔停關內河東三川轉運常平鹽鐵使。自此劉晏與戶部侍郎韓滉分領關內河東山

		東山南西道劍南西川」十字。 舊紀：五月庚辰，貶「戶部侍郎判度支第五琦爲饒州刺史。」衍「判度支」三字。	。會要八七轉運鹽鐵總敍條與舊志一字不異。會要八八鹽鐵使條，大曆四年三月，劉晏爲東路鹽鐵使下續云：「五年三月二十六日停。」同書五九鑄錢條同。則全國諸道鑄錢鹽鐵使均停也。故舊志及會要總敍僅云「租庸靑苗使。」	南劍南租庸靑苗使。」
大曆六年	滉舊傳與通鑑同。	通鑑：「是歲，以尚書右丞韓滉爲戶部侍郎．判度支。」		
大曆八年	晏舊傳：「八年，知三銓選事。」新傳無年。	舊紀：「八月甲寅，詔吏部尚書劉晏知三銓選事。」		
大曆十三年	晏舊傳：「十三年十二月，爲尚書左僕射，……使務知三銓並如故」 新傳無年月。	舊紀：「十二月丙戌，吏部尚書劉晏爲左僕射，判使如故。」 通鑑：同日，「以吏部尚書轉運鹽鐵等使劉晏爲左僕射，知三銓及使職如故。」		

大曆十四年	晏新傳：「德宗立，言者屢請罷轉運使，晏亦固辭，不許。又加關內河東三川轉運鹽鐵及諸道青苗使。」舊傳失書。	舊紀：閏五月丁酉，「以戶部侍郎判度支韓滉爲太常卿。吏部尙書劉晏判度支鹽鐵轉運等使。初，晏與滉分掌天下財賦，至是晏都領之。」(蓋以仍領三銓故仍稱吏尙) 通鑑同；惟日作丙申，差前一日。例從鑑。	舊志：「至十四年，天下財賦皆以晏掌之。」會要八七鹽鐵轉運總敍條全同。	與舊志文全同。
建中元年	晏舊傳：「初楊炎……晏……兩不相得。……及炎入相，……罷晏轉運使，尋貶忠州刺史。」新傳同。	舊紀：正月「甲午，詔東都河南江淮山南東道等轉運租庸青苗鹽鐵等使，尙書左僕射劉晏(略)所領使宜停。天下錢穀委金部、倉部。……二月……己酉，貶尙書左僕射劉晏爲忠州刺史。」 通鑑：正月「甲子，詔天下錢穀皆歸金部、倉部，罷晏轉運租庸青苗鹽鐵等使。」(此月無甲子，蓋甲午之譌。)二月「己酉，貶劉晏爲忠州刺史。」	舊志：「建中初，宰相楊炎……乃奪其(晏)權，詔……天下錢穀皆歸金部、倉部。」新志及會要八七轉運鹽鐵總敍條全同。	「建中元年，言事者稱轉運之職可罷。乃罷劉晏爲左僕射，天下錢穀皆歸金倉兩部。」

又云：「晏初爲轉運使，獨領陝東諸道；陝西皆度支領之。末年兼領，未幾而罷。」

綜觀此表，發生兩問題。第一，琦晏分領天下財賦究始於永泰元年抑二年？其分道又如何？第二，大曆五年三月二十六日鹽鐵鑄錢使均停，何以此後書事有鹽鐵使？

關於天下財賦始分東西兩路事，兩傳無年月，舊紀、通鑑、兩志及會要轉運鹽鐵總敍條在永泰二年正月，卽大曆元年正月，此尚可謂「元」爲「二」之譌。然冊府永泰元年正月及二年兩書之，而二年使名多「常平」二字，則似元年始分，至二年使職有調整也。又據晏新傳，原不領山南東道，遷吏尙後乃書云兼益湖南荆南山南東道諸使，此尤中間曾經調整之明證。然全唐文四一一常袞授劉晏吏部尙書制：「金紫光祿大夫・檢校戶部尙書・兼御史大夫・東都河南江淮山東等道轉運常平鑄錢鹽鐵等使・上柱國・彭城郡開國公劉晏……可吏部尙書，餘如故。」則晏兼益山東等道諸使在四年三月遷吏尙之前；新傳敍次有誤。然則，琦晏第一次分道領使之後至四年遷吏部之前，使區使名均有調整，蓋可斷言。參互觀之，則琦晏分領天下財賦當始於永泰元年正月，晏以太子賓客兼御史大夫充東都河南淮南江南等道轉運鑄錢鹽鐵使，琦以戶侍判度支領京畿關內河東劍南山南轉運鑄錢鹽鐵使。二年，卽大曆元年正月三十丙戌，增置常平使，又調整使區，晏遷檢校戶尙・兼御史大夫・領東都河南淮南江南湖南荆南山南東道轉運常平鑄錢鹽鐵使，琦仍以戶侍判度支領京畿關內河東劍南山南西道轉運常平鑄錢鹽鐵使。自此東西兩路分區始確定，終代宗之世不改。舊紀、通鑑據分定之年月書之，未爲失誤。至大曆五年三月二十六日，琦罷判使，宰相元載兼判度支，似不領使。又據會要，天下諸道鹽鐵鑄錢二使此時均廢，（冊府僅書廢鹽鐵使。）而大曆十三年十四年，傳、紀、鑑事書，晏所領使名作「轉運租庸青苗鹽鐵等使。」是「鹽鐵」仍存，又多「租庸」「青苗」。蓋鑄錢使終晏世不復置，而鹽鐵旋復置使也。又無「常平」而有「租庸青苗」之名，亦可注意。

又舊紀、通鑑，大曆元年正月丙戌書事，晏以戶尙領東路諸使，而傳太子賓客兼御史大夫後亦云再遷吏尙，似中間尙有戶尙一遷。然據前引常袞授晏吏部尙書制，則由檢校戶部尙書遷吏部。又全唐文三七〇劉晏奏禁隔斷練湖狀，自書官銜爲「東都河南江淮等道轉運使·檢校戶部尙書·兼御史大夫。」與授制合。則戶部非實職也；紀、鑑小誤。又據兩傳，始分領天下財賦時，晏仍官太子賓客·兼御史大夫。而奏禁隔斷練湖狀，永泰二年四月十九日上，自書銜已爲「檢校戶部尙書·兼御史大夫」，則由賓客遷檢校戶尙仍兼御史大夫當卽在二年正月擴領使區時。舊志、會要廣德二年書事，晏銜已作檢校戶尙，蓋又失之提前耳。

又由吏尙遷左僕，紀、鑑、舊傳皆在十三年十二月，蓋十二年十二月之誤，詳吏尙卷顏眞卿條。遷吏尙時，晏已階金紫光祿大夫，見前引常袞授制。而全唐文三七八劉廼冊郭子儀尙父文：「維大曆十四年五月甲子，皇帝使金紫光祿大夫·尙書左僕射·彭城郡開國公·攝太尉劉某持節冊命曰……」此卽晏，則終晏身，階未再進也。

杜佑——建中元年三月二十八癸巳，以金部郎中權勾當江淮水陸運使。（舊紀、通鑑、冊府四八三、兩傳。）旋遷度支郎中，仍權勾當使職。十一月，兼御史中丞，正充江淮水陸轉運使。〔考證〕。二年十一月二十一乙亥，遷權知戶侍·判度支。（詳戶侍卷。）——舊一四七、新一六六有傳。

〔考證〕 冊府四八三：「是年（建中元年）三月，……金部郎中杜佑權勾當江淮水陸運使。……十一月，又以杜佑兼御史中丞·江淮水陸運使。」而會要八七轉運使條，十一月事作二年。按二年十一月乃遷戶侍判度支年月，此「二」字譌。又會要原銜作「度支郎中」。檢兩傳，由金部郎中遷度支郎中。舊紀，二年十一月遷戶侍時，原銜亦爲度支郎中，蓋兼御史中丞前已遷度支也。

包佶——蓋建中元年蓋三月，充諸道鹽鐵等使。二年八月見在職，時官戶部郎中。十一月二十三丁丑，兼充江淮水陸運使。旋停轉運使還度支處置；佶領鹽鐵蓋如故。三年八月十八戊辰，以太常少卿充汴東水陸運兩稅鹽鐵使，仍隸度支。後遷左庶子，充使如故。貞元元年三月一日丙申朔，遷刑侍，落使職。——新一四九附劉晏傳。

〔考證〕 通鑑：建中三年「八月丁未，置汴東西水陸運兩稅鹽鐵使二人；度支總其大要而已。」不書充使。舊紀：同年「八月丁未，初分置汴東西水陸運兩稅鹽鐵事，從戶部侍郎•判度支趙贊奏也。……戊辰，以江淮鹽鐵使•太常少卿包佶爲汴東水陸運兩稅鹽鐵使。……甲戌，以大理少卿崔縱爲汴西水陸(原脫陸字)運兩稅鹽鐵使。」四年十二月庚午，「以右庶子崔縱爲京兆尹。」貞元元年三月丙申朔，「以汴東水陸運等使•左庶子包佶爲刑部侍郎。」紀書佶縱充卸年月詳明如此。而會要八四兩稅使條：「建中三年八月，初分置汴東西水陸運兩稅鹽鐵使。」本注：「至十二月二十日，包佶崔縱分爲之。」(下文又云縱充使在貞元七年六月，大誤。)同書八七轉運使條：「建中三年十二月二十日，包佶除左庶子•充汴東水陸運使，崔縱除右庶子•充汴西水陸運使。」同書八八鹽鐵使條年月日均同。冊府四八三：「建中……三年八月，分汴東西水陸運兩稅鹽鐵使。十二月，又分置汴東汴西水陸運鹽鐵租庸使，汴東以包佶爲之，汴西以崔縱爲之。」與會要三條同，與舊紀異。未知孰是。今姑據紀書之，後遷左右庶子。

兩使分職已考如上。又按會要八七泉貨條：「建中二年八月，諸道鹽鐵使包佶奏……。」舊紀，建中二年十一月丁丑，「以權鹽鐵使•戶部郎中包佶充江淮水陸運使。」三年八月，佶充汴東諸使時原銜仍爲「江淮鹽鐵使」。則自二年八月已在鹽鐵職，十一月兼充江淮水陸運使也。三年八月書銜僅有「鹽鐵」無「水陸運」，本無足疑。然冊府四八三，於三年八月事前書云：「十二月(年蓋脫)，停江淮水陸運使，轉運使委度支處置。」則此職似曾中停，舊紀佶銜無「水陸運」蓋非省書歟？又新劉晏傳：「包佶，……晏奏起爲汴東兩稅使。晏罷，以佶充諸道鹽鐵輕貨錢物使，遷刑部侍郎。」則晏罷後佶卽充鹽鐵使，不始於二年。意者建中元年正月，晏罷，諸使並停。三月，韓洄判度支、杜佑領江淮水陸運使，復舊制；佶充鹽鐵使蓋卽此時耳。

崔縱——建中三年八月二十四甲戌，以大理少卿充汴西水陸運兩稅鹽鐵使，（詳上條，又舊傳〔卿〕。）仍隸度支。（詳上條。）後遷右庶子，充使如故。（詳上條，又舊傳。）四年十一月二十七庚午，遷京兆尹，蓋落使職。（舊紀、兩傳。）——舊一〇八、新一二〇有傳。

元琇——貞元元年三月六日辛丑，以戶侍·判度支兼領諸道鹽鐵水陸運使。是年，加兼御史大夫。二年正月二十二癸丑，使停；琇仍以戶侍判諸道鹽鐵榷酒事。二月十四甲戌，遷右丞，罷判事。（詳戶侍卷。）——新一四九附劉晏傳。

齊抗——貞元元年，充水陸運副使。（兩傳。）——舊一三六、新一二八有傳。

李竦——貞元二年二月十四甲戌，以戶侍判鹽鐵榷酒事。蓋十二月，罷判。（詳戶侍卷。）——兩書無傳。

韓滉——貞元元年七月十三丙午，以鎮海軍浙江東西道節度使加檢校左僕·平章事·充江淮轉運使。〔考證〕。二年十二月二日丁巳，加判度支·充諸道鹽鐵轉運使，節度如故。（舊紀、通鑑、兩傳、會要五九度支使條〔作元年十二月誤〕、同書八八鹽鐵使條〔作元年誤〕、新五三食貨志、舊一三〇崔造傳。）三年二月二十三戊寅，卒。（舊紀、通鑑〔原銜江淮轉運使誤〕、兩傳。）——舊一二九、新一二六有傳。

〔考證〕　此據舊紀書之。而通鑑，加平章事充江淮轉運使在興元元年十二月庚辰；與舊紀異。按：舊四九食貨志下及會要八七轉運鹽鐵總敘條均云，貞元元年七月始爲轉運使。會要八七轉運使條云，七月滉充江淮轉運使。冊府四八三亦云，貞元元年，以浙西節度使韓滉爲江淮轉運使。均與舊紀合。又舊傳亦以貞元元年七月加檢校左僕平章事，不云充使；而新傳平章事下則有「江淮轉運使」，亦與舊紀同。然則通鑑書於上年十二月，誤也。

元友直——貞元三年七月，以度支員外郎充河南江淮南勾勘兩稅錢帛使。（通鑑。）——兩書無傳。

●**竇參**——貞元五年二月二十七庚子，以中書侍郎·平章事判度支·充諸道轉運鹽鐵使。八年三月，罷判使。（詳度支卷。）——舊一三六、新一四五有傳。

班宏——貞元二年十二月五日庚申，以戶侍充度支鹽鐵轉運副使。五年二月二十七庚子，遷戶尚，仍充副使。八年三月二十二丙子，以本官判度支，與張滂共掌諸道鹽鐵轉運事。四月二十二丙午，分掌關內河東劍南山南西道兩稅鹽鐵轉運事。七月一日甲寅朔，卒。（詳戶侍卷戶尚卷。）——舊一二三、新一四九有傳。

張滂——貞元八年三月二十二丙子，以戶侍充諸道鹽鐵轉運使；仍隸於戶尚·度支使班宏。四月二十二丙午，分掌東都河南淮南江南嶺南山南東道兩稅鹽鐵轉運事。（以上並詳戶尚卷班宏條。）九年正月，奏徵茶稅。（舊紀、新五四食貨志、會要八四雜稅條。）約是年卸戶侍，仍充使職。十年十一月十六乙酉，徙衛尉卿，罷使職。〔考證〕。——兩書無傳。

〔考證〕　據戶侍卷員闕，其卸戶侍不能遲過九年六月。舊紀，貞元十年，「十一月乙酉，諸道鹽鐵轉運使張滂爲衛尉卿。」通鑑，是年九月書滂銜爲鹽鐵轉運使，十一年二月書滂銜爲衛尉卿，與紀亦合。又觀王緯充使月日，知滂徙衛尉卽罷使職。

李衡——貞元九年六月十三庚申，以戶侍充諸道鹽鐵轉運使，蓋與張滂分職，實領關內河東劍南山南西道兩稅鹽鐵轉運事。（詳戶侍卷。）——兩書無傳。

王緯——貞元十年十一月十六乙酉，以浙西觀察使代張滂爲鹽鐵轉運使，領河南淮南江南嶺南山南東道鹽鐵轉運事，理於京口；俄領關內河東劍南山南西道。〔考證〕。十四年八月十七甲午，卒。（舊紀〔脫八月合鈔已補〕、兩傳。）——舊一四六、新一五九有傳。

〔考證〕　舊紀：貞元十年「十一月乙酉，諸道鹽鐵轉運使張滂爲衛尉卿。以浙西觀察使王緯爲諸道鹽鐵轉運使。」兩傳年份官歷與紀合。舊志及會要八七轉運鹽鐵總敍條亦與紀合，惟轉運使條及鹽鐵使條月份小誤。而冊府四八三：「十年，潤州刺史王緯代張滂爲鹽鐵使，治於京口，俄兼諸道轉運鹽鐵使。」蓋滂爲鹽鐵轉運使本領河南江淮嶺南山南東道鹽鐵轉運事，緯繼任鹽鐵轉運使領職如滂，後始兼關內河東劍南山南西道也。

李若初——貞元十四年九月九日乙卯，以浙西觀察使兼領諸道鹽鐵轉運使。十五年正月二十九甲戌，卒。(舊紀、兩傳。)——舊一四六、新一四九有傳。

〔考證〕 舊紀，王緯、李若初、李錡相繼爲浙西觀察使兼諸道鹽鐵轉運使，年月日分明。緯、若初，兩傳年分亦銜接。通鑑有錡事，亦與紀合。新若初傳且明云：「代緯爲浙西節度·諸道鹽鐵等使。」明若初代緯，錡代若初，無疑。而舊志云：「十年，潤州刺史王緯代之（滂），理于朱方，數年而李錡代之。」會要八七轉運鹽鐵總敍條全同，及轉運使條、鹽鐵使條，皆以錡代緯，脫若初事。

李錡——貞元十五年二月十一乙酉，以浙西觀察使兼領諸道鹽鐵轉運使。(舊紀、通鑑、兩傳。)永貞元年三月十七丙戌，加鎭海節度使，解鹽鐵轉運使務。(通鑑、兩傳。)——舊一一二、新二二四上有傳。

●**杜佑**——永貞元年三月十七丙戌，以檢校司徒·平章事兼領度支鹽鐵轉運使，理於揚州。元和元年四月十四丁未，正拜司徒，解判使。(詳度支卷。)——此再任。

王叔文——永貞元年三月十九戊子，以翰林學士·起居舍人兼充度支鹽鐵轉運副使。五月二十三辛卯，遷戶侍，仍充翰學·領使職。六七月，丁憂罷。(詳度支卷。)——舊一三五、新一六八有傳。

潘孟陽——永貞元年六月二十一戊午，或七月十一戊寅，以戶侍充度支鹽鐵轉運副使。八月二十五辛酉，出充河汴江淮宣慰使。元和元年四月十一甲辰，徙大理卿，罷使職。(詳戶侍卷。)——舊一六二、新一六〇有傳。

李巽——元和元年春或上年冬，以兵侍充度支鹽鐵轉運副使。四月十四丁未，進判度支・兼諸道鹽鐵轉運使。二年三月十五癸卯，遷兵尙，專充諸道鹽鐵轉運使；落判度支。（以上詳度支卷。）三年，遷吏尙，仍充使職。四年五月二十二丁卯卒。（詳吏尙卷。）——舊一二三、新一四九有傳。

王播——元和初約三四年，以兵部郎中充鹽鐵轉運副使。（兩傳。）——舊一六四、新一六七有傳。

李鄘——元和四年六月三日丁丑，以刑尙兼御史大夫・充諸道鹽鐵轉運使。（舊紀、兩傳、舊四九食貨志、會要八七轉運鹽鐵總敍、又轉運使條〔作三年六月誤〕、又八八鹽鐵使條〔同〕。）五年十二月七日癸酉，出爲檢校吏尙・淮南節度使。（舊紀、兩傳。）——舊一五七、新一四六有傳。

盧坦——元和五年十二月七日癸酉，以刑侍充諸道鹽鐵轉運使。（詳刑侍卷。）六年四月六日庚午，遷戶侍・判度支。（詳戶侍卷。）——舊一五三、新一五九有傳。有碑，詳戶侍卷。

〔附考〕　四部叢刊本白氏長慶集三九翰林制誥類有與盧恒卿詔。全唐文六六四同。詔云：「勅盧恒卿累登朝序，皆著公方，自領藩條，益彰理行。……今除卿尙書刑部侍郎・充諸道鹽鐵轉運使，並賜告身往，宜卽赴闕庭。」遍考唐籍，以刑侍充使職者無盧恒卿其人。按：此詔前有與房式詔云：「勅房式，卿以良才，尹茲東洛，……今授卿宣州刺史（略）。」此詔後有與元衡詔云：「勅元衡，卿立身許國，竭力匡君，……計卿行邁，已達西川。……」又與高固詔云：「勅高固，卿奉國戴君，必竭忠節，……今授卿（略）右羽林軍統軍。」凡此行文格式略同，「卿」皆稱呼，非人名之下一字。然則此人姓盧名恒，非恒卿也，詔題衍「卿」字無疑。復按，白集此詔在翰林制誥類。檢舊一六六白居易傳，元和二年十一月召入翰林爲學士，六年四月丁母憂免。則此詔必作於二年末至六年四月間。此三年中，以刑侍充使職者亦無盧恒其人。惟盧坦由宣歙觀察入爲刑侍充使職，姓同；名之字亦相近，年代官歷亦恰相合。（詔文亦由藩條入拜。）且此詔與與房式詔緊接。舊紀，元和五年十二月癸酉，「河南尹房式爲宣歙觀察使，以前宣歙觀察使盧坦爲刑部侍郎・充諸道鹽鐵轉運使。」則此詔必與盧坦者，詔文譌「坦」爲「恒」，詔題又衍「卿」字耳。

王播——元和六年四月六日庚午，以刑侍充諸道鹽鐵轉運使。十年四月，遷禮尙·兼御史大夫，仍充使。（詳刑侍卷。）十二年六月一日己未朔，罷使職，尙書如故。（詳禮尙卷。）——舊一六四、新一六七有傳，有碑詳禮尙卷。

●程异——元和十二年正月以前，以衞尉卿兼御史中丞·充鹽鐵轉運副使。（兩傳、舊王播傳。）是月，見在副使任，出巡江淮。（通鑑、兩傳、舊四九食貨志〔作十三年正月誤〕、會要八七轉運鹽鐵總敍條〔同〕。）六月一日己未朔，兼御史大夫，進充鹽鐵轉運使。（舊紀、舊志〔作十三年誤〕、會要八七〔同〕、兩傳、舊王播傳。）十三年九月二十三甲辰，遷工侍·同中書門下平章事，仍充使職。（兩紀、通鑑、新表〔原官工侍誤〕、新傳、舊傳〔作三年誤〕、全唐文五八憲宗授制。）十四年四月二十四辛未，薨。（舊紀、新表、通鑑、兩傳。）——舊一三五、新一六八有傳。

柳公綽——元和十四年五月一日戊寅朔，以刑侍充鹽鐵轉運使。（詳刑侍卷。）是年或明年，遷兵侍·兼御史大夫，（兩傳。）仍充使職。（舊傳。）長慶元年二月五日壬申，罷使職，兵侍如故。〔考證〕。——舊一六五、新一六三有傳。

〔考證〕　舊傳：「轉兵部侍郎兼御史大夫，領使如故。長慶元年，罷使爲京兆尹·兼御史大夫。」新傳亦以長慶元年爲京尹。據全唐文六六三白居易柳公綽罷鹽鐵守本官兵侍制，是先罷守兵侍本官。又舊紀，是年三月「戊午，以兵部侍郎柳公綽爲京兆尹·兼御史大夫。」亦其證。兩傳省書罷守本官事。據紀及傳，公綽罷鹽鐵必在長慶元年春。而舊志云：「長慶初，王播復代公綽。」會要八七轉運鹽鐵總敍同。白居居制辭亦云「今詔刑部尙書播代之。」故書罷使於播始充日。

●王播——長慶元年二月五日壬申，以刑尙充諸道鹽鐵轉運使。十月三日丙寅，遷中書侍郎·同中書門下平章事，仍充使職。（詳刑尙卷。）二年三月二十七戊午，罷相，出爲淮南節度使，仍充鹽鐵轉運使。

（舊紀、通鑑、兩傳、碑。）四年四月五日甲申，罷使職，節度如故。〔考證〕。——此再任。

〔考證〕　通鑑：長慶四年「四月甲午，淮南節度使王播罷鹽鐵轉運使。」是十五日。舊紀不書。舊傳：「敬宗卽位，就加銀青光祿大夫·檢校司空，罷鹽鐵轉運使。」新傳及碑略同，皆無月日。按：舊四九食貨志：「（長慶）四年，王涯以戶部侍郎代播。」會要八七轉運鹽鐵總敍條同。檢舊紀，王涯以四年四月甲申充使，是五日也，早通鑑播罷使十日。今姑書於五日甲申。

○王涯——長慶四年四月五日甲申，以戶尙兼御史大夫·充諸道鹽鐵轉運使。同年，換禮尙，仍充使職。寶曆元年正月，罷使職，禮尙如故。（詳戶尙卷。）——舊一六九、新一七九有傳。

●王播——寶曆元年正月十一乙卯，以淮南節度使復兼充諸道鹽鐵轉運使。（舊紀、通鑑、兩傳、碑。）大和元年六月三日癸巳，遷左僕·同中書門下平章事，仍充使職。四年正月十九甲午，薨。（詳左僕卷。）——此三任。

●王涯——大和四年正月二十一丙申，以吏尙充諸道鹽鐵轉運使。（詳吏尙卷。）九月九日庚辰，遷右僕，仍充使職。（詳吏尙卷、右僕卷。）七年七月十七壬寅，以本官同中書門下平章事。合度支鹽鐵轉運爲一使，涯以宰相兼領之。（詳右僕卷。）八年三月七日戊午，遷檢校司空·兼門下侍郎，仍平章事，（詳右僕卷。）充使如故。九年五月二十七辛未，正拜司空，罷判度支，仍平章事·充鹽鐵轉運使。〔考證〕。十月三日乙亥，兼充榷茶使。（舊紀、新表、兩傳、全唐文六九文宗授王涯諸道榷茶使制。）十一月二十四乙丑，爲宦官所殺。（新紀、新表、通鑑、舊紀〔壬戌〕、舊傳〔二十一日〕、新傳。）——此再任。

〔考證〕　檢校司空兼門下侍郎下，舊傳云，「九年五月正拜司空。」新傳云：「罷度支，眞拜司空。」舊紀九年五月辛未，「宰相王涯冊拜司空。」新表同，與舊傳合。據新傳，罷度支當與拜司空同時，而王璠以九年五月二十四日遷戶尙·判度支，則涯拜司空同時罷度支必矣。又十月榷茶制原銜「金紫光祿大夫·守司空·兼門下侍郎·同中書門下平章事·兼充（略）諸道鹽鐵轉運使」知罷度支仍充鹽運使。

○令狐楚——大和九年十一月二十四乙丑，以左僕充諸道鹽鐵轉運使·兼榷茶使。十二月一日壬申朔，停榷茶法。開成元年四月二十五甲午，出爲山南西道節度使。（詳左僕卷。）——舊一七二、新一六六有傳。

●李石——開成元年四月二十五甲午，以判度支·中書侍郎·平章事兼充諸道鹽鐵轉運使。八月十二己酉，罷判度支。（詳度支卷。）二年十一月二日壬戌，罷鹽鐵轉運使。（新表、參度支卷。）——舊一七二、新一三一有傳。

●楊嗣復——開成二年十月二十九己未，以戶尚充諸道鹽鐵轉運使。三年正月九日戊辰，以本官同中書門下平章事，仍充使職。七月十三戊辰，罷使職。（詳戶尚卷。）——舊一七六、新一七四有傳。

●崔珙——開成四年夏，在刑尚·諸道鹽鐵轉運使任。〔考證一〕。五年五月四日己卯，以本官同中書門下平章事，仍充使職。（新表、新紀、通鑑〔此時始充使誤〕、新傳、全唐文七六武宗授崔珙平章事制。）〔考證二〕。九月七日庚辰，遷中書侍郎，仍平章事·充使職。（新表、新傳。）會昌二年正月四日己亥，遷右僕，仍兼中書侍郎·平章事·充使職。（詳右僕卷。）三年二月十二辛未，罷守本官。（詳右僕卷。）同時罷使職。〔考證三〕。——舊一七七、新一八二有傳。

〔考證一〕據新表、新紀、新傳及平章事制，珙拜相前原官刑尚充諸道鹽鐵轉運使。而會要八七轉運鹽鐵總敍條：「崔珙自刑部尚書拜。」舊四九食貨志及冊府四八三並同，皆與新書及授制合，且刑尚不能後於充使也。考舊一六八章溫傳，鹽鐵使崔珙奏判官姚勗爲職方員外，溫爲右丞駁之。時在開成四年夏，詳右丞卷。則珙以刑尚充使不能遲過四年夏也。

〔考證二〕舊紀：開成五年二月，「戶部尚書·判度支崔珙本官同中書門下平章事。」冊府七四，同。舊傳：「會昌初，李德裕用事，與珙親厚，累進戶部侍郎・充諸道鹽鐵轉運使，尋以本官同中書門下平章事。累兼刑部尚書，門下侍郎，進階銀青光祿大夫，兼尚書左僕射。」一書之中，紀傳互歧特甚，衡以制詞，當從新紀、表、傳及通鑑；舊紀、傳、冊府皆誤也。會要八七轉運使條及八八鹽鐵使條皆云，開成五年二月戶部尚書崔珙充使，與舊紀同，亦誤。

〔考證二〕 新傳：「明年(會昌二)，以兄琯喪，被疾求解；以所守官罷。與崔鉉故有怨，及鉉爲宰相，代爲使，奏珙妄費宋滑院鹽鐵錢九十萬緡，……貶澧州刺史。」舊傳亦云：「素與崔鉉不叶，及李讓夷引鉉輔政，代珙領使務。」云云。則珙充使當至罷相時始卸，鉉爲相亦領使職也。

(詳前崔珙條考證二。)——舊一六三、新一六〇有傳。

●**崔鉉**——會昌三年五月二十戊申，以中書侍郎同中書門下平章事。(新表。)同時，充諸道鹽鐵轉運使。

●**杜悰**——會昌四年七月前，以淮南節度使兼充諸道鹽鐵轉運使。〔考證〕。七月二十三甲辰，入爲檢校右僕・同中書門下平章事・兼判度支，仍充使職。閏七月十一壬戌，正拜右僕，餘如故。八月三十庚戌，遷左僕，餘如故。五年五月十六壬戌，罷相守本官。(詳左僕卷。)蓋同時或稍前，罷判度支，落使務。——舊一四七、新一六六有傳。

〔考證〕 舊紀、舊傳、新紀、新表、新傳及通鑑皆不云拜相前已以淮南節度使領鹽鐵轉運使。而會要八七轉運鹽鐵總敍：「……杜悰以淮南節度使領之，既而皆踐公臺。」舊四九食貨志及冊府四八三並同。考之全唐文七六武宗授杜悰平章事制(引見左僕卷)，則先領使，是也。又會要八七轉運使條：「會昌四年七月，左僕射平章事杜悰充諸道轉運使。」同書八八鹽鐵使條作元年七月，元爲四之譌。此皆拜相仍充使之月，非始充也。會要此兩條書事常有此例。

薛元賞——會昌五年，以工尚充諸道鹽鐵轉運使。〔考證〕。六年四月四日甲戌，貶忠州刺史。(通鑑。)——新一九七有傳。

〔考證〕 新傳：「會昌中，德裕當國，復拜京兆尹，……就加檢校吏部尚書。閱歲，進工部尚書，領諸道鹽鐵轉運使。」按舊紀，會昌四年「五月，以司農卿薛元賞爲京兆尹。」參以貶出年月，則遷工尚充使當在五年。又按會要一六廟議下，會昌六年九月，「工部尚書薛元賞等議……。」蓋議在前，或年月有誤。

李執方——會昌六年四月，充諸道鹽鐵轉運使。(考證併馬植條。)——兩書無傳。

馬植——大中元年二月，以刑侍充諸道鹽鐵轉運使。〔考證〕。二年五月一日己未朔稍前，遷戶侍，仍充使職；是日，以本官同中書門下平章事。(詳戶侍卷。)蓋同時罷使職。——舊一七六、新一八四有傳。

〔考證〕 通鑑，大中元年二月，以大理卿馬植爲刑部侍郎·充鹽鐵轉運使。而舊紀，會昌六年四月，「以中散大夫·大理卿馬植爲金紫光祿大夫·刑部侍郎·充諸道鹽鐵轉運使。」會要八七轉運使條、又八八鹽鐵使條亦均云：「會昌六年四月，以大理卿馬植爲刑部侍郎·充使。」與通鑑不同。考舊四九食貨志：「薛元賞、李執方、盧弘正、馬植、敬晦五人於九年之中相踵理之。」會要八七轉運鹽鐵總敍條全同。册府四八三亦同；惟「盧弘正」作「盧洪」，蓋誤。若弘正不誤，則是判度支，非鹽運使，此誤書，詳戶侍卷。然則薛元賞與馬植之間尙有李執方一人。元賞以會昌六年四月罷使職，若如舊志，馬植卽以此月繼充使職，則李執方無所安置。今姑從通鑑書植於大中元年二月，而書李執方於會昌六年四月。

崔璪——大中二年，以兵侍充諸道鹽鐵轉運使。三年四月或稍後，出爲檢校兵尙·河中節度使。——舊一七七有傳。

〔考證〕 舊傳：「會昌初，出爲陝虢觀察使，遷河南尹，入爲御史中丞，轉吏部侍郎。大中初，改兵部侍郎·充諸道鹽鐵轉運使。崔鉉再輔政，罷璪使務，檢校兵部尚書·兼河中尹·御史大夫·充河中晉絳(略)節度觀察使。」按：鉉以大中三年四月一日乙酉再相，與璪兄珙有隙，則罷璪使務當在再相後不久。又二年五月馬植入相後，此使有闕，璪遷兵侍充使蓋其時。

敬晦——大中四年或三年末，以刑侍充諸道鹽鐵轉運使。四年，卸刑侍。同時或五年正二月，出爲浙西觀察使。——新一七七有傳。

〔考證〕 新傳：「大中中，歷御史中丞，刑部侍郎，諸道鹽鐵轉運使，浙西觀察使。」前引舊志、會要、册府云，薛元賞、李執方、盧弘正、馬植、敬晦五人相踵理之。（五人中當有崔璪，無盧弘正。）則晦在植後。按：植後有璪，三年璪罷使職，晦蓋繼之。然觀刑侍員闕，似不能早過三年十一月。至五年二月，裴休充使，則晦出鎮不能遲過此時，而觀刑侍員闕，其卸刑侍當在四年。

●**裴休**——大中五年二月，以戸侍充諸道鹽鐵轉運使。同年，遷兵侍，仍充使職。六年正月二十六癸巳或稍後月日，遷禮尙，仍充使職。八月一日甲子朔，以本官同中書門下平章事，仍充使職。八年十一月四日乙酉，罷使職。（詳戸尙卷。）——舊一七七、新一八二有傳。

韋有翼——大中八年十一二月或九年，以兵侍兼御史大夫・充諸道鹽鐵轉運使。九年十一月，出爲劍南東川節度使。（考證併後仲郢條。）——兩書無傳。

柳仲郢——大中九年十一月，以兵侍兼御史大夫・充諸道鹽鐵轉運使。十二年二月，遷刑尙，罷使職。——舊一六五、新一六三有傳。

〔考證〕 全唐文九六二授韋有翼劍南東川節度使制：「朝散大夫・守尙書兵部侍郎・兼御史大夫・充諸道鹽鐵轉運等使・（勳・賜）韋有翼……可檢校工部尙書・（略）充劍南東川節度副大使知節度事，（略）散官勳封如故。」按：舊紀，大中十二年二月，以宰相崔愼由爲東川節度使，「代韋有翼。以有翼爲吏部侍郎。」又全唐文八〇六侯圭東山觀音院記：「三藏僧洪照，……（大中）十年秋，川主尙書韋公請居慧義般若院，因得重新正觀焉。」是卽有翼。則韋有翼出鎮東川不能遲過大中十年；至十二年二月罷鎮爲吏部侍郎也。仲郢舊傳云：「大中年，轉梓州刺史・劍南東川節度使，……在鎮五年，……

徵爲吏部侍郎。入朝未謝，改兵部侍郎・充諸道鹽鐵轉運使。大中十二年，罷使守刑部尚書。」新傳官歷及在鎮「五年」、「大中十二年」罷使職均全同。舊紀，大中十二年二月，「以兵部侍郎柳仲郢爲刑部尚書。」下卽書夏侯孜爲兵部侍郎・充鹽鐵轉運使。是仲郢罷使年月與兩傳切合，惟始以兵侍充使年月則頗有問題。舊紀，大中十一年十二月，「以正議大夫・行尚書兵部侍郎・（勳・封・賜）柳仲郢本官兼御史大夫・充諸道鹽鐵轉運使。」是則充使不過兩月餘。而通鑑，大中九年「十一月，以吏部侍郎柳仲郢爲兵部侍郎・充鹽鐵轉運使。」則早舊紀兩年。其不同如此。今按：兩傳皆云仲郢在鎮五年；若如舊紀十一年十二月始以兵侍充使，則自七年至十一年仲郢均在東川節度任；與前考韋有翼事年代抵觸。（有翼事據舊紀及東山觀音院記，無可疑者。）若從通鑑，仲郢以九年十一月由東川節度入爲兵侍充使，有翼既以十年秋以前自兵侍鹽運使出鎮東川，則當卽同時與仲郢互換其職耳。如此，不但絕不抵牾，且極圓合無間，足證通鑑是而舊紀非。又會要八七轉運使條，大中十一年，兵部侍郎柳仲郢充使。同書八八鹽鐵使條作十二年，則「十二」之誤。此皆與舊紀同。按會要八七轉運鹽鐵總敍：「大中五年，（略）裴休爲鹽鐵轉運使。……十年，裴休出鎮澤潞。尋以柳仲郢、夏侯孜、杜悰迭判之。」乃知舊紀、會要之誤在由不知裴休於八年十一月已罷使職故耳。

●**夏侯孜**——大中十二年二月，以兵侍充諸道鹽鐵轉運使。（舊紀、會要八七轉運使條〔銜戶侍乃原官〕、又八八鹽鐵使條、兩傳。）四月十七戊申，以本官同中書門下平章事，（新表、新紀、通鑑、舊紀〔五月〕、新傳、舊傳〔誤在懿宗卽位後〕、全唐文八〇宣宗授夏侯孜平章事制。）充使如故。（新表、授制、兩傳。）不知何時罷使職。——舊一七七、新一八二有傳。

李訥——大中十三年或咸通元年，在鹽鐵轉運使任。（全唐文七九五孫樵倉部郎中康公墓誌。）——新一六二附李遜傳。

○**杜悰**——咸通元年蓋十月，以右僕充諸道鹽鐵轉運使。同年，改判度支。（詳左僕卷。）——此再任。

徐商——咸通初蓋三年，在刑尙‧充諸道鹽鐵轉運使任。——舊一七九、新一一三有傳。

〔考證〕 舊傳：「入爲御史大夫。咸通初，加刑部尙書‧充諸道鹽鐵轉運使，遷兵部尙書（封、邑）。四年，以本官同平章事。」新傳年代官歷同，惟無兵尙一遷。按：四年乃六年之誤，詳兵侍卷。又按：舊一七八王徽傳：「大中十一年進士擢第。釋褐，秘書省校書郎。戶部侍郎沈詢判度支，辟爲巡官。宰相徐商領鹽鐵，又奏爲參佐。……從令狐綯歷宣武淮南兩鎭掌書記，得大理評事。」檢舊書綯傳，以咸通二年改宣武，三年冬遷淮南，則商充使職當在二三年歟？然刑尙自大中十三年皆以宰相兼領，至咸通三年正月十六日始有闕，而鹽鐵使三年亦正缺人，今姑書於三年。

李福——咸通四年末，以刑尙充諸道鹽鐵轉運使。五年二月十二己巳，出爲劍南西川節度使。（詳戶尙卷。）——舊一七二、新一三一有傳。

劉鄴——咸通五年十二月二十三丙子，以戶侍充諸道鹽鐵轉運使。（詳戶侍卷。）——舊一七七、新一八三有傳。

于琮——咸通六年十月，以兵侍充諸道鹽鐵轉運使。八年七月二十七甲子，以本官同中書門下平章事。蓋此時或十月，罷使職。——舊一四九、新一〇四有傳。

〔考證〕 新傳：「咸通中，以水部郎中爲翰林學士，遷中書舍人。閱五月，轉兵部侍郎‧判戶部。八年，同中書門下平章事。進中書侍郎‧兼戶部尙書。」舊傳失書。按：翰學壁記，「于悰，咸通四年六月七日，自水部郎中賜緋入。……五年七月八日，遷中書舍人充。九月二十七日，改刑部侍郎出院。」岑注云：「蓋先遷刑侍，而後轉兵侍。」是也。據新傳「閱五月」之言，則轉兵侍判戶部當在六年春。（然據兵侍卷，四月始有缺。）而會要八七轉運使條、同書八八鹽鐵使條均云：「咸通六年十月，兵部侍郎于琮充使。」與新傳作「判戶部」者不合。考全唐文八三懿宗授于琮平章事制，原銜「銀青光祿大夫‧尙書兵部侍郎‧充諸道鹽鐵轉運使‧駙馬都尉‧上柱國。」下云：「擢於南宮，置之內署。

洎出貳司寇，亟居版圖，見君子之盡心，表才人之果決，藩府任重，爰命專之。」是新傳、壁記、會要皆是也。蓋五年九月改刑侍出院，六年蓋四月遷兵侍判戶部，十月改充鹽運諸使，兵侍如故也。又新表，咸通八年「七月甲子，兵部侍郎•諸道鹽鐵轉運使•駙馬都尉于悰本官同中書門下平章事。」新紀、通鑑皆同。舊紀書於三月後九月前，又失書使職。平章事制與新書、通鑑同，亦不云仍充使職。不知何時卸。十月遷中書侍郎，見舊紀，亦可能此時卸使職。

王鐸——咸通十一年十一月三日辛亥，由兵尙•諸道鹽鐵轉運使遷禮尙•同中書門下平章事，蓋罷使職。——舊一六四、新一八五有傳。

〔考證〕此見通鑑。而新表，同日，「禮部尙書•判度支王鐸本官同中書門下平章事。」新紀同。舊紀與新紀同，又無「判度支」三字。兩傳亦同。按鐸於七年以戶侍判度支，新紀表或以此致誤歟？今姑從鑑書之。

劉鄴——咸通十二年，以兵侍充諸道鹽鐵轉運使。十月，遷禮尙•同中書門下平章事，蓋改判度支。——此再任。

〔考證〕新表：咸通十二年「十月，兵部侍郎•諸道鹽鐵轉運使劉鄴爲禮部尙書•同中書門下平章事，使如故。」新紀、通鑑同，惟無「使如故」三字。而舊紀，咸通十一年春，「以兵部侍郎劉鄴判度支。」十三年正月「甲戌，制以兵部侍郎•判度支劉鄴本官同平章事。」年月判使均不同。舊傳：「正拜中書舍人，戶部侍郎，學士承旨。……尋以本官領諸道鹽鐵轉運使。其年，同平章事•判度支，轉中書侍郎•兼吏部尙書。」新傳亦云：「進戶部侍郎•諸道鹽鐵轉運使，以禮部尙書同中書門下平章事•判度支。」按：綜觀會要、壁記（已見戶侍卷引）、兩傳、新紀、新表、通鑑，鄴當兩充鹽運使，先於五年以戶侍充使，後於十一、二年以兵侍充使，遷禮部尙書入相。舊傳云以戶侍充使，其年同平章事，蓋誤合兩次充使爲一耳。舊紀由判度支入相，兩傳亦云入相後判度支，或者遷禮尙平章事實改判度支，新表「使如故」三字小譌。又中朝故事謂，僖宗初，鄭方判鹽鐵，於院置酒毒殺劉瞻。通鑑書其事於乾符元年八月。按：其時充使者爲崔彥昭或王凝，非鄭也；小說家言，不足深信。

崔彥昭——乾符元年二、三月，以兵侍充諸道鹽鐵轉運使。四月，以本官同中書門下平章事，改判度支。（詳右僕卷。）——舊一七八、新一八三有傳。

王凝——乾符元年蓋夏，以兵侍充諸道鹽鐵轉運使。二年二月，徙秘書監，罷使職。——舊一六五、新一四三有傳，全唐文八一〇有司空圖撰王公行狀。

〔考證〕行狀：「檢校常侍，廉向湖外。……上（僖宗）初即位，——徵拜兵部侍郎。至京未幾，以本官判鹽鐵。……當路者多不便，遂以秘書監分務。……旣更歲，……以大河南綴之。……加檢校禮部尙書，按察宣歙池三郡。……乾符五年八月七日，薨於位。」兩傳略同。舊紀：乾符二年「二月，以兵部侍郎·充諸道鹽鐵轉運使王凝爲秘書監，以所補吏職罪也。以吏部侍郎裴坦爲兵部侍郎·充諸道鹽鐵轉運使。」會要八七轉運鹽鐵總敍：「乾符中，又以崔彥昭、王凝判之。二年，凝（略）改官，復命裴坦判之。」同書八八鹽鐵使條：「乾符元年二月，崔彥昭爲兵部侍郎·充諸道鹽鐵使。其年，又以兵部侍郎王凝充諸道鹽鐵使。二年二月，兵部侍郎裴坦充諸道鹽鐵使。」同書八七轉運使條全同，惟王凝銜誤爲「兵尙」耳。是則元年彥昭卸使職後，凝繼之，二年二月貶官，而坦繼之也。又按全唐文八〇七司空圖紀恩門王公凝遺事云：「上四年春，以大河南王公治狀宜陟，詔假禮部尙書，按察宣歙池三郡。」合前引行狀貶秘書監「旣更歲」觀之，與舊紀、會要二年二月貶官年次正合，足證舊紀、會要可信。而中朝故事云：崔彥昭、王凝外表兄弟而有隙。「懿皇朝，多自夏官侍郎判鹽鐵即秉鈞軸。一日，凝拜是官，決意入相。彥昭陷之。後數月之間鹽鐵中有隳壞凝朝職，朝廷以彥昭爲之，半載而入相。」與前考不合。通鑑於乾符元年八月彥昭入相下書彥昭不逐凝事。考異云：「此出中朝故事，曰彥昭代凝判鹽鐵，半載而入相。按實錄，彥昭不代凝爲鹽鐵。其餘則取之。」小說家言，不足據如此。

裴坦——乾符二年二月，以兵侍充諸道鹽鐵轉運使。——新一八二有傳。

〔考證〕 此已詳前王凝條。又舊一七九劉崇望傳：「咸通十五年，登進士第。王凝廉問宣歙，辟爲轉運巡官。戶部侍郎裴坦領鹽鐵，辟爲參佐。」（新傳亦云：「宣歙王凝辟轉運巡官。」）按前條考證，凝以四年春始爲宣歙，在坦領鹽鐵之後，今在坦前，必誤。否則，凝領鹽鐵轉運使時辟轉運巡官，坦繼凝任，因續辟之耳。兩傳「宣歙」皆誤。又坦官戶侍，亦誤。）是卽乾符元年及第也。其爲坦所辟自不能早過元年夏，前引舊紀、會要，坦以二年二月繼凝爲使，事勢正合。而新紀、表，乾符元年二月，「華州刺史裴坦爲中書侍郎・同中書門下平章事。」「五月乙未，坦薨。」通鑑及新傳均同，疑皆誤也。

高駢——乾符四年，以荆南節度使兼領諸道鹽鐵轉運使。六月，遷鎮海節度使，仍兼鹽運使。六年十月，遷淮南節度使・諸道兵馬都統，仍兼鹽運使。蓋中和元年，曾罷鹽運使職；旋復充使如故。二年正月，罷都統，餘如故。十一月十一己卯，落使務。——舊一八二、新二二四下有傳。

〔考證〕 舊傳：「荆南節度（略）使。乾符四年，進位檢校司空・潤州刺史・鎮海軍節度・浙江西道觀察等使。…尋授諸道兵馬都統・江淮鹽鐵轉運等使。…六年冬，進位檢校司徒・揚州大都督府長史・淮南節度副大使知節度事，兵馬都統・鹽鐵轉運使如故。……中和二年五月，雉雊於揚州廨舍，…駢心惡之。…其月，盡出兵於東塘，…如赴難之勢，…凡百日，復還廣陵。…僖宗知駢無赴難意，乃以宰臣王鐸爲京城四面諸道行營兵馬都統，崔安潛副之，韋昭度領江淮鹽鐵轉運使，增駢階爵，使務並停。」新傳官歷序次並同。王鐸代爲都統，韋昭度代領使職，亦同。昭度領使下云，「加駢侍中，增實戶一百，封渤海郡王。」舊紀：乾符四年「六月，以宣歙觀察使高駢檢校司空・兼潤州刺史・鎮海軍節度・（略）江淮鹽鐵轉運・江西招討等使。」六年十月，「制以鎮海軍節度・浙江西道觀察（略）使高駢檢校司徒・平章事・（略）充淮南節度（略）使・（略）江淮鹽鐵轉運・江南行營招討等使。」冊府四八三：「乾符四年六月，以宣歙觀察使高駢爲潤州刺史・諸道轉運鹽鐵使。六年，移節淮南，領使如故。」會要八七轉運使條及八八鹽鐵使條，年月移鎭並同。皆與舊紀傳合，惟皆不書何時罷使職。而通鑑：乾符五年正月「庚戌，以西川節度使高駢爲荆南節度使，並鹽鐵轉運使。」六月，「徙駢爲鎭海節度使。」六年「十月，以鎭海節度使高駢爲淮南節度使・充鹽鐵轉運使。」中和二年正月辛亥，「高駢但領鹽鐵轉運使，罷其都統及諸使。」五月，「加淮南節度使高駢兼侍中，罷其鹽鐵轉運使。」書官歷序次最詳，而領使年月與紀、傳、冊府、會要均異；惟罷使年份與傳合。今先考罷使月日，再定充使之年。

通鑑書罷使於中和二年五月，蓋據傳是月「雉雊於揚州廨舍」云云書之，非確實月份。按舊傳續云：「駢旣失兵柄，又落利權，攘袂大詬，累上章論列，語詞不遜。」僖宗詔責之，有云：「洎乎初秋覽表，方云仲夏發兵，便詔軍前，並移汝上。……尋稱宣潤阻艱，難從天討。」觀首二句，發兵之表不能遲於五月，而初秋始達成都，計時兩月。五月出兵東塘，百日復還廣陵，是當在閏七月，則「尋稱宣潤阻艱」云云，不能遲於此時。而成都得表又當在九月矣。朝廷斷然罷其使職，當必在得此表以後無疑。考桂苑筆耕六謝加侍中兼實封狀：「右得進奏院狀報，伏奉十一月十一日恩制，加授侍中，仍加食實封一百戶者。」又謝落諸道鹽鐵使加侍中兼實封狀：「伏奉去年十一月十一日恩制，加授侍中，……仍加食實封一百戶，落諸道鹽鐵使者。」此卽加侍中罷使職時謝宰相狀也。同書二謝加侍中表亦云：「伏奉去年十一月十一日恩制」云云。是罷使職在中和二年十一月十一日，可確考也。謝落鹽鐵使加侍中狀又云，「某一司權課，六換暄涼。」自中和二年上數至乾符四年恰爲六年。又舊傳載僖宗責駢詔云：「銅鹽重務，綰握約及七年。」按：落使職之詔發於二年十一月十一日，然詔達淮南當在三年正二月，觀謝狀云「去年十一月十一日恩制」可知，則實握利權至三年春也，責詔云「約及七年」，乃並三年數之，是亦乾符四年始充使職之證。是舊傳、冊府、會要云乾符四年充使，是也；通鑑書於五年，誤矣。又筆耕二讓官請致仕表云：「二年忝都統之名，……四載主銅鹽之務……。」云「四載」，與乾符四年六年兩說均不合，「四」蓋「六」之譌。然請致仕表又云：「當荆門失守之時，乃楚塞宿兵之際，忝趨戎旆，兼綰牢盆。……尋提招討之權，來撫勾吳之俗……洎解印海門，建牙雄甸，上將軍之劇任，首冠列藩……。」則荆南之命已兼鹽鐵，與通鑑合。而都統之名，蓋至淮南始有之。據此下數至中和二年正月，恰二年有餘，故表云「二年忝都統之名」。是通鑑罷都統之年月亦正確，今從之。又據下李都條，中和元年駢曾中卸使職而都任之。

李都——中和元年，以戶尚代高駢充諸道鹽鐵轉運使。旋罷使職；仍屬駢。（詳戶尚卷。）——兩書無傳。

●韋昭度——中和二年十一月，以中書侍郎·兼吏尚·平章事充諸道鹽鐵轉運使。三年七月，遷門下侍郎，仍兼吏尚·平章事·充使職。四年十月，遷左僕，仍兼門郎·平章事·充使職。光啓元年二月，遷司空，仍兼門郎·平章事·充使職。二年九月，在使職。蓋三年罷使職。——舊一七九、新一八五有傳。

〔考證〕繼高駢充使已見前引高駢兩傳。冊府四八三、會要八七轉運使條、同書八八鹽鐵使條均云，中和元年，以中書侍郎·同平章事充使，乃二年之譌。據表，其時兼吏尚。又舊一七九陸扆傳：「光啓二年，登進士第。其年，從僖宗幸興元。九月，宰相韋昭度領鹽鐵，奏爲巡官。」據徐考，扆以光啓二年登第，不誤。自中和二年至光啓三年，其間不見有他人充使，蓋昭度充使直至光啓三年歟？其累遷官詳吏尚卷左僕卷。

●王鐸——中和二年正月八日辛亥，以司徒·中書令爲諸道行營都統·充諸道租庸等使。（新表。）二月六日己卯，兼判戶部事。三年正月八日乙亥，出爲義成節度使。（詳戶侍卷。）——舊一六四、新一八五有傳。

〔附考〕租庸使之名久廢，此時復置。崔致遠代高駢讓官請致仕表云：「二年忝都統之名，……四載主銅鹽之務，……兵權則屢見改移，利柄則變爲分割。」又代高駢謝落諸道鹽鐵使加侍中狀云：

「某一司權課，六換暄涼，……自頻更統帥，別致租庸，既當狐讓千皮，實見羊分九牧。」蓋其時駢綰鹽鐵轉運使務，不爲朝廷宣力，朝廷不便遽落其使務，故別置租庸使以分其職耳。

周寶——中和二年，以鎭海節度使兼充諸道租庸副使。（新傳。）——新一八六有傳。

西門思恭——中和三年正月，以右神策中尉充諸道租庸等使。（通鑑。）——兩書無傳。

○王徽——中和三年，以兵尙充諸道租庸使。五月，遷右僕，仍充使職。旋充大明宮留守·京畿安撫制置修奉使。四年九月，改御史大夫·權知京兆尹事。旋罷爲太子少師。——舊一七八、新一八五有傳。

〔考證〕新傳：「拜兵部尙書·京城四面宣慰催陣使。……檢校尙書左僕射·（略）領昭義節度使。……奉表固辭，詔可。更爲諸道租庸供軍使。因說行營都監楊復光請赦沙陀罪，令赴難。其夏，沙陀會諸軍，遂平京師，徽功爲多。遷右僕射。大亂之後，宮觀焚殘，……乘輿未有東意，詔徽充大明宮留守·京畿安撫制置修奉使。徽外調兵食，內撫綏流亡，踰年稍稍完聚。……進檢校司空·御史大夫·權京兆尹。……爲帝左右所憎，……共譖罷徽，令赴行在。俄授太子少師。」舊傳略同；惟書詔領昭義、辭不行、更爲租庸使事於京師平遷右僕之後，又云在「光啓中」，均誤。參看右僕卷。爲大明宮留守時，舊傳亦云「徽方治財賦。」與新傳同。蓋兼充使職至四年末赴行在改太子少師時始卸。其餘年月並詳右僕卷。

●孔緯——光啓三年六月，以門下侍郎·兼吏尙·平章事充諸道鹽鐵轉運使。〔考證〕。文德元年二月二十戊子，遷左僕，仍兼門下侍郎·平章事。四月，遷司空，餘如故。龍紀元年三月，遷司徒，餘如故。（以上詳左僕卷。）龍紀元年十一月，遷太保。（新表。）大順二年正月九日庚申，出爲荊南節度使。（新表、舊紀〔元年十二月丙寅〕。）使職亦以此時罷。（舊紀。）——舊一七九、新一六三有傳。

〔考證〕新表：光啓三年三月癸未，「緯爲門下侍郎。」「六月，緯兼吏部尙書·充諸道鹽鐵轉運使。」而舊紀：光啓二年三月戊辰，「以刑部尙書·御史大夫孔緯爲兵部侍郎·充諸道鹽鐵轉運等使·

(略)·同中書門下平章事。」三年三月，「以特進·(略)·門下侍郎·吏部尚書·平章事孔緯領諸道鹽鐵轉運使。」兩條自相抵牾，又與新表不同。檢會要八七、八八均云：「光啓二年三月，刑部尚書孔緯充諸道鹽鐵轉運使。」冊府四八三同。與舊紀第一條合。今按舊傳云：「王行瑜斬朱玫，平定京城，遷門下侍郎·監修國史。從駕還京，駐蹕岐陽，進階特進，兼吏部尚書，領諸道鹽鐵轉運使。」是亦在三年，與新表合。今從表。

●杜讓能——大順二年正月九日庚申，由司徒·平章事·判度支改充諸道鹽鐵轉運使。景福元年四月，遷太尉，仍平章事·充使職。二年九月，貶梧州刺史。(詳左僕卷讓能條。)——舊一七七、新九六有傳。

●崔昭緯——景福二年十月，以右僕·平章事充諸道鹽鐵轉運使。乾寧二年八月二十八壬子，罷守本官。(詳右僕卷。)——舊一七九、新二二三下有傳。

●李知柔——乾寧二年六月一日丁亥朔，以京兆尹兼戶尚·判度支·兼充諸道鹽鐵轉運使。七月五日庚申，權知中書事，餘並如故。同月十六辛未，罷爲清海軍節度使；未赴任，仍權知京兆尹·判度支鹽鐵事。蓋八月，罷判使。(詳戶尚卷。)——新八一附宣惠太子業傳。

●徐彥若——乾寧二年九月三日丙辰，以司空·兼門下侍郎·平章事充諸道鹽鐵轉運使。(舊紀、會要八七、八八。)蓋三年，罷使職。〔考證〕。——舊一七九、新一一三有傳。

〔考證〕　彥若以光化三年九月乙巳罷相出爲清海節度使，舊紀、新表無歧說。舊紀書原銜有「諸道鹽鐵轉運等使」，似充使至此時，與下王摶、孫偓事抵牾，然摶偓事明見制詞，不可刪，豈彥若於乾寧三年卽罷使職，舊紀出鎭時誤書前使耶？

●王摶——乾寧三年，以戶尚·門下侍郎·平章事·判度支蓋兼充諸道鹽鐵轉運使。八月六日甲寅，出爲威勝節度使。(詳戶尚卷。)——新一一六有傳。

●孫偓——乾寧三年八月十日戊午，以門下侍郎·平章事·判戶部事改判度支·兼充諸道鹽鐵轉運使。(詳戶侍卷。)十月五日壬子，加兼禮尙·鳳翔四面諸軍都統。(新表。)四年二月三十乙亥，罷守禮尙。(新表。)——新一八三有傳。

●王摶——乾寧四年四月，以門下侍郎·兼吏尙·平章事充諸道鹽鐵轉運使。(詳吏尙卷。)光化元年正月，遷右僕，仍兼門下侍郎·平章事，(新表。)蓋仍充使職。蓋二年，兼判度支。十一月，遷司空，仍兼門下侍郎·平章事·判度支·充使職。三年六月十一丁卯，罷爲工侍。〔考證〕。——此再任。

〔考證〕　遷司空及罷爲工侍年月均見新表，舊紀亦以三年六月罷相，通鑑又有日。紀、表、鑑皆不書判度支仍充使職。考全唐文九〇昭宗貶王摶工侍制，原銜爲「開府儀同三司·守司空·兼門下侍郎·同中書門下平章事·監修國史·判度支·(勳·封)」又貶王摶溪州刺史制云：「工部侍郎王摶久司邦計。」則貶前實判度支。蓋光化二年正月崔胤罷判，而摶繼之。又其時鹽運使不見他人，此時宰相多兼判度支鹽鐵事，或者遷右僕時未卸使職，至是兼判度支，至三年六月摶罷胤復相，仍兼判二使也。新傳判度支在右僕前，次序稍誤。

●崔胤——光化三年六月十一丁卯，以左僕·平章事判度支·兼充諸道鹽運使。天復元年正月三日丙戌，遷司空，仍平章事·判度支·兼鹽運使。十一月二十六甲戌，罷爲工尙。(詳度支卷。)——舊一七七、新二二三下有傳。

王溥——光化三年十月七日辛酉，以左散騎常侍充諸道鹽鐵轉運副使。(舊紀。)——新一八二有傳。

○張濬——乾寧二年六月七日癸巳，以兵尙充諸道租庸使。(通鑑。)四年三月三日戊寅，遷右僕，仍充使職。(舊紀、參看右僕卷。)——舊一七九、新一八五有傳。

●韋貽範——天復二年正月二十丁卯，以工侍·平章事判度支，蓋同時兼充諸道鹽鐵轉運使。五月二十五庚午，以母喪罷。八月二十六己亥，起復守戶侍，仍平章事·判度支·充使職。十一月十四丙辰，薨。(詳度支卷。)——新一八二附盧光啓傳。

●崔胤——天復三年正月二十五丁卯，復以司空·門下侍郎·平章事判度支·充諸道鹽鐵轉運使。二十九辛未，兼判六軍十二衞事。二月九日庚辰，遷司徒，餘如故。天祐元年正月九日乙巳，罷爲太子少傅，分司東都。（詳度支卷。）——此再任。

●裴樞——天祐元年正月十日丙午，以門下侍郎·兼吏尚·平章事充諸道鹽鐵轉運使·兼判左三軍事，（通鑑、新表〔乙巳〕、〔舊紀傳充使在遷右僕時姑存疑〕。）閏四月十四戊申，遷右僕，（詳右僕卷。）餘如故。二年三月五日甲子，罷爲左僕。（詳左僕卷。）——舊一一三、新一四〇有傳。

●柳璨——天祐二年三月二十五甲申，以門下侍郎·兼戶尚·平章事充諸道鹽鐵轉運使。十二月十九癸卯，遷司空，仍兼門下侍郎·平章事·充使職。同月二十五癸丑，貶登州刺史。（詳戶尚卷。）——舊一七九、新二二三下有傳。

●張文蔚——天祐三年正月，以中書侍郎·平章事·判度支·兼充諸道鹽鐵轉運使。蓋三月，罷判度支鹽運事。（詳度支卷。）——舊一七八有傳。

唐僕尙丞郎表卷十五

輯考五上　禮部尙書

李綱——武德元年六月一日甲戌朔，由相國府司錄遷禮尙·兼太子詹事·參掌選事。十月，見在任。（會要三四論樂條。）十二月，見在任。（同書三九定格令條。）二年九月二十三戊子，遷太子少保，仍兼禮尙·詹事。同年，卸禮尙，少保如故。（通鑑、兩傳。）——舊六二、新九九有傳。

唐儉——武德三年蓋秋後，由中書侍郎遷禮尙。四年十月或稍後，遷天策府長史·兼檢校黃門侍郎。——舊五八、新八九有傳，萃編八四有碑。

〔考證〕舊傳：「遷中書侍郎，……爲幷州道安撫大使。……使還，拜禮部尙書，授天策府長史·兼檢校黃門侍郎。」新傳與碑略同。按太宗破宋金剛平幷州在三年四月。通鑑，三年七月「遣禮部尙書唐儉安撫幷州。」是原銜已禮尙。今從兩傳在安撫幷州後。又秦王爲天策上將在四年十月，故書儉爲長史年月如此。又冊府六五九：「唐儉，武德中爲工部尙書，幷州道安撫大使。」豈原爲工尙耶？

鄭善果——武德末，遷禮尙。旋換刑尙。（舊傳。）——舊六二、新一〇〇有傳。

●房玄齡——貞觀二年，以中書令檢校禮尙事。——舊六六、新九六有傳。

〔考證〕舊傳：「貞觀元年，代蕭瑀爲中書令。……三年，……攝太子詹事·兼禮部尙書。明年，代長孫無忌爲尙書左僕射。」按文館詞林六九一有太宗命房玄齡檢校禮部尙書勅，則當作檢校。又據舊紀、新表，玄齡以武德九年七月爲中書令，貞觀二年七月兼太子詹事，三年二月遷左僕，舊傳均誤後一年。

溫大雅——貞觀初，官至禮尙。（兩傳、新七二世表。）——舊六一、新九一有傳。

(豆)盧寬——貞觀四五年，見在禮尚任。遷左衞大將軍。——舊九〇、新一一四附見孫欽望傳。

〔考證〕 舊豆盧欽望傳：祖寬，「貞觀中，歷遷禮部尚書，左衞大將軍。」新傳同。唐文拾遺六四豆盧遜墓誌，「曾祖通」。「祖□，禮部尚書，左衞大將軍，光祿大夫。」「父懷讓，駙馬都尉。」所缺一字卽寬也。考會要一一明堂制度條：「貞觀五年，太宗將造明堂，太子中允孔穎達……上表曰：伏尋前勑依禮部尚書盧寬、國子助教劉伯莊等議……。」冊府五八五同。舊二二禮儀志二此條無「盧寬國子助教」六字，則禮尚爲劉伯莊之官銜，與會要、冊府異。檢舊禮儀志三，貞觀十一年劉伯莊銜爲國子博士，則五年官助教爲可信，決非禮尚也；是禮儀志二脫六字無疑。按舊傳云：「高祖以寬曾祖萇魏太和中例稱單姓，至是改寬爲盧氏。」則會要冊府之盧寬卽豆盧寬，貞觀四五年在禮尚任也。

○陳叔達——貞觀六年十一月十一庚寅，遷禮尚。時階左光祿大夫 。(通鑑、舊傳〔無左字〕。)七年，免。(參舊傳及後條。)——舊六一、新一〇〇有傳。

○王珪——貞觀八年，由同州刺史入遷禮尚。(兩傳。)是年正月壬寅，見在任。(舊紀。)十一年三月，以本官兼魏王師。(通鑑、會要二六太子見三師禮條〔七月〕、兩傳。)十二年正月十五乙未，見在任。(通鑑、舊七一魏徵傳、會要二五親王與朝臣行立位條。)十三年正月，卒官。(通鑑、兩傳。)——舊七〇、新九八有傳。

李道宗——貞觀十三年蓋春，由刑尚遷禮尚。不久免。——舊六〇、新七八有傳。

〔考證〕 舊傳：「召拜刑部尚書。……十二年，遷禮部尚書，改封江夏王。尋坐贓下獄，……免官，削封邑。十三年，起爲茂州都督，未行；轉晉州刺史。十四年，復拜禮部尚書。」按王珪自八年官禮尚至十三年正月卒，中間未嘗卸官。此傳，道宗十二年爲禮尚，與珪抵牾。疑道宗以十三年爲禮尚，旋免，卽以此年代孝恭爲晉州刺史，十四年復爲禮尚，亦代孝恭也。

李孝恭——貞觀十三年，由晉州刺史遷禮尚。是年秋，見在任。十四年，卒。——舊六〇、新七八有傳。

〔考證〕　舊傳：「貞觀初，遷禮部尙書，……除觀州刺史，與長孫無忌等代襲刺史。……十四年，暴薨。」新傳：「歷涼州都督，晉州刺史。貞觀初，爲禮部尙書。」皆云貞觀初。按舊一九四上突厥傳上：「命禮部尙書趙郡王孝恭齎書就思摩部落築壇於河上以拜之。」通鑑書於十三年七月，孝恭銜同。則其時似在任。又按世襲刺史實未到任。舊二六禮儀志六，孝恭配饗高祖廟，亦銜禮尙，是最後官銜也。蓋孝恭以十三年遷禮尙，十四年卒官，兩傳云「貞觀初」，皆誤。

李道宗——貞觀十四年，由晉州刺史復遷禮尙。（兩傳。）十五年正月，見在任。（舊紀、通鑑、舊一九六上吐蕃傳上。）十六年，見在任。（舊七四崔仁師傳。）十九年，以本官爲遼東道副大總管。（舊一九九上高麗傳。）十二月，鎭朔州。（通鑑。）二十年正月，見在禮尙任。（八瓊三四晉祠銘碑陰〔參吏尙卷馬周條〕。）二十一年正月稍後，以本官充檢校封禪大使。（冊府三五。）是年，轉太常卿。（兩傳。）——此再任。

●劉洎——貞觀十九年三月，以侍中總吏民禮三尙書事，輔太子定州監國。十二月二十六庚申，賜死。（詳戶尙卷。）——舊七四、新九九有傳。

于志寧——貞觀二十一年，由衞尉卿・判太常卿事遷禮尙。時階金紫光祿大夫。（碑。）二十三年，以本官兼太子左庶子。（碑。）同年五月二十七庚午，遷侍中。〔考證〕。階如故。（碑。）——舊七八、新一〇八有傳，萃編五六有碑。

〔考證〕　碑云：「廿三年，以本官兼太子左庶子，……遷□侍□。」舊紀，貞觀二十三年五月「庚午，以禮部尙書・兼太子少師黎陽縣公于志寧爲侍中。」新紀、新表，同日，「禮部尙書于志寧爲侍中。」通鑑，同月辛未，「以太子左庶子于志寧爲侍中。」兩傳官歷與鑑同。按原銜不同如此。檢萃編四七孔穎達碑：「禮部尙書・兼太子左庶子・（勳・封）于志寧字仲謐撰。」金石錄：「據碑云，穎達卒於貞觀二十二年。」石墨鐫華：「碑云，貞觀二十二年六月十八日薨。」則志寧碑「廿三」容或有誤，然由禮尙兼左庶子遷侍中必不誤也。舊紀「少師」爲「左庶子」之誤，新紀、新表省書兼官，通鑑、兩傳又失書本官耳。

許敬宗——貞觀二十三年五月二十七庚午，由太子右庶子遷禮尚。（舊紀〔左誤爲右又作兼禮尚〕、兩傳。）時階蓋銀青光祿大夫。（舊傳。）同年八月二十五丁酉，見在任。（通鑑、會要一二饗明堂議〔二十三日〕。）永徽二年，左遷鄭州刺史。〔考證〕。——舊八二、新二二三上有傳。

〔考證〕 舊傳：「爲禮部尚書，……左授鄭州刺史。永徽三年，入爲衛尉卿。」考會要一七祭器議：「永徽二年，禮部尚書許敬宗議籩豆之數……。」則其免當即在二年也。

房遺直——永徽二三年，遷禮尚。出爲汴州刺史。——舊六六、新九六有傳。

〔考證〕 舊傳：「永徽初，爲禮部尚書，汴州刺史。……（弟）遺愛伏誅，……遺直……除名爲庶人。」新七一下世表亦官禮尚。按遺愛以永徽四年正月事發，二月誅，則遺直爲禮尚不出二三年也。

唐臨——約永徽中，曾官禮尚。——舊八五、新一一三有傳。

〔考證〕 新七四下世表，臨「雍州長史，工、刑、兵、禮、戶、吏六尚書。」按舊傳僅云：「歷兵部、度支、吏部三尚書。」據高宗冊唐臨爲吏部尚書文，顯慶二年七月，由度支遷吏部，禮部當在前，參以禮尚員闕，當在永徽中。又冊府五五六：「唐臨爲禮部侍郎，貶潮州刺史。」或尚書之譌。

樂質——約高宗初，官至禮尚。（詳戶尚卷。）——兩書無傳。

許敬宗——永徽六年九月一日戊辰朔，由衛尉卿復遷禮尚。（通鑑、兩傳。）顯慶元年正月十九甲申，兼太子賓客。（舊紀〔作甲子誤據新表韓瑗等事更正〕、兩傳。）二年八月十五辛未，遷侍中。（通鑑、舊紀〔卽系於丁卯貶韓瑗下〕、兩傳。）——此再任。

〔考證〕 新紀表，顯慶二年八月「辛未，衛尉卿許敬宗爲侍中。」原銜與舊紀、兩傳、通鑑均不合，必誤。又敬宗於永徽六年十一月見銜禮尚，見會要四儲君條；十二月五日見銜禮尚·弘文館學士，見會要二六待制官條；顯慶元年十月銜同，見會要三六修撰條；二年六月見銜禮尙，見舊二三禮儀志三；同年七月銜同，見舊二一禮儀志一。此皆新紀、新表原銜「衞尉卿」必誤之證。

李博乂——龍朔二年五月十五癸卯，見在司禮太常伯任。（大正藏經第二一〇八集沙門不應拜俗事卷三聖朝議不拜篇。）八月，亦見在任。（舊二七禮儀志、會要三七服紀上〔乂誤爲義〕。）三年十二月二十四癸卯，轉司宗正卿。階由光祿大夫進特進。（全唐文一四高宗册隴西郡王博乂特進司宗卿文。）——舊六〇、新七八有傳。

〔考證〕新傳：「高宗時，擢累禮部尙書·特進。」是也。舊傳：「高祖時，歷宗正卿，禮部尙書，加特進。」高祖爲高宗之誤，「宗正」「禮尙」當乙。

○劉祥道——麟德元年十二月十五戊子，由司列太常伯·兼右相罷爲司禮太常伯。（詳吏尙卷。）二年十月二十戊午，見在任。（舊紀。）乾封元年，進階金紫光祿大夫，致仕。（兩傳。）——舊八一、新一〇六有傳。

楊思敬——咸亨三年冬或四年春，見在禮尙任。〔考證〕。上元二年四月，尙在任。（册府一四四。）——舊六二附見楊思道傳。

〔考證〕舊傳：「思敬，禮部尙書。」新七一下世表同。通鑑，咸亨三年「八月壬午，特進·高陽郡公許敬宗卒。太常博士袁思古……請謚爲謬。敬宗孫太子舍人彥伯……請改謚。……詔集五品已上更議。禮部尙書陽思敬議……。」按此次集議，戴至德銜「戶部尙書」。至德以是年十月十八日始爲戶尙，則集議不能早過三年冬，或當在明年春。又觀册府一四四，上元二年四月有「禮部尙書楊思敬」，與傳、表合，通鑑誤作陽。而舊八二許敬宗傳載此次集議作「禮部尙書袁思敬」，則因上文袁思古致譌。

裴行儉——調露元年十一月六日癸未，由吏侍遷禮尙·兼檢校右衞大將軍。（詳吏侍卷。）是月二十七甲辰，以本官爲定襄道行軍大總管，代突厥。（兩紀、通鑑、舊八三程務挺傳。）永淳元年四月八日辛未，以本官爲金牙道行軍大總管，討西突厥；未行，卒官。（通鑑、舊紀、兩傳。）——舊八四、新一〇八有傳。

●裴炎——永淳元年四月，以侍中兼知禮尙事。——舊八七、新一一七有傳。

〔考證〕冊府七八：「裴炎爲侍中。高宗幸洛陽，令炎留輔皇太子，兼知禮部尙書事。」據新表，炎以侍中留輔太子在是年四月丙寅。

●武承嗣——光宅元年正二月，遷禮尙。（兩傳、通鑑。）閏五月十三甲子，遷太常卿・同中書門下三品。（新表、紀、通鑑、舊紀〔脫爲太常卿〕、兩傳。）八月二十七丙午，復罷爲禮尙。（新表、紀、通鑑、新傳。）垂拱元年二月二十九乙巳，復以本官同鳳閣鸞臺三品。（新紀、表、通鑑、兩傳。）三月十六辛酉，罷相，（新紀、表、通鑑。）蓋仍守本官。——舊一八三、新二〇六有傳。

徐鈞——垂拱中，官至春尙。——兩書無傳。

〔考證〕新七五下世表，徐氏「鈞，春官尙書。」全唐文三四三顏眞卿徐府君神道碑，君名秀，祖「金紫光祿大夫・右散騎常侍・兼禮部尙書諱鈞。」寶刻叢編八引集古錄目云：「唐禮部尙書徐南美碑，……徐鈞字南美，東海人也。垂拱中官至禮部尙書。碑以天寶九載立。」

王及善——約垂拱末，由司屬卿遷春尙，出爲秦州都督。（兩傳。）——舊九〇、新一一六有傳。

●范履冰——永昌元年十月以前，由天侍遷春尙。（兩傳。）是年十月十八丁卯，以本官同鳳閣鸞臺平章事・（通鑑、新表、新紀、舊紀〔無日〕、兩傳。）兼修國史。（兩傳。）天授元年四月十一丁巳，下獄死。（通鑑、新表、新紀〔五月戊子〕、兩傳。）——舊一九〇中、新二〇一附見元萬頃傳。

武思文——天授二年春一月，見在春尙任。八月二十六甲子，流嶺南。——新九三附見李勣傳。

〔考證〕通鑑：天授二年「春一月，地官尙書武思文……表請封中嶽。」八月，「或告地官尙書武思文初與敬業通謀；甲子，流思文於嶺南，復姓徐氏。」按思文本姓徐，唐初賜姓李，卽敬業之叔。傳云：敬業起兵，思文不從，武后嘉之，賜姓武。「曆春官尚書，或告本與敬業謀者，復徐氏，卒。」作春尙與鑑異。若作地官，與格輔元銜突，且奏請封禪乃春官職，則作春官爲正，通鑑蓋誤。

●武三思——天冊萬歲元年蓋九月以前，始官春尙·監修國史 。〔考證一〕。萬歲通天元年七月十一辛亥，以本官爲榆關道安撫大使。（新紀、舊紀、新傳。）神功元年六月二十四戊子，以本官同鳳閣鸞臺三品。（新紀、表、通鑑、舊紀、新傳。）七月三日丁酉，罷守本官。（新紀、表、通鑑、新傳。）聖曆元年八月十三庚子，以本官檢校內史。二年八月二十七戊申，正拜內史。〔考證二〕。——舊一八三、新二○六有傳。

〔考證一〕 舊傳：「拜天官尙書。證聖元年，轉春官尙書·監修國史。」新傳：「累進夏官、春官尙書。」按：證聖元年九月改元天冊萬歲，則轉春官可能在九月前，然非由天官轉任，詳吏尙卷。又萃編六二周封祀禪碑，天冊萬歲二年立，三思銜爲「春官尙書·監修國史·（勳·封）」，與傳合。

〔考證二〕 新紀：聖曆元年八月「庚子，春官尙書武三思檢校內史。」二年八月「戊申，武三思爲內史。」新表、通鑑同。舊傳亦云，「聖曆元年檢校內史。」而舊紀元年八月卽書「爲內史」，無二年八月條。考萃編六三昇仙太子碑，聖曆二年六月十九日建，碑陰題名「春官尙書·檢校內史·監修國史·（勳·封）臣三思」，則舊紀誤也。

閻知微——聖曆元年六月六日甲午，以豹韜衞大將軍攝春尙，送武延秀入突厥 。十月，歸國。誅。（通鑑、舊紀、舊傳。）——舊七七附見祖立德傳。

●姚元之——長安四年八月八日辛酉，由相王府長史·兼知夏尙·同鳳閣鸞臺三品換兼知春尙，餘如故。（新表、通鑑、兩傳。）同月二十七庚辰，轉司僕卿，仍同三品。（新表、舊紀、兩傳。）——舊九六、新一二四有傳。

武攸寧——長安四年十月九日辛酉，見在春尚任。（會要四九像條、通鑑〔系四月〕。）——舊一八三、新二〇六附見武承嗣傳。

〔附證〕姓纂六，武氏「攸寧，春冬夏尚書，納言。」

武重規——約神龍初，官至禮尚。——兩書無傳。

〔考證〕姓纂六，武氏「重規，高平王，司禮卿。神龍，朔方大總管，禮部尚書。」新七四上世表，「重規，高平王，禮部尚書。」當在神龍初。

○韋巨源——神龍元年九月十六癸巳，由太子賓客·同中書門下三品罷爲禮尙。二年二月二十一乙未，遷刑尚，復同中書門下三品。（詳吏尚卷。）——舊九二、新一二三有傳。

●祝欽明——蓋神龍二年二月下旬，由刑尙·同中書門下三品換禮尙，仍同三品。時階銀青光祿大夫。八月五日丙子，貶申州刺史。——舊一八九下、新一〇九有傳。

〔考證〕舊傳：「中宗卽位，……擢拜國子祭酒·同中書門下三品。加位銀青光祿大夫。歷刑部、禮部二尙書，兼修國史，仍舊知政事。……尋以匿忌日，爲御史中丞蕭至忠所劾，貶授申州刺史。」新傳省刑尙一遷。舊紀：神龍元年四月甲戌，「少詹事·兼侍讀·國子祭酒祝欽明爲刑部尙書，依前知政事。」二年七月「庚午，禮部尙書祝欽明爲中丞蕭至忠所劾。……九月，祝欽明貶青州刺史。」新表四月甲戌條同。二年「八月丙子，欽明貶申州刺史。」通鑑四月甲戌條亦同。按：舊紀，欽明中換禮尙，與傳合。而表不書換禮尙事。衡以新傳有禮尙無刑尙，又據會要六三修國史條，神龍二年五月九日，欽明在禮尙任，則舊紀中換禮尙，是也；新表脫書一歷無疑。蓋二年二月巨源由禮部遷刑部，欽明卽與互換其官歟？而會要二二社稷條：「神龍元年五月，詔于東都建太社，禮部尙書祝欽明問禮官博士曰……。」同書三九定格令條：「神龍元年六月二十七日，又删定垂拱格及格後敕，尙書左僕射唐休璟、（略）、禮部尙書祝欽明（略）等同删定。」冊府六一二同。新五八藝文志删垂拱格式本注，同删人銜均同，亦云：「神龍元年上。」（舊五〇刑法志，欽明銜禮部侍郎，誤。）舊禮儀志四及五，皆書「神龍元年，禮部尚書祝欽明」云云。新禮樂志四，年份書銜亦同。則元年似亦在禮部任。豈元年爲禮部，遷刑部，又換禮部耶？今姑據紀、表書之。

韋溫——約神龍末，由宗正卿遷禮尚。（兩傳〔舊傳無原官〕。）景龍三年三月二十一戊寅，遷太子少保・同中書門下三品。（新紀、表、通鑑、舊紀〔尚書少保下皆有兼揚州大都督六字〕、兩傳。）——舊一八三、新二〇六有傳。

竇希玠——景雲元年四月十四乙未，見在禮尚任。（舊紀〔脫玠字合鈔已補〕。）二年八月二十七己巳，徙太子少傳。（舊紀、舊傳〔作開元初誤〕。）——舊六一附見祖竇誕傳。

〔附考〕希玠官禮尚，又見姓纂九及新七一下世表。又全唐文一〇〇滕王湛然竇希瑊神道碑云，工部禮部二尚書竇誕之孫也。按兩傳，誕贈工部尚書，舊傳曾任刑部尚書，都不云爲禮部。又按誕卒於太宗世，檢太宗時禮尚幾無闕員，碑蓋不足信；或者以兄希玠之官誤屬祖父耳。

〇薛稷——先天元年或前一年冬，由工尚遷禮尚・兼昭文館學士。時階金紫光祿大夫。〔考證〕。是年六月，見在任。（宋高僧傳三寶思惟傳。）開元元年六七月稍前，徙太子少保。〔考證〕。——舊七三、新九八有傳。

〔考證〕舊傳：「罷知政事，遷左散騎常侍，歷工部、禮部二尚書，……除太子少保。……及竇懷貞伏誅，稷以知其謀，賜死。」新傳無工部，而少保在禮尚前。據舊紀、通鑑，薛稷誅時官太子少保，則舊傳是也。又考全唐文二二三張說爲薛稷讓工部尚書表云：「臣稷言：伏奉制書，除臣工部尚書。……臣……效雕蟲之薄技，蒙金螭之榮飾，徒參進對，愧無好詞。頃以冗職東垣，暫諧清曠。今若統司南省，將招素飡，……」則由左常侍而太子宮職，而工尚，禮尚，終少保也。按懷貞及稷以先天二年七月三日甲子誅，則卸禮尚必在前。又全唐文九二三史崇妙門由起序，薛稷銜爲「金紫光祿大夫・行禮部尚書・昭文館學士・(勳・封)。」此序作於先天元年八月以後，(詳右丞卷盧藏用條。)與此推論亦合。又檢新表，稷以景雲元年七月己巳罷相爲左散騎常侍，則遷工尚當在二年。參之本卷竇希玠條，稷遷禮尚當在是年九月以後或卽先天元年也。

鄭惟忠——開元初，由御史大夫遷禮尚。時階銀青光祿大夫。(舊傳。)三年見在任。(會要一九諸太子廟。)是年十一月乙丑，以本官充河南宣撫使。(冊府一〇五。)四年十二月(蘇頲以閏十二月入相)以前，轉太子賓客，階如故。(全唐文二五二蘇頲授鄭惟忠太子賓客制、舊傳。)——舊一〇〇、新一二八有傳。

裴茂宗——開元初或稍前後，官至禮尚。——兩書無傳。

〔考證〕 新七一上世表，中眷裴氏「茂宗，禮部尚書。」按茂宗子「眺，金部郎中。」檢郎官石柱，金中有眺。勞考一五云：「石刻崔明允大唐平陽郡龍角山慶唐觀大聖祖玄元皇帝金籙齋頌，太守臣裴眺幷寮屬等。天寶二年十月。」又度中亦有眺，在杜佑後第三人。按佑爲度中在建中中。則眺之生不能早過開元初，是茂宗宦達可能在開元前後。惟茂宗曾祖仕北齊爲太守，下距開元初已一百三十餘年，則茂宗宦達似不應遲過開元中，今姑置開元初。

○蘇頲——開元八年正月二十八辛巳〔考證一〕，由中書侍郎・同中書門下平章事罷爲禮尚。(通鑑、舊紀、新表、兩傳。)時階銀青光祿大夫。〔考證二〕。蓋十二年，兼知益州大都督府長史。旋卸。〔考證三〕。十三年十二月二十五甲戌，分掌吏部十銓選事。(詳吏侍卷。)十五年七月九日己卯，卒官。(通鑑、舊紀〔甲戌〕、兩傳。)——舊八八、新一二五有傳。

〔考證一〕 舊紀作正月己卯。新表、通鑑作正月辛巳。考異：「唐厤云二十八日辛卯，舊紀云己卯。按是月無辛卯，今從實錄。」按：實錄辛巳卽二十八日，唐厤實同，惟誤「巳」爲「卯」耳；舊紀則誤。

〔考證二〕據傳，頲爲工侍時已進階銀青光祿大夫。而萃編七五涼國長公主碑：「銀青光祿大夫‧守禮部尚書‧上柱國‧□□□□撰□。」金石錄云蘇頲撰。據碑，公主以十二年八月薨，其年仲冬葬，則錄云蘇頲，是也。是自開元初進階銀青，至此未加階，不知十三年東封是否進階耳。

〔考證三〕舊傳，禮尚下云：「俄知益州大都督府長史。」新傳作「檢校」，又云「按察節度劍南諸州。」考全唐文二五六利州北題佛龕記：「禮部尚書‧兼益州大都督府長史‧使持節劍南安南節度諸軍州事‧許國公蘇頲敬造。」不知是否衍「安南」二字。又據兩傳書事，頲實到益州任，有政績，全唐詩二函二冊蘇頲詠禮部尚書廳後鵲本注：「時將重入蜀。」卽此事。吳表六置於十一年十二年。

李禕——開元十五六年，由左金吾衞大將軍‧朔方節度副大使‧知節度事遷禮尚，仍領節度。（兩傳。）十七年二月甲寅，見在任。（舊紀。）二十年正月十一乙卯，以本官爲河北道行軍副元帥，討奚契丹。（舊紀、兩傳、舊九八裴耀卿傳、舊一九九下契丹傳。）以功進階開府儀同三司‧兼關內採訪處置支度營田等使。（兩傳。）二十二年四月，遷兵尚‧領朔方節度大使。（全唐文三五八杜頠兵部尚書壁記、兩傳。）

——舊七六、新八〇有傳。

●李林甫——開元二十二年五月二十八戊子，由檢校黃門侍郎遷禮尚‧同中書門下三品，階由正議大夫進銀青光祿大夫。二十三年三月五日辛酉，進階金紫光祿大夫。閏十一月二十一壬寅，遷戶尚，仍同三品，階如故。（詳戶尚卷。）——舊一〇六、新二二三上有傳。

○杜暹——開元二十三年閏十一月二十一壬寅，由戶尚換禮尚。（兩傳。）二十八年十二月七日己未，卒官。（舊紀、兩傳。）——舊九八、新一二六有傳。

〔附證〕全唐文三五元宗遣祭郊廟山川勅，「禮部尚書杜暹祭東嶽。」時在二十五六年。同書三二五王維暮春太師左右丞相諸公於韋氏逍遙谷讌集序有「吏部尚書武都公、禮部尚書杜公。」武都公卽李暠，杜公卽暹也。

席豫——約天寶元載，由左丞遷檢校禮尙。（詳左丞卷。）四年八九月，見在檢校禮尙任。時階通議大夫。（石臺孝經。）五年正月，以本官充巡察黜陟使。（冊府一六二、舊紀〔通鑑與他事連書於三年〕。）七載正月八日己卯，卒官。（舊紀、兩傳。）——舊一九〇中、新一二八有傳。

〔附證〕　豫官禮尙，又見全唐文五二一梁肅處州刺史李公墓誌。

崔翹——天寶八載六月，見在禮尙任。（冊府一六。）九載正月，仍在任。（冊府三六。）蓋七年，由左丞遷。〔考證〕。——舊九四、新一一四附見父融傳，又舊一七七附見曾孫愼由傳。

〔考證〕　據冊府，翹官禮尙不能遲過八年夏。又按五載尙在左丞任。六載不見他人任左丞，七載不見他人任禮尙，或者卽以七載由左丞遷禮尙歟？舊愼由傳：「曾祖翹，位終禮部尙書，東都留守。」新融傳及新七二世表，同。

裴寬——天寶末，由馮翊太守遷禮尙。時階銀靑光祿大夫 。（兩傳。）十四載，卒官。（兩傳、新七一上世表。）——舊一〇〇、新一三〇有傳。

李憕——天寶十四載十一月，由東京留守·判尙書省事遷禮尙，仍充留守。（兩傳。）十二月十二丁酉，爲祿山所執。被害。（兩紀、兩傳。）——舊一八七下、新一九一有傳。

李峴——至德二載，由左丞遷禮尙。時階銀靑光祿大夫。十二月十五戊午，遷御史大夫·兼京兆尹，進階光祿大夫。——舊一一二、新一三一有傳，全唐文三二一有李華故相國梁國公李峴傳。

〔考證〕　舊傳：「至德初，……峴召至行在，拜扶風太守，兼御史大夫。至德二年十二月，制曰：銀靑光祿大夫·守禮部尙書李峴……可光祿大夫·行御史大夫·兼京兆尹，封梁國公。」新傳同。李華李峴傳：「再遷御史中丞、荊州等五道副元帥，徵爲宗正卿，鳳翔太守（卽扶風）。時兵荒之後，兩京未復，……除尙書左丞，禮部尙書，御史大夫·兼京兆尹。」詳略互見。通鑑，至德元年十二月，永王璘將叛，「江陵長史李峴辭疾赴行在。」則遷左丞遷禮尙均不出二載也。全唐文四四肅宗收復兩京大赦文，與舊傳制辭全同。按此赦在二載十二月十五戊午，詳戶尙卷李光弼條。又按會要四五功臣條「行」作「兼」；然崔光遠以同日遷禮尙，此「兼」必誤。

崔光遠——至德二載十二月十五戊午，由御史大夫·兼京兆尹·京畿採訪處置使遷禮尙，進階特進。（兩傳、全唐文四四肅宗收復兩京大赦文〔月日參前條〕。）乾元元年，兼御史大夫。（舊傳。）五月十七戊子，出爲河南節度使。（舊紀、通鑑、兩傳。）——舊一一一、新一四一有傳。

韋陟——乾元二年，由太常卿遷禮尙。（兩傳。）七月一日乙丑朔，以本官充東京留守。（舊紀、兩傳。）東京畿觀察使。（舊傳。）上元元年四月十四甲辰，遷吏尙。（舊紀、兩傳。）——舊九二、新一二二有傳。

○房琯——上元元年四月十四甲辰，由太子賓客遷禮尙。閏四月二日壬戌，貶晉州刺史。（舊紀、兩傳。）——舊一一一、新一三九有傳。

韓擇木——上元元年閏四月二十二壬午，由右散騎常侍遷禮尙。二年九月十一壬辰，又由太子賓客·集賢殿學士遷禮尙。寶應元年建辰月（三月）二十九戊申，徙太子太保。（舊紀。）——兩書無傳。

○蕭華——寶應元年建辰月（三月）二十九戊申，由中書侍郎·同中書門下平章事罷爲禮尙。（舊紀、新表、通鑑、兩傳、舊一八四李輔國傳。）五月十四壬辰，貶陝州司馬。（通鑑、舊紀〔作丙戌〕、兩傳、舊李輔國傳。）——舊九九、新一〇一有傳。

李之芳——廣德二年五月稍後，（據舊一九六上吐蕃傳。）由前太子右庶子·兼御史大夫遷禮尙。尋轉太子賓客。（兩傳。）——舊七六、新八〇附蔣王惲傳。

裴士淹——大曆初，由檢校禮尙·禮儀使正拜禮尙，仍充使職。五年五月十八庚辰，貶饒州刺史。——兩書無傳，見新七一上世表。

〔考證〕 世表，「士淹，禮部尙書。」舊紀：大曆元年八月「辛亥，以檢校禮部尙書裴士淹充禮儀使。」五年五月「庚辰，貶禮儀使〔據百衲本〕禮部尙書裴士淹爲處州刺史。」舊一八四魚朝恩傳，士淹亦由禮尙貶官。又萃編七九華岳裴士淹題名：「禮部尙書裴士淹出爲饒州刺史。大曆五年六月六日，於此禮謁。」又華岳蘇數等題名，同。蓋先以檢校禮尙充使，後正拜禮尙仍充使，此時貶出也。惟紀作處州，與兩題名異，或紀誤，或先貶饒州，尋改處州歟？

李承昭——大曆七年十一月八日甲申，由福建觀察使入遷禮尙。（舊紀。）八九年，出爲華州刺史。（觀舊紀十年二月條可推。）——兩書無傳。

蔣渙——蓋大曆末，官至禮尙。——舊一八五、新一〇六附見高知周傳。

〔考證〕新傳，「渙，終禮部尙書，封汝南公。」按大曆九年十月，渙以檢校禮尙·東都留守知東都貢擧，詳禮侍卷；蓋即入拜本官歟？

〇李揆——建中四年七月九日甲申，由國子祭酒遷禮尙。（舊紀〔作禮侍誤〕、兩傳。）同月十九甲午，遷左僕·充入吐蕃會盟使。（詳左僕卷。）——舊一二六、新一五〇有傳。

●劉滋——貞元二年正月二十二癸丑，詔宰相判六部。滋判吏部、禮部。（舊紀、新表、通鑑〔作壬寅誤〕、舊一三〇崔造傳。）十二月二日丁巳，罷判。（詳戶尙卷崔造條。）——舊一三六、新一三二有傳。

蕭昕——貞元初，以太子少傅兼禮尙。（兩傳。）知三年春貢擧。（詳禮侍卷。）三年九月二十六丙子，見在任。（會要五九太廟齋郎。）五年四月二十三乙未，徙太子少師致仕。〔考證〕。——舊一四六、新一五九有傳。

〔考證〕舊傳，「知貢擧」下云「五年致仕。」新傳作「久之，以太子少師致仕。」考會要六七致仕官：「貞元五年三月，以太子少傅·兼吏部尙書蕭昕爲太子少師，右武衞上將軍鮑防爲工部尙書，前太子詹事韋建爲秘書監，並致仕。」而冊府五五養老：「貞元五年四月，以太子少傅·兼禮部尙書蕭昕爲工部尙書，前太子詹事韋建爲秘書，並致仕。」同書五〇六，同。舊紀，同年「四月乙未，以太子少師蕭昕爲工部尙書，致仕。」與會要、新傳不同。據舊一四六、新一五九鮑防傳，貞元初，以工部尙書，與昕同時致仕，則會要是也，惟誤禮部爲吏部耳。冊府脫「爲太子少師，右武衛上將軍鮑防」十三字；舊紀脫誤尤甚，惟月日當從之。

○董晉——貞元九年五月二十九丙午，由門下侍郎·同中書門下平章事罷爲禮尙。（舊紀〔丙戌〕、通鑑、新表、碑、兩傳。）十一年五月，見在任。（冊府一四四〔晉誤爲進〕。）是年遷兵尙。〔考證〕。——舊一四五、新一五一有傳，全唐文四九九有權德輿撰宣武節度董公神道碑。

〔考證〕神道碑：「除禮部尙書，……遷兵部，分正宏化，以本官畢命爲東都留守·東都畿汝州都防禦使。」兩傳同而略。按舊紀，十二年三月「戊申，以兵部尙書董晉充東都留守。」云云。則遷兵尙當在此前，而在十一年五月以後。

李齊運——貞元十二年三月十三乙巳，由檢校禮尙·兼殿中監·閑廄宮苑使正拜禮尙，仍兼殿中監·充使職。（通鑑、兩傳。）十七年九月十八丁丑，卒官。（舊紀。）〔考證〕。——舊一三五、新一六七有傳。

〔考證〕舊紀書卒時年月日官銜甚詳，而舊傳云：「貞元十二年卒。」與紀異。按舊傳又云：「薦李錡爲浙西觀察使，受賂數十萬。」錡以十五年爲浙西，則舊傳「十二年卒」，必誤。又會要九三諸司諸色本錢上：「貞元元年四月，禮部尙書李齊運奏」云云。冊府五〇六，同。年份亦誤。

趙宗儒——元和三年六月二十三甲戌，由檢校禮尙·東都留守·東畿汝都防禦使正拜禮尙。是年末或四年初，遷戶尙。（詳戶尙卷。）——舊一六七、新一五一有傳。

●權德輿——元和五年九月二十九丙寅，由太常卿遷禮尙·同中書門下平章事。（兩紀、新表、通鑑、兩傳、墓碑、全唐文五六授制。）時階正議大夫。（授制、舊紀。）八年正月十七辛未，罷守本官。（兩紀、新表、通鑑、兩傳、墓碑、全唐文五七罷相制。）階如故。（罷相制、舊紀。）七月三日癸丑，出爲檢校吏尙·東都留守。（舊紀、兩傳、墓碑。）〔考證〕。時階銀青光祿大夫。（全唐文四八七權德輿東都留守舉人自代狀。）——舊一四八、新一六五有傳，全唐文五六二有韓愈撰故相權公墓碑。

〔考證〕舊紀，元和八年「七月辛亥朔。癸丑，以權德輿檢校吏部尙書·東都留守。」是三日也。而全唐文四八七權德輿請置防禦軍狀：「臣去年七月五日面辭，親奉聖旨，欲置防禦軍。」時爲東都留守。蓋三日制行，而五日面辭也。

○李絳——元和九年二月二十五癸卯，由中書侍郎·同中書門下平章事罷爲禮尙。（舊紀、新表、通鑑、舊傳、全唐文五七罷相守禮尙制。）時階朝議大夫。（舊紀、罷相制。）十年二月九日辛亥，出爲檢校戶尙·華州刺史·潼關防禦使。（舊紀、舊傳。）——舊一六四、新一五二有傳。

王播——元和十年四月，由刑侍·諸道鹽鐵轉運使遷禮尙，仍充使職。（詳刑侍卷。）十一年二月，代知貢舉李逢吉放榜。（詳禮侍卷逢吉條。）十二年六月一日己未朔，罷使職；尙書如故。〔考證〕。十三年正月二十七辛亥，出爲檢校戶尙·劍南西川節度使。（舊紀、兩傳、神道碑。）——舊一六四、新一六七有傳，全唐文七一四有李宗閔撰丞相左僕射太原王公神道碑。

〔考證〕舊紀，元和十二年「六月己未朔，以衛尉卿程异爲鹽鐵使，代王播。」據十三年正月出鎭西川條書銜，罷使職時仍守本官。舊傳亦云：「以使務命程异領之，播罷守本官而已。」不書年。而舊四九食貨志：「播領使職。「十三年正月，播又奏……令副使程异出巡江淮，具州府上供錢穀，一切勘問。從之。閏五月，异至江淮，得錢一百八十五萬貫以進。其年以播守禮部尙書，以衛尉卿异代之。」會要八七轉運鹽鐵總敍，同。作十三年，與紀十二年異。按通鑑，元和十二年正月，「遣鹽鐵轉運副使程异督財賦於江淮。」閏五月「己亥，程异還自江淮，得供軍錢百八十五萬貫。」十三年五月不閏，則紀鑑十二年，是也；舊志會要作十三年，誤。

韋綬——長慶元年三月十四庚戌，由左丞遷禮尙。（詳左丞卷。）十月，見在任。時階通議大夫。（八瓊七一吐蕃會盟碑側、新二一六吐蕃傳下。）二年閏十月三日庚寅，出爲檢校戶尙·山南西道節度使。（舊紀、舊傳〔脫閏字〕、會要三二輿服下戟條〔同〕、新傳。）——舊一六二、新一六〇有傳。

〔附考〕 會要四二，長慶二年三月事，綬衔戶尙，誤也。

薛放——約長慶三年，不能早過上年十一月，由兵侍·集賢學士遷禮尙·判院事。三年十一月或稍後，出爲江西觀察使。——舊一五五、新一六四有傳。

〔考證〕 舊傳：「轉工部侍郎·集賢學士，……轉刑部侍郎，職如故。……轉兵部侍郎，禮部尙書，判院事。……求外任，……鎭江西。……寶曆元年，卒於江西觀察使。」據元稹薛戎神道碑，長慶二年六月，放尙在兵侍任，（詳兵侍卷。）則禮尙當在後。按舊紀，放以寶曆元年正月卒於江西任所。與表五江西卷引舊紀及韓集江西觀察使王公碑，王仲舒以元和十五年六月始爲江西觀察，至長慶三年十一月十七日卒於江西任所，則放觀察江西必在仲舒之後，在任最多年餘。王公碑注云放卽以三年十一月代仲舒。檢本卷員闕，長慶中惟二年閏十月至四年春夏有闕，則置放於三年亦極合。蓋由兵侍遷禮尙不能早過二年十一月，出鎭江西不能早過三年十一月也。

○王涯——長慶四年秋冬，由戶尙·諸道鹽鐵轉運使換禮尙，仍充使。寶曆元年正月，罷使職，尙書如故。二年二月二十九丁卯，出爲檢校左僕·山南西道節度使。（詳戶尙卷。）——舊一六九、新一七九有傳。

○蕭俛——大和元年二月二十七己未，由太子少保分司東都遷檢校右僕·兼禮尙。（舊紀〔原脫二月合鈔已補〕。）四月二十四乙卯，徙檢校左僕·兼太子少師，分司東都。（舊紀、〔檢校官據舊傳〕。）——舊一七二、新一〇一有傳。

丁公著——大和二年五月十一乙未，由吏侍遷禮尙。（舊紀、舊傳。）三年四月二十六乙亥，以本官充翰林侍講學士。（翰學壁記、舊傳。）七月二十七乙巳，出爲檢校戶尙·浙西觀察使。（舊紀、舊傳、新傳〔誤爲長慶中〕、翰學壁記〔有誤岑氏已云〕。）——舊一八八、新一六四有傳。

韋弘景——大和三年九月二十一戊戌，由左丞遷禮尙。（舊紀、兩傳。）四年，出爲河南尹。〔考證〕。——舊一五九、新一一六有傳。

〔考證〕　舊傳：「轉禮部尚書·充東都留守。……太和五年五月，卒。」新傳無充字。檢舊紀，大和四年十二月「癸亥，東都留守崔弘禮卒。」「戊辰，以（衔）白居易爲河南尹，以代韋弘景，以弘景守刑部尚書·東都留守。」五年五月「辛酉，東都留守·刑部尚書韋弘景卒。」則以刑尚充留守，非禮尚。蓋四年由禮尚出爲河南尹，十二月始遷刑尚·充留守，兩傳省書耳。

李恬——蓋文宗大和前後，官至禮尚。——兩書無傳。

〔考證〕　新七〇上世表，大鄭王房「禮部尚書、太子賓客分司東都恬。」又其叔之次子「程，相敬宗。」伯之孫庾，湖南觀察使。按程於會昌元年尚在左僕任，庾爲湖南觀察在咸通末、乾符初，（據吳表六。）則恬官禮尚蓋當文宗前後，姑據員闕書於此。

王源中——大和八年四月二十四乙巳，由兵侍·翰林學士承旨遷禮尚，出院。十一月七日癸丑，出爲檢校戶尚·山南西道節度使。（舊紀，參戶侍卷。）——新一六四有傳。

溫造——大和九年五月十四戊午，由御史大夫遷禮尚。六月二十三丁酉，卒官。（舊紀、兩傳。）——舊一六五、新九一有傳。

許康佐——大和九年，（看兵侍卷。）由兵侍遷禮尚。（兩傳。）開成三年二月二十一己酉，卒官。（舊紀〔作乙酉誤合鈔已正〕、兩傳。）——舊一八九下、新二〇〇有傳。

●崔鄲——開成五年二月六日癸丑，以中書侍郎·同中書門下平章事兼禮尚。會昌元年十一月二十七癸亥，出爲檢校吏尚·平章事·劍南西川節度使。（新表。）——舊一五五、新一六三有傳。

鄭肅——會昌二年或稍前後，由太常卿遷禮尚，又遷戶尚。（詳戶尚卷。）——舊一六七、新一八二有傳。

●李回——會昌五年秋冬，以中書侍郎·同中書門下平章事兼禮尚。六年蓋九月，遷門下侍郎·兼戶尚，仍平章事。（詳吏尚卷。）——舊一七三、新一三一有傳。

●韋琮——大中二年正月五日丙寅，以中書侍郎·同中書門下平章事兼禮尚。（新表、新傳〔在門郎後〕、全唐文七七六李商隱爲滎陽公賀韋相公加禮部尚書啓。）六月二十二庚戌，遷門下侍郎，仍兼禮尚‧平章事。（新表、新傳，參舊紀下條銜。）十一月二十六壬午，罷爲太子賓客分司。（新表、舊紀〔詹事〕、新傳。）——新一八二有傳。

●馬植——大中二年十一月，以中書侍郎‧同中書門下平章事兼禮尚。時階金紫光祿大夫。三年三月，出爲檢校禮尚‧天平軍節度使。（詳戶侍卷。）——舊一六七、新一八四有傳。

高銖——大中初蓋四年或稍前後，在禮尚任，兼判戶部事。（詳戶侍卷。）——舊一六八、新一七七有傳。

●令狐綯——大中五年四月十三乙卯，由兵侍‧同中書門下平章事遷中書侍郎‧兼禮尚，仍平章事。六年正月二十六癸巳，遷兼戶尚，仍中書侍郎‧平章事。（新表。）——舊一七二、新一六六有傳。

●裴休——大中六年正月二十六癸巳或稍後月日，由兵侍‧諸道鹽鐵轉運使遷禮尚，仍充使職。時階正議大夫。八月一日甲子朔，以本官同中書門下平章事，仍充使。八年十一月四日乙酉，罷使職。九年二月二十五甲戌，遷中書侍郎‧兼戶尚，仍平章事。其時或稍後，進階金紫光祿大夫。（詳戶尚卷。）——舊一七七、新一八二有傳。

●魏謩——大中九年二月二十五甲戌，以中書侍郎‧同中書門下平章事兼禮尚。（新表、舊傳、全唐文七九宣宗授魏謩監修國史制。）時階銀青光祿大夫。（舊傳、監修國史制。）十年十月十八戊子，遷門下侍郎‧兼戶尚，仍平章事。（新表、舊傳。）——舊一七六、新九七有傳。

●鄭朗——大中十年十月十八戊子，由工尚‧同中書門下平章事遷中書侍郎‧兼禮尚，仍平章事。時階通議大夫。十一年十月八日壬申，罷爲太子少師。階如故。——舊一七三、新一六五有傳。

〔考證〕　新表：大中十年正月「丁巳，御史大夫鄭朗守工部尚書‧同中書門下平章事。」十月戊子，「朗爲中書侍郎‧兼禮部尚書。」十一年十月「壬申，朗罷爲檢校尚書右僕射‧兼太子少師。」入相事，新紀、通鑑同。舊紀在七年四月，云「中書侍郎同平章事」，不書兼尚書；蓋誤。然舊紀：大中十一年二月，「以通議大夫·守中書門下(二字衍)侍郎·兼禮部尙書·同平章事·集賢殿大學士·(勳·賜)鄭朗可監修國史。」同年「十月，制通議大夫·守中書侍郎·禮部尙書·同平章事·監修國史·(勳·賜)鄭朗可檢校尙書右僕射·兼太子少保(師之譌)。」「十一月，太子少師鄭朗卒。」則與新表合。又全唐文七九宣宗除鄭朗工部尙書同平章事制：「通議大夫·守御史大夫·(勳·賜)鄭朗……可工部尙書·同中書門下平章事。」與表合。又有授鄭朗監修國史制、授鄭朗太子少師制，官銜皆與舊紀全同。(修國史制「禮部」譌爲「吏部」。)是新表、舊紀書事皆可信也。新傳：「歷工部尙書·判度支，御史大夫，復爲工部尙書·同中書門下平章事。……罷爲太子少師，卒。」官歷與表、制同，惟省書禮尙一遷。而舊傳：「入爲工部尙書·判度支，遷御史大夫，改禮部尙書，以本官同平章事，加中書侍郎·集賢殿大學士·修國史。大中十年，以疾辭位，進加檢校右僕射·守太子少師。十一年十月，卒。」省工尙一遷。而以禮尙入相則誤也；又以罷相年月爲卒年月而移罷相於前一年，大誤。

●崔愼由——大中十一年十一月二十五己未，由工尙·同中書門下平章事遷中書侍郎·兼禮尙，仍平章事。時階太中大夫。(新表、舊紀、舊傳〔無中郎〕、全唐文七九授制。)十二年二月九日壬申，出爲檢校禮尙·劍南東川節度使，階如故。(新表、舊紀、舊傳、全唐文八〇授制。)——舊一七七、新一一四有傳。

●蕭鄴——大中十二年四月十八己酉，由工尙·同中書門下平章事遷中書侍郎·兼禮尙，仍平章事。(新表。)十三年八月二十癸卯，遷門下侍郎·兼兵尙，仍平章事。〔考證〕。——新一八二有傳。

〔考證〕 新表：大中十三年「八月癸卯，鄴爲門下侍郎，仲爲中書侍郎，並兼兵部尙書。」此條有誤，詳工尙卷蔣伸條。然鄴兼兵部則不誤，觀其由工尙而禮尙而兵尙，階次井然，可知也。全唐文七四六夏侯孜唐懿宗元昭皇太后謚冊文：「維大中十三年歲次己卯，九月癸丑朔，二十七日己卯，……謹遣攝太尉·門下侍郎·兼兵部尙書·平章事蕭鄴奉上尊謚。」此尤足爲新表八月遷門郎兼舉尙之强證。而同書七九二盧潘萬敬儒孝行狀碑，大中十三年十月立。中書牒，鄴官銜尙爲「中書侍郎·兼禮部尙書·平章事。」蓋牒在八月前，至十月始立碑耳。

●畢諴——咸通元年十月二十三己亥，由戶尙·判度支遷禮尙·同中書門下平章事。三年二月一日庚子朔，遷中書侍郎·兼兵尙，仍平章事。（詳兵尙卷。）——舊一七七、新一八三有傳。

崔璵——咸通七年春，見在禮尙任。（廣卓異記。）——舊一七七附兄珙傳。

●王鐸——咸通十一年十一月三日辛亥，由兵尙·諸道鹽鐵轉運使遷禮尙·同中書門下平章事。（通鑑，參鹽運卷。）十二年四月二十七癸卯，遷中書侍郎·兼刑尙，仍平章事。（新表、舊傳。）——舊一六四、新一八五有傳。

●劉鄴——咸通十二年十月，由兵侍·諸道鹽鐵轉運使遷禮尙·同中書門下平章事，蓋改判度支。（詳鹽運使卷。）十三年二月十七丁巳，遷中書侍郎，（新表。）當仍兼禮尙。十一月十四庚辰，遷兼戶尙，仍中書侍郎·平章事。（新表。）——舊一七七、新一八三有傳。

●趙隱——咸通十四年八月二十三乙卯，以中書侍郎·同中書門下平章事兼禮尙。（新表、舊傳。）十月四日乙未，遷兼戶尙，仍中書侍郎·平章事。（新表。）時階特進。（舊傳。）——舊一七八、新一八二有傳。

●鄭畋——乾符元年十一月五日庚寅，由兵侍·同中書門下平章事遷中書侍郎·兼禮尙，仍平章事。二年六月，遷門下侍郎，仍兼禮尙·平章事。三年九月，進階特進。四年正月，遷兼兵尙，進階開府儀同三司，仍門下侍郎·平章事。——舊一七八、新一八五有傳。

〔考證〕 新表：乾符元年十月丙辰，「吏部侍郎鄭畋爲兵部侍郎·同中書門下平章事。」十一月，「畋爲中書侍郎·兼禮部尙書。」二年六月，「畋爲門下侍郎。」四年正月，「畋兼兵部尙書。」舊紀：乾符元年十一月庚寅，「（宰相）兵部侍郎鄭畋爲集賢殿大學士。」三年三月，「中書侍郎·刑部尙書·平章事鄭畋監修國史。」九月，「門下侍郎·禮部尚書·平章事鄭畋可特進。」舊傳：「遷吏部侍郎(兵之譌)，……本官同平章事。僖宗上尊號禮畢，(新紀在乾符元年十一月。)進加中書侍郎，進階特進。轉門下侍郎·兼禮部尚書·集賢殿大學士。」綜觀表、紀、傳，新表書事最正確。舊紀元年條失書爲中書侍郎兼禮部，三年條刑部爲禮部之誤。(此時崔彥昭兼刑部。)舊傳加特進年份與舊紀異，兼禮部在門下侍郎後，與新表異，當從紀、表。又萃編一一七鄭畋謁昇仙太子廟詩題云：「乾符四年閏二月三日，開府儀同三司·行門下侍郎·兼兵部尚書·平章事·監修國史鄭畋記。」與新表是年正月遷兼兵尙正合，又知進階開府矣。

●鄭從讜——乾符六年四月，以中書侍郎·同中書門下平章事兼禮尙。(詳吏尙卷。)十二月，遷門下侍郎·兼兵尙，仍平章事。(新表。)——舊一五八、新一六五有傳。

●裴徹——中和元年正月二十三壬申，由工侍·同中書門下平章事遷中書侍郎·兼禮尙，仍平章事。時階金紫光祿大夫。四月十三庚寅，遷門下侍郎·兼兵尙，仍平章事，進階特進。——兩書無傳。

〔考證〕新表書此段官歷如次：

廣明元年十二月甲申，「翰林學士·戶部侍郎裴澈爲工部侍郎·同中書門下平章事。」

中和元年「正月壬申(二十三日)，兵部侍郎·判度支蕭遘爲工部侍郎·同中書門下平章事。」

「二月，澈兼禮部尙書。己卯(二月一日)，太子少師王鐸爲司徒·兼門下侍郎·同中書門下平章事。」

「四月庚寅，澈爲門下侍郎·兼兵部尙書。」

按：據新表此數條書事，中和元年二月，徹似仍以工侍兼禮尙，至四月始遷門下侍郎兼兵尙，既躍中書侍郎一遷，又與遘工侍衝突，一可疑。「二月」書徹事後始書一日「己卯」，二可疑。考全唐文八一四樂朋龜王鐸宏文館大學士等制：「金紫光祿大夫·守中書侍郎·兼禮部尙書·同中書門下平章事·上柱國裴徹……可特進·門下侍郎·兼兵部侍郎（尙書之誤）·同中書門下平章事·監修國史。」此卽新表四月庚寅書事之制，則新表「兼禮部尙書」上實脫「爲中書侍郎」五字。又據全唐文八六僖宗授王鐸蕭遘平章事制，新表此年正月二十三壬申遘事及二月一日己卯鐸事同在一制，惟鐸爲三公，故制於鐸事云「仍令所司擇日備禮册命。」云云。蓋此制行於正月二十三日，而鐸尙須册拜，故稍遲至二月一日耳，新表書事不誤。惟澈卸工侍必當在正月二十三日，蓋新表正月壬申遘爲工侍平章事下原有「澈爲中書侍郎·兼禮部尙書」十一字，今本脫「爲中書侍郎」五字，又錯入「二月」「己卯」之間耳。又按名作徹，詳戶侍卷。

●蕭遘——中和元年四月十三庚寅，由工侍·同中書門下平章事遷中書侍郎·兼禮尙，仍平章事。（新表、全唐文八一六樂朋龜王鐸宏文館大學士蕭遘集賢殿大學士制。）階由銀青光祿大夫進光祿大夫。（制。）十一月，遷兼戶尙，進階特進，仍中書侍郎·平章事。（詳戶尙卷。）——舊一七九、新一〇一有傳。

●韋昭度——中和元年十一月，由兵侍·同中書門下平章事遷中書侍郎·兼禮尙，仍平章事。（新表、全唐文八六僖宗授韋昭度集賢殿大學士制。）階由銀青光祿大夫進光祿大夫。（制。）二年五月，遷兼吏尙，仍中書侍郎·平章事。（新表。）——舊一七九、新一八五有傳。

裴瓚——中和中，約三四年，蓋曾官禮尙。（詳吏侍卷。）——兩書無傳。

杜讓能——中和四年九十月稍前，由戶侍·知制誥·翰林學士遷禮尙，進階銀青光祿大夫，仍知制誥·充學士。光啓元年，遷兵尙，進充承旨。——舊一七七、新九六有傳。

〔考證〕舊傳：「黃巢犯京師，奔行在，拜禮部侍郎，史館修撰。尋以本官知制誥，正拜中書舍人。……尋召充翰林學士，……累遷戶部侍郎。從駕還京，加禮部尙書，進階銀青光祿大夫，封建平縣開國子。……轉兵部尙書，學士承旨。沙陀逼京師，僖宗蒼黃出幸……。」新傳省戶侍、禮尙兩遷。按：僖宗以光啓元年三月還京，據舊傳，遷禮尙似在此時。然益州名畫錄上，常重胤於中和院畫御容及隨駕臣僚，有「翰林學士·守禮部尚書杜讓能。」則遷禮尚當在此(中和四年九十月)稍前。又按沙陀逼京師在光啓元年十二月，其遷兵尚當在前。

●李磎——景福二年秋或稍前，由戶侍·知制誥·翰林學士遷禮尚，進充承旨。乾寧元年六月二十七戊午，以本官同中書門下平章事。同月二十九庚申，罷爲太子少傅。(詳戶侍卷。)——舊一五七、新一四六有傳。

●崔胤——乾寧二年七月九日甲子，由舊相新除護國軍(河中)節度使復爲中書侍郎·兼禮尚·同中書門下平章事。九月三日丙辰，判戶部事，進階金紫光祿大夫。三年七月二十六乙巳，出爲檢校禮尚·平章事·武安節度使，階如故。——舊一七七、新二二三下有傳。

〔考證〕 新表：乾寧元年「六月，胤爲中書侍郎。」二年三月，「胤檢校尚書左僕射·同平章事·護國節度使。」七月「甲子，崔胤爲中書侍郎·兼禮部尚書·同中書門下平章事。」「九月，胤判戶部。」三年「七月乙巳，胤檢校禮部尚書·同平章事·武安軍節度使。」舊紀：二年三月條，同。九月丙辰制，「正議大夫·中書侍郎·同平章事崔胤爲金紫光祿大夫·兼禮部尚書·集賢殿大學士·判戶部事。」是合兼禮尚判戶部事於一時。今復相兼禮尚月日從新表，判戶部月日從舊紀。又舊紀：三年七月乙巳制，「以金紫光祿大夫·中書侍郎·兼禮部尚書·同平章事·集賢殿大學士·判戶部事·(勳·封)崔胤檢校尚書左僕射·(略)充清海軍節度·嶺南東道觀察(略)使。」是出鎭嶺南，與表異。考全唐文八二七陸扆授崔允武安軍節度平章事制：「(功臣)·金紫光祿大夫·守禮部尚書·兼中書侍郎·同中書門下平章事·兼集賢殿大學士·判戶部事·(勳·封)崔胤……可檢校禮部尚書·同中書門下平章事·(略)充義(武)安軍節度·湖南管內觀察等使(略)。」則新表是也，舊紀誤。又觀三相之制亦可曉，詳吏尚卷。新傳與表同，惟省書禮尚。舊傳云：「累遷中書侍郎·判戶部事。昭宗出幸石門，胤從。……車駕還宮，加禮部尚書。……三年，罷胤政事，檢校兵部尚書·廣州刺史·嶺南東道節度等使。」判戶部在兼禮尚前，與紀、表均異。又二年七月出幸石門，八月還宮，則兼禮尚當在八九月，亦與表不合。罷相出鎮嶺南，與紀同誤。

●孫偓——乾寧三年十月五日壬子，以門下侍郎·同中書門下平章事·諸道鹽鐵轉運使加兼禮尚·鳳翔四面諸軍都統。（新表、新傳。）四年二月三十乙亥，罷守禮尚。（新表、通鑑〔只云罷守本官而下條書銜禮尚〕、舊紀〔作兵尚誤〕。）八月，貶南州司馬。（新表、通鑑、全唐文九〇昭宗貶孫偓南州司馬制、新傳〔衡州〕。）時階金紫光祿大夫。（貶制。）——新一八三有傳。

裴贄——乾寧四年十月，由前御史中丞遷禮尚·知貢舉。時階太中大夫。光化三年正月一日庚寅朔，或十一庚子，遷刑尚。（舊紀〔作庚子朔有誤〕。）——新一八二有傳。

張禕——光化、天復中，曾官禮尚。（舊傳。）——舊一六二有傳。

蘇循——天復三年正月十一癸丑，見在禮尚任。（舊紀、舊五代史傳。）——舊五代史六〇有傳。

獨孤損——天復三年十二月十五辛巳，由禮尚遷兵侍·同中書門下平章事。（兩紀、新表、通鑑。）——兩書無傳。

崔昭符——蓋昭宗世，官至禮尚。——舊一七九附見弟昭緯傳。

〔考證〕傳云：「兄昭符，仕至禮部尚書。」按昭緯相昭宗，乾寧中誅。

●裴樞——天祐元年九月八日己巳，在右僕·門下侍郎·同中書門下平章事·兼禮尚任。（舊紀。）——舊一一三、新一四〇有傳。

蘇循——天祐二年七月二十五壬午，見在禮尚任。（舊紀。）至四年三月十三庚寅，仍在任。（通鑑。）同月二十七甲辰，仍在任。（通鑑、舊紀〔乙酉〕。）終唐世。——此再任。

唐僕尙丞郎表　卷十六

輯考五下　尙書禮部侍郎

韋義節——武德元年六月一日甲戌，由相國府屬遷禮侍。（通鑑。）九月稍前，出爲虞州刺史。（通鑑〔九月書銜虞刺〕。）——兩書無傳。

李百藥——貞觀二年，（四月以後，參會要三出宮人條。）由中書舍人遷禮侍。（兩傳。）四年四月，見在任。（通鑑、〔會要七三安北都護府條作五年誤〕。）同年，徙太子右庶子。（兩傳。）——舊七二、新一〇二有傳。

令狐德棻——貞觀六年，始遷禮侍。（兩傳。）十年正月，（會要六三修前代史。）十一年六月，（全唐文一五〇虞恭公溫公碑。）十四年，（舊禮儀志七、會要三七服紀上。）均見在任。十五年四月，以本官充封禪副使。（冊府三五。）同年，徙太子右庶子，（兩傳、碑。）進階正議大夫。（碑。）——舊七三、新一〇二有傳，萃編五七有碑。

顏相時——貞觀十五年，（參前條。）由諫議大夫遷禮侍。（兩傳。）是年十月二十五癸丑，見在任。（會要三六修撰條、新五九藝文志、全唐文一三四高儉文思博要序。）時階中散大夫。（文思博要序。）十九年或稍後，卒。〔考證〕。——舊七三、新一九八有傳。

〔考證〕舊傳：「轉禮部侍郎，……及師古卒，不勝哀慕而卒。」新傳同。似卽卒官。按師古以十九年卒，相時之卒不能早過此年。又全唐文三三九顏眞卿晉西平靖侯顏公大宗碑：「相時，禮部侍郎、天冊學士。」

令狐德棻——永徽元年，復爲禮侍。（兩傳、碑。）二年，兼弘文館學士。閏九月稍前，徙太常少卿。〔考證」。——此再任。

〔考證〕　碑，禮侍下云：「永徽二□□□□□□□宏文館學士，仍監修國史□□□□□，尋改授□□□□□太常少卿。」傳無年份，又無「少」字。考會要三九定格令：「永徽二年閏九月十四日，上新刪定律令格式。」同修人有德棻，銜爲「太常少卿」，則傳脫「少」字無疑。又據碑及會要，轉少卿卽在二年，但在閏九月以前。

成威——蓋高宗初，官至禮侍。時階太中大夫。——兩書無傳。

〔考證〕　八瓊五七宜祿都尉成君墓誌：「曾祖威，皇太中大夫、禮部侍郎。」　按都尉成君以天寶五載卒，年五十五。據此上推，威官禮侍或當在高宗初葉。

辛良——高宗初，龍朔二年以前，官至禮侍。——兩書無傳。

〔考證〕　新七三上世表：辛公義，隋司隸大夫。從弟興，興子「良，禮部侍郎。」度其世次，當在太宗、高宗之際。又寶刻叢編八引復齋碑錄：「唐司禮少常伯辛良碑，唐李儼撰，蕭權正書，龍朔三年歲次癸亥二月乙酉朔立。」是官禮侍在前。

孔志約——顯慶四年九月，見在禮侍任。——兩書無傳。

〔考證〕　會要三六氏族條：「顯慶四年九月五日，詔改氏族志爲姓錄。」本注：「委禮部侍郎孔志約(略)等十二人商量編錄。」又會要二一陪陵名位，陪葬昭陵者有「禮部侍郎孔志約。」而姓纂六下博孔氏及新七五下世表均作「禮部郎中。」岑校六：「顯慶二年任禮中，見會要八二。龍朔二年官司禮大夫，見廣弘明集二九。」侍郎、郎中不同，今姑從會要。

孫茂道——由中書舍人再遷司禮少常伯。(新傳。)龍朔二年九月二十二戊寅，見在任。〔考證一〕。三年或麟德元年，遷西臺侍郎。〔考證二〕。——茂道後更名處約，舊八一、新一〇六有傳。

〔考證一〕　舊紀：龍朔二年「九月，司禮少常伯孫茂道奏稱，八品九品舊令着青，亂紫，非卑品所服。望令着碧。詔從之。」舊四五輿服志，有年無月。通鑑事在九月戊寅。會要三一章服品第條作九月二十三日。按戊寅爲二十二日。會要日蓋小譌。

〔考證二〕新傳：「遷司禮少常伯。麟德元年，以西臺侍郎同東西臺三品。」按舊紀，麟德元年十二月戊子，「西臺侍郎孫處約同知政事」。新紀、新表、通鑑同。是遷西臺侍郎當在龍朔三年或麟德元年。又按舊紀、舊志均作「茂道」。舊傳：「避中宮諱改名茂道。」雖誤原名爲改名，然作「茂道」，與紀、志合。而新傳倒爲「道茂」，與舊書紀、志、傳皆不合，今從舊書。又舊傳年代官歷皆大誤。

郝處俊——乾封元年，見在司禮少常伯任。（舊禮儀志一。）——舊八四、新一一五有傳。

高智周——咸亨二年，以正諫大夫兼檢校禮侍。後遷黃門侍郎·同中書門下平章事。（舊傳。）——舊一八五上、新一〇六有傳。

裴宣機——高宗初葉或中葉，官至禮侍。——舊六三附見父矩傳。

〔考證〕舊傳：「子宣機，高宗時，官至銀青光祿大夫·太子左中護。」而新七一上世表，西眷裴氏，「宣機，禮部侍郎。」蓋中護前後官。按：父矩，貞觀元年卒，年八十左右，則宣機爲禮侍當不能遲過高宗中葉。又考全唐文一五一許敬宗請收敍廢黜宮僚表：「今張元素、令狐德棻、趙宏智、裴宣機、蕭鈞等並砥節礪操，……有令名於天下。」云云。按通鑑，貞觀十七年四月廢太子承乾，「左庶子張玄素、右庶子趙宏智、令狐德棻等……皆坐免爲庶人。」不及宣機、鈞，蓋位亦僅次於兩庶子也。（鈞有傳貞觀中官至中舍。）則爲禮侍決不能遲過高宗中葉，益可斷言。

辛郁——蓋高宗世，官至禮侍。（新七三上世表。）——兩書無傳。

李懷儼——蓋高宗世，官至禮侍。（舊傳。）——舊五九附見從父襲志傳。

魏叔璘——約高宗末，或武后初年，官至禮侍。——舊七一、新九七附見父徵傳。

〔考證〕舊傳，徵第三子「叔璘，禮部侍郎。則天時，為酷吏所殺。」新傳同。而新七二中世表，叔璘不書官，叔瑜子「華，禮部侍郎。」按舊傳：「華，開元初，太子右庶子。」新傳作檢校左庶子。均與表異。疑禮侍本叔璘官，表誤移屬華歟？

史節——蓋高宗末，或武后世，官至禮侍。——兩書無傳。

〔考證〕姓纂六，高密史氏，「節，唐禮部侍郎。」岑校：「朱彝尊經義考載史承節鄭玄碑銘云，乃葬於高密縣（略）礪阜山之原。……承節以萬歲通天元年行至州，見高密父老請為文，因為之銘。唐初人往往兩名而一名行，史節或即史承節。」

賈大隱——垂拱三年，由鳳閣舍人遷春侍。四年春，見在任。——舊一八九上附見父公彥傳。

〔考證〕舊傳：「大隱官至禮部侍郎。」新傳：「累遷中書舍人。垂拱中，博士周悰請武氏廟七室。……大隱奏言……悖大義。……終禮部侍郎。」姓纂七亦云：「中書舍人，禮部侍郎。」按通鑑垂拱三年五月書事，大隱官銜尚為鳳閣舍人；而四年正月議武氏廟數已銜春官侍郎。舊禮儀志五書議武后廟數事，年月官銜亦同。則遷春侍郎在三年。

孔惠元——長壽元年九月二十二癸丑，由春侍流嶺南。——兩書無傳。

〔考證〕姓纂六，下博孔氏「惠元，國子司業，後拜春官侍郎。」年月日流嶺南，見通鑑；而作孔思元。姓纂岑校云：「思乃惠之訛。」

牛鳳及——長壽中，官至禮侍。——兩書無傳。

〔考證〕姓纂五，富平牛氏，「春官侍郎牛鳳及。」新七五上世表同。姓纂岑校五：「據史通，鳳及於長壽中官春官侍郎。」又引樊川集七牛僧孺墓誌及玉海四六引集賢注記皆作鳳及。惟全唐文七二〇李珏牛僧孺神道碑：「高祖鳳，中宗時為春官侍郎，掌國史。」脫「及」字，云中宗時，亦誤。

○陸元方——約萬歲通天元年，由綏州刺史入為檢校春侍。神功聖曆中，遷試天侍。（詳吏侍卷。）——舊

八八、新一一六有傳。

孟詵——約聖曆中，曾官春侍。——舊一九一、新一九六有傳。

〔考證〕 舊傳：「垂拱中，累遷鳳閣舍人。……因事出爲台州司馬。後累遷春官侍郎。睿宗在藩，召充侍讀。長安中，爲同州刺史。」新傳同，云睿宗爲相王時召充侍讀。按睿宗以聖曆元年降封相王，詵爲春侍可能在此時或稍前。

李懷遠——由右散騎常侍遷春侍。久視元年，蓋在任。長安元年正月或稍前，遷鸞臺侍郎。——舊九〇、新一一六有傳。

〔考證〕 舊傳：「歷遷右散騎常侍，春官侍郎。大足年，遷鸞臺侍郎，尋同鳳閣鸞臺平章事。」按新表，懷遠於大足元年即長安元年二月六日己酉，以鸞臺侍郎同平章事，則由春侍遷鸞臺當在正月或上年冬。

崔神慶——長安中蓋二三年，由春侍轉太子右庶子。——舊七七、新一〇九有傳。

〔考證〕 舊傳：「長安中，累轉禮部侍郎，……轉太子右庶子。……時有突厥使入朝，準儀注，太子合預朝參，先降勅書。神慶上疏曰……。」新傳同。據會要四儲君雜錄條，此疏在長安三年，（惟銜爲詹事，非庶子。）則轉庶子當在二三年也。

張敬之——武后末葉或稍後，曾官春侍。（詳吏侍卷。）——兩書無傳。

韋叔夏——長安四年，由成均祭酒遷春侍。（兩傳、姓纂二、新七四上世表。）——舊一八九下、新一二二有傳。

張昌宗——長安四年，（參上條。）由司僕卿遷春侍。（兩傳。）神龍元年正月二十二癸卯，誅。（新紀、通鑑、〔舊紀銜誤爲司僕卿〕、舊傳〔二十日〕、新傳。）——舊七八、新一〇四附見族祖行成傳。

孔若思——約神龍中，由給事中遷禮侍，出爲衞州刺史。（兩傳。）——舊一九〇上、新一九九有傳。

嚴善思——神龍中，由給事中遷禮侍。三年（卽景龍元年）八月以前，見在任。時階中散大夫。景龍二年尙見在任。——舊一九一、新二〇四有傳。

〔考證〕舊傳：「神龍初，遷給事中。……景龍中，遷禮部侍郎，出爲汝州刺史。睿宗……踐祚，……召拜右散騎常侍。」新傳略同。考全唐文二四七李嶠神龍歷序：「序臨安寧，歲次强圉，皇帝撫天下之三載也。」善思參與其事，銜爲「中散大夫・守禮部侍郎・上騎都尉。」此序既作於神龍三年而是年八月已改元景龍，是必三年八月以前也。而全唐文二二七張說故洛陽尉馬府君碑云：「今龍集戊申，將返葬故國，君執友禮部侍郎嚴善思誄之曰……。」是景龍二年尙在禮侍任也。

崔挹——景龍二年蓋春，見在禮侍任。——舊七四、新九九附見子湜傳。

〔考證〕舊傳：「挹子湜。湜……遷中書舍人。……景龍二年，遷兵部侍郎。挹爲禮部。父子同爲南省副貳，有唐已來未有也。……俄拜吏部侍郎。」新傳官名年份並同。按湜以二年春由兵侍遷吏侍，參之員闕，則挹當以二年蓋春時見在禮侍任也。

徐堅——景龍二年或三年，由刑侍換禮侍・兼判戶部・充昭文館學士。時階銀青光祿大夫。三年十一月，見在任。景雲元年秋，轉太子右庶子。——舊一〇二、新一九九有傳，全唐文二九一有張九齡撰徐文公神道碑。

〔考證〕神道碑：「遷給事中，……除中書舍人。……（神龍）二年，敕公修則天實錄及文集，絕筆，中宗嘉之，……賜爵慈源縣子……。遷刑部侍郎，加銀青光祿大夫，轉禮部侍郎・兼判戶部。……進封縣伯，……兼昭文館學士。……景雲初，今上夷亂，主鬯東朝，宮相四員，時難其選，……遂除右庶子・兼崇文館學士，修史如故。……遷右散騎常侍。」新傳省中舍、刑侍兩遷。舊傳：「神龍初，再遷給事中。睿宗卽位，堅自刑部侍郎加銀青光祿大夫，拜左散騎常侍。」省書禮侍，而刑侍時間小誤。按：通鑑神龍二年四月書韋月將事，徐堅諫，銜爲「給事中」。會要六三修國史，神龍二年五月九日，修則天實錄，上之，堅銜「中書舍人」。則遷刑侍當約在景龍中。參之前條崔挹年月，堅遷禮侍當在二三年也。又全唐文二六一李邕又駁韋巨源謚議，中宗南郊，韋后亞獻，「時有禮部侍郎徐堅（略）並言之；莫從」。按：南郊，韋后亞獻，事在景龍三年十一月乙丑，則由刑侍遷禮侍，不能遲過三年也。又玄宗以景雲元年六月二十日誅韋氏及安樂公主，據碑，堅遷庶子當即在年秋。

李景伯——蓋景龍、景雲中，曾官禮侍。——舊九〇、新一一六有傳。

〔考證〕舊傳：「景龍中，爲給事中，又遷諫議大夫。……景雲中，累遷右散騎常侍。尋以老疾致仕。開元中卒。」新傳略同，而右常侍上有右庶子一遷；皆不云爲禮侍。而新七二上世表，李懷遠相武后。子「景伯，禮部侍郎；生彭年，吏部侍郎。」按彭年爲吏侍在天寶初，今姑置景伯官禮侍於此。

韋抗——蓋景雲二年，以右臺御史中丞兼禮侍。先天元年，遷兵侍。（詳兵侍卷。）——舊九二、新一二二有傳。

崔泰之——先天元年，在禮侍任。——舊一八五上、新一〇六附見父溫傳。

〔考證〕唐詩紀事一四：「崔泰之同光祿弟冬日述懷序云，韋祭酒、張左丞二公……朝廷舊相，咸光首和……。」（本注：「韋祭酒嗣立，張左丞說，光祿日知也。」）又云：「泰之時以禮部居洛，故與嗣立、說、日知數有酬唱。」按張說以舊相於景雲二年十月爲左丞，先天元年分司東都，開元元年已去任，詳左丞卷。又舊八八韋嗣立傳，前後兩爲祭酒。第一任在長安中。第二任，傳云：「睿宗踐祚，拜中書令，旬日出爲許州刺史。……開元初，入爲國子祭酒。」此與張說爲左丞時間相當，則此詩必作於先天元年或開元元年也。又觀韋張及日知官位皆高，此「以禮部居洛」當指禮侍而言，非禮部郎中。且泰之以職方郎中豫平二張功，開元中爲左丞、黃郎、工尙，此亦斯時不應尙爲郎中之證。

張廷珪——開元元年正二月，由洪州都督·江西按察使入遷禮侍。是年，兼判尙書左丞事。二年夏或前後一個月，遷黃門侍郎。時階正議大夫。——舊一〇一、新一一八有傳。

〔考證〕舊傳：「景龍末，爲中書舍人，再轉洪州都督、仍爲江南西道按察使。開元初，入爲禮部侍郎。時久旱，下制求直諫昌言弘益政理者。廷珪上啓曰（略）。……再遷黃門侍郎。」新傳同，惟省洪州一遷。考全唐文二五〇蘇頲授張廷珪黃門侍郎制：「正議大夫・行尚書禮部侍郎・上柱國・兼判尚書左丞張廷珪……可黃門侍郎。」是以禮侍兼判左丞事，兩傳云再遷黃侍，蓋誤兼左丞爲一遷耳。又會要七七巡察等使：「開元元年二月，禮部侍郎張廷珪上疏。」云云。此蓋方自洪州入朝拜官時之疏。又舊紀，開元二年「正月，關中（略）不雨，人多饑乏，制求直諫（脫昌字）言弘益政理者。」廷珪上啓正其時。通鑑即書疏於此月，題銜禮侍。是二年正月尚在任。而會要四〇臣下守法：「開元二年八月，監察御史蔣挺有犯，勅朝堂杖之。黃門侍郎張廷珪執奏……。」云云。兩傳亦書此事於遷黃侍後，則遷黃侍必在二年夏，不能遲七月，亦不能早過二月也。

馬懷素——開元二年，以太子少詹事・判刑侍兼判禮侍。蓋旋卸。（詳吏侍卷。）——舊一〇二、新一九九有傳。

崔沔——由秘書少監・判大理卿遷禮侍。開元七年稍前，徙太子左庶子，進階朝散大夫。——舊一八八、新一二九有傳。

〔考證〕全唐文三三八顏眞卿博陵崔孝公宅陋室銘記：「公諱沔，……開元初，攝御史中丞，……移著作郎，尋遷秘書少監，……尋判大理卿，禮部侍郎。……特加朝散大夫，遷左庶子。」兩傳省少監、大理、禮侍諸歷。舊傳：「開元七年，爲太子左庶子。母卒，哀毀逾禮。……」云云。則官禮侍在王丘前，蓋七年春或稍前徙左庶子也。

王丘——開元七年三月以前，由中書舍人遷禮侍。時階朝散大夫。（詳吏侍卷。）是月十九戊申，見在任。（會要三九定格令條、新五八藝文志、舊五〇刑法志。）七月亦在任。（冊府一四四。）八年七月，遷吏侍。（詳吏侍卷）。——舊一〇〇、新一二九有傳。

劉令植——約開元八九年，由中書舍人遷禮侍。〔考證〕。階至銀青光祿大夫。（千唐福昌丞李夫人劉氏墓誌。）——舊八一、新一〇六附見從父祥道傳。

〔考證〕 舊傳，「子齊賢。」齊賢「從父弟禮部侍郎令植。」新傳同。又舊一二五劉從一傳：「祖令植，禮部侍郎。」千唐福昌丞李夫人劉氏墓誌亦作禮侍。姓纂五，「植，禮部侍郎。」奪「令」字。而新七一上世表作「禮部尚書」，誤。考會要三九及新藝文志、舊刑法志、舊盧從愿傳，開元七年三月刪定開元後格，令植銜爲「中書舍人」。又王丘由中書舍人遷禮侍，此時正在任，至八年七月遷吏侍。按禮侍常由中舍遷任，令植爲禮侍必在此年月之後，或者卽以八年七月繼丘歟？今姑書於八九年中。

崔璩——由中書舍人遷禮侍。（舊傳。）開元九年六月十一丁亥，見在任。（冊府一五九〔崔據〕。）蓋終於禮侍。（新傳、新七二下世表、全唐文七八四穆員相國崔公渙墓誌銘、同書五〇四權德輿洋州刺史王君夫人崔祔葬墓誌銘。）——舊九一、新一二〇附見父玄暉傳。

韓休——由中書舍人遷禮侍·知制誥。開元十一年二月，見在任。十二年六月二十五壬子，出爲虢州刺史。——舊九八、新一二六有傳。

〔考證〕 舊傳：「歷遷中書舍人，禮部侍郎·兼知制誥。出爲虢州刺史。」新傳省中舍。考全唐詩第一函第三冊祭汾陰樂章第四南宮呂篇本注：「禮部侍郎韓休作。」此樂章作於開元十一年二月，詳左丞卷源光裕條，其遷任當在前。又通鑑，開元十二年六月「壬午，以（略）禮部侍郎·知制誥韓休等五人出爲刺史。」「午」爲「子」之譌，詳吏侍卷王易從條。冊府六七一：「開元十二年……韓體以禮部侍郎爲虢州刺史。」蓋「休」譌爲「体」，又正寫爲「體」耳。此明鈔本也，可證「體」簡寫爲「体」之早。

鄭溫琦——開元十三年二月二十一乙亥，由禮侍出爲邠州刺史。（新一二八許景先傳、册府六七一、八瓊五三盧兼愛豐義令鄭溫球墓誌，參吏侍卷許景先條。）——兩書無傳。

賀知章——開元十三年，由太常少卿遷禮侍。（兩傳、大唐新語一一。）四月五日戊午見在任，加集賢院學士。（會要六四集賢院、兩傳、大唐新語一一。）十一月，見在任。（通鑑。）十四年四月十九丁卯稍後，蓋五月，換工侍。（考證。）——舊一九〇中、新一九六有傳。

〔考證〕 舊傳：「屬惠文太子薨，有詔禮部選挽郎，知章取捨非允，爲門蔭子弟喧訴盈庭，……由是改授工部侍郎，……依舊充集賢院學士。」按舊紀，惠文太子以十四年四月丁卯薨，則換工侍當在此稍後。又新傳，遷禮侍加集賢學士下有「遷太子右庶子」一歷，蓋兼官，非遷也。

賈曾——蓋開元十四年，由光祿少卿遷禮侍。（兩傳〔新傳省少卿一遷〕。）十五年，卒官。（舊傳。）——舊一九〇中、新一一九有傳。

張均——開元十八年，由中書舍人遷禮侍。十二月，丁父憂免。或二十一二年，由前中書舍人起復爲禮侍。二十二年遷兵侍。——舊九七、新一二五有傳。

〔考證〕 卓異記：「張均自中書舍人拜禮部侍郎。」據兩傳，開元十七年冬選校考時，均尙官中書舍人。按說以十八年十二月薨。若均遷禮侍在說薨前，則當卽十八年。若待服闋，是必二十一二年。然二十三年正月已在兵侍任，則卸禮侍不能遲過二十二年也。

宋遙——開元二十二年二月十九辛亥，見在禮侍·兼魏州刺史任。是日，充河北道採訪使。——兩書無傳。

〔考證〕 姓纂八，扶風宋氏「遙，禮、戶、吏侍郎。」岑校引宋遙誌，同。考册府一六二：「開元二十三年二月辛亥，初置十道採訪處置使，命（略）禮部侍郎兼魏州刺史宋瑤爲河北道採訪使。」卽其人也。據舊紀，此爲二十二年二月辛亥事，册府譌作二十三年。

姚奕——開元二十四年三月十二壬辰，始移考功貢擧於禮部，委侍郎專掌。是年，奕在禮侍任，知二十五年、二十六年兩春貢擧，放榜。遷右丞。——舊九六、新一二四附見父崇傳。

〔考證〕 通鑑：開元二十四年，「舊制，考功員外郎掌試貢擧人。有進士李權陵侮員外郎李昂，議者以員外郎位卑，不能服衆。三月壬辰，敕自今委禮部侍郎試貢擧人。」會要五八考功員外郎條作三月十二日，與鑑合。舊紀作乙未，差後三日。舊傳：「奕，……開元末，爲禮部侍郎，尙書右丞。」新傳省禮侍。唐語林八累爲主司條：「姚奕再，開元二十四年、二十五年。始命春官小宗伯主之。」似二十四年春貢擧卽由奕掌知者。然唐制，春貢二月放榜，則是榜已放始有移貢擧於禮部之詔，奕不及知是年春貢擧也。復考封氏聞見記三貢擧條：「開元二十四年冬，遂移貢擧屬于禮部，侍郎姚奕頗振綱紀焉。」徐考篇首引貞元中趙傪崔氏登科記敍亦云：「開元二十五年重難其事。更命春官小宗伯主之。」又引玉海：「開元二十五年丁丑，始命侍郎姚奕典擧。」則禮部知春貢實始於二十五年春，非二十四年春，甚明。語林蓋以始事二十四年冬，故書云知二十四年貢擧耳。又語林云奕放兩榜，蓋可信，則遷右丞當在二十六年春榜以後。又舊禮儀志四：「(開元)二十四年三月始移貢擧，遣禮部侍郎姚奕請進士帖左傳、禮記，通五及第。」似爲二十四年三月已在任之證。然「遣禮部侍郎」以下一句實不可通解。按：舊紀，是年「三月乙未，始移考功貢擧，遣禮部侍郎掌之。」會要七六進士條：「開元二十四年十月，禮部侍郎姚奕請進士帖左氏傳、周禮、儀禮，通五及第。」明舊志乃書三月十月兩事，今本「侍郎」下脫「掌之。十月，禮部侍郎」八字耳。是此條不能爲二十四年三月奕已在任之證。惟據會要，是年十月已在禮侍任，則無問題。

崔翹——開元二十六年，遷禮侍，知二十七年、二十八年、二十九年三春貢擧，放榜。二十九年三四月，徙大理卿。——舊九四、新一一四附見父融傳。

〔考證〕 語林八累爲主司條：「崔翹三，開元二十七年、二十八年、二十九年。」又據同卷進士科條，翹當以禮侍知擧。按：知春貢始事於前一年冬，則翹蓋二十六年始官禮侍也。又考冊府一六二：「開元二十九年五月，命大理卿崔翹(略)分行天下。」是必二十九年三四月徙大理卿。

韋陟——由中書舍人遷禮侍。(兩傳。)二十九年十一月十九丙寅，在禮侍．知貢擧任。(會要五八考功員外條。)放天寶元年春榜。(全唐文三四一顏眞卿郭揆神道碑。)二年蓋正月下旬，以本官權知吏侍事。同年，正拜吏侍。時階正議大夫。〔考證〕。——舊九二、新一二二有傳。

〔考證〕　舊傳：「爲禮部侍郎，……後爲吏部侍郎。」新傳同。考全唐文三〇八孫逖授韋陟吏部侍郎達奚珣禮部侍郎制：「正議大夫．行尙書禮部侍郎．權知吏部侍郎．(勳)韋陟，……中書舍人．權知禮部侍郎．(勳)達奚珣，……頃膺時事之委，深得選賢之稱，如有所試，已副於僉諧，必也正名，宜光於並拜。陟可吏部侍郎，珣可中散大夫．守禮部侍郎，勳封各如故。」此制在元年之後無疑。而達奚珣，二年已知春貢，則此制又不能太遲，蓋即二年所行也。按：天寶元年，苗晉卿、宋遙在吏侍任，無庸他人權知；至二年正月二十三日，二人同貶，陟以禮侍權知吏侍事必即其時，故禮部貢擧放榜屬之達奚珣。至此制行，各正拜矣。

達奚珣——天寶二年正月，以中書舍人權知禮侍，知是年春貢擧，放榜。是年，正拜禮侍，進階中散大夫。續知三載、四載、五載三春貢擧，放榜。卽以五載三四月至八九月間，遷吏侍。〔考證〕。四載八九月時已見階中大夫。(萃編八七石臺孝經。)遷吏侍時蓋如故。——兩書無傳。

〔考證〕　語林八累爲主司條：「達奚珣四，天寶二年、三年、四年、五年。」同卷進士科條，珣以中書舍人知貢擧。據前條引孫逖授珣禮侍制，先以中書舍人權知禮侍，知一次貢擧後，始正授禮侍，進階中散大夫。則以中舍權知春貢必爲二年春，事後正拜也。知五載春貢擧，則二三月尙在任。至六載春知貢擧者已是李巖，而珣則見在吏侍任。通鑑十二載追述前事云：「珣始自禮部遷吏部。」信然。蓋五載三四月至八九月間事也。

李巖——以禮侍(語林八進士科條。)知天寶六載、七載、八載三春貢擧，放榜。(語林八累爲主司條，參封氏聞見記三貢舉條。）其始任當在五載冬。——新一九七附見李素立傳。

李暐——以中書舍人知禮侍事，（語林八進士科條。）知天寶九載春貢舉，放榜。（唐詩紀事二七賈邕條。）其始事蓋八年冬。九年四月十七乙亥，尚見在中書舍人·權知禮侍事任。時階中大夫。（全唐文三八元宗冊涼王張妃文。）是年，遷戶侍。〔考證〕。——兩書無傳。

〔考證〕 語林八，知十載春貢舉者已爲李麟。而據通鑑，十載正月十九日暐已在戶侍任。蓋九年暐已由禮侍遷戶侍，而麟繼之也。而舊一六八錢徽傳：「父起，天寶十年登進士第。起……常於客舍，月夜獨吟，遽聞人吟於廷曰：曲終人不見，江上數峯青。起愕然攝衣視之，無所見矣，以爲鬼怪。……起就試之年，李暐所試湘靈鼓瑟詩題中有青字，起即以鬼謠十字爲落句。暐深嘉之，稱爲絕唱，是歲發第。」蓋年份有誤，或「暐」字有誤。

李麟——以兵侍（兩傳、〔語林八進士科條作中舍〕。）權知十載、十一載兩春貢舉，放榜。（語林八累爲主司條、兩傳。）其始事蓋在九載冬。後徙國子祭酒，（兩傳。）進階銀青光祿大夫。（舊傳。）——舊一一二、新一四二有傳。

蔣冽——蓋十一載或稍前，曾官禮侍。（詳吏侍卷。）——舊一八五上、新一〇六附見高智周傳。

陽浚——以中書舍人權知禮侍，知十二載春貢舉，放榜。其始事蓋在十一載冬。榜後正拜禮侍，續知十三載、十四載、十五載三春貢舉，放榜。——兩書無傳。

〔考證〕 摭言一四主司稱意條：「天寶十二載，禮部侍郎陽浚四榜，共放一百五十人。後除左丞。」謂連放十二、十三、十四、十五載共四榜也。考唐詩紀事二七，長孫鑄，「天寶十二年陽浚舍人下登第。」劉太冲、姚發、鄭愕並同。又云房白，「天寶十三年陽浚侍郎下登第。」鄔載同。又冊府一六二：「天寶十四年三月（略），禮部侍郎楊浚（略）往河南河北江淮宣慰。」蓋十二載春貢舉係以中舍權知，旋正拜禮侍也。據冊府及唐詩紀事，知摭言連知四春貢舉不誤。徐考九，此四年知貢舉下皆書禮侍楊浚，均注「見唐語林。」今檢聚珍本語林八累爲主司條：「陽渙再，天寶十二載、十五載。」與徐考不符。蓋「再」爲「四」之譌，又奪「十三載、十四載」六字耳。又諸書所引，其姓「楊」「陽」不同，其名「浚」、「俊」（如摭言七）、「渙」亦異，徐考定從「楊浚」。今考萃編九八顏眞卿元結墓誌云：「天寶十二載舉進士，作文編，禮部侍郎陽浚曰，一第汙元子耳。」全唐文三四四收此碑及新一四三元結傳並同。姑從石刻作「陽浚」。又太平廣記四八五許堯佐柳氏傳：「天寶中，昌黎韓翃有詩名，……禮部侍郎楊度擢翃上第，屛居間歲，……天寶末，盜覆二京。」云云。「度」必「浚」之譌。

薛邕——以右補闕·兼禮部員外郎知至德二載春鳳翔貢舉，放榜。（摭言一四主司稱意條、語林八進士科條〔左補闕〕。）——兩書無傳。

●崔渙——以門下侍郎·平章事·江淮選補使知至德二載春江淮貢舉，放榜。（唐才子傳三嚴維傳。）——舊一〇八、新一二〇有傳。

李希言——以禮侍知至德二載春江東貢舉，放榜。（唐才子傳三顧況傳。）乾元元年，由禮侍遷浙江東道節度使。（與表五引嘉泰會稽志。）——舊一三七附見子舒傳。

〔附證〕　希言官至禮侍，又見舊傳及新七二上世表。

裴士淹——由給事中遷禮侍，知至德二載春蜀中貢舉，放榜。乾元元年春，復於京師知貢舉，放榜。其始事蓋上年冬。——兩書無傳。

〔考證〕　語林八累爲主司條：「裴士淹再，至德二年、三年。」徐考一〇，至德二載，引此條，注云：「疑此元宗在蜀，知舉。」據語林八進士科條，士淹當以禮侍知貢舉。考丁氏翰學壁記：「裴士淹，給事中充，知制誥。」岑注：「舊紀九，天寶十四載三月『癸未，遣給事中裴士淹等巡撫河南、河北、淮南等道。』又新書二二三上：『帝之幸蜀也，給事中裴士淹以辯學得幸。』兩相推勘，似玄宗幸蜀時，士淹始以給諫進充也。……故事亦云『自給事中充。』……本記不著士淹出院，故事則云『出爲禮侍。』（此後引語林八）……則士淹當因知貢舉而出院。」

李揆——乾元元年，以中書舍人兼禮侍。（舊傳〔乾元初〕、新傳〔作二年誤〕。）是年六月十一辛亥，見在中書舍人兼禮侍任。時階朝散大夫。（大正藏經第二一二〇三藏不空和上表制集卷一制許翻譯經論祠部告牒。）知二年春貢舉，放榜。（兩傳〔皆云未畢事蓋誤〕、會要七六進士條。）三月二十九乙未，遷中書侍郎·同中書門下平章事。（通鑑、全唐文四二授制、舊紀〔原銜無中舍〕、新紀〔原銜無禮侍〕、新表〔同〕、兩傳。）——舊一二六、新一五〇有傳。

姚子彥——以中書舍人知上元元年春貢舉，放榜。其始事蓋上年冬。榜後正拜禮侍。續知二年春貢舉，放榜。是年或明年（寶應元年），徙光祿卿。——兩書無傳，全唐文三九一有獨孤及撰秘書監姚公墓誌。

〔考證〕　墓誌：「乘輿反正，公適外除，拜太子右庶子，……俄又授公中書舍人，禮部侍郎，光祿卿，左散騎常侍，加銀青光祿大夫。」語林八累爲主司條：「姚子彥再，乾元三年、上元二年。」同卷進士科條作中書舍人。蓋乾元二年冬以中舍權知禮侍知明年（上元元）春貢舉。事畢，正拜禮侍，續知二年春貢舉也。又按：寶應元年停貢舉，子彥徙光祿不知在上元二年抑寶應元年。

蕭昕——由中書舍人遷禮侍，知廣德元年春貢舉，放榜。其始事蓋上年冬。事畢不久，徙秘書監。——舊一四六、新一五九有傳。

〔考證〕　舊傳：「遷中書舍人，……累遷秘書監。代宗幸陝，昕出武關詣行在，轉國子祭酒。」新傳：「歷中書舍人，禮部侍郎。代宗幸陝，」下與舊傳同。全唐文三六七賈至授蕭昕秘書監制，原官爲行禮部侍郎。合而觀之，則由中舍遷禮侍，又遷秘監也。容齋五筆七引登科記：「高郢以寶應二年癸卯禮部侍郎蕭昕下第九人登科。」摭言八遭遇條，「（蕭）昕寶應二年一榜。」語林八累爲主司條：「蕭昕再，寶應二年、貞元三年。」據語林八進士科條，此年當以禮侍知舉，與登科記合。又按代宗以廣德元年十月幸陝，徙秘監事在前；參楊綰事，又當在六月以前。蓋廣德元年春榜後，不久卽徙秘書監。徐考一〇，廣德二年仍書昕知貢擧，誤。

楊綰——廣德元年三月至六月二十壬辰間，由太常少卿遷禮侍，知二年春貢擧，放榜。其年五月二十四庚申至九月二十五己未間，遷左丞。九月二十五己未，蓋又受詔以左丞知明年卽永泰元年春西京貢擧，放榜。——舊一一九、新一四二有傳。

〔考證〕 舊傳：「遷中書舍人・兼修國史。……再遷禮部侍郎，上疏條奏貢擧之弊。……尚書左丞賈至……議狀與綰同。……再遷吏部侍郎。」新傳略同。禮侍、吏侍間有左丞一遷，詳左丞卷。又全唐文三六六賈至授楊綰禮部侍郎制：「太常少卿・兼修國史楊綰……可守禮部侍郎，仍修國史。」是禮侍前官亦可考也。

綰遷禮侍既由賈至草制。按至傳，爲中舍，寶應二年（卽廣德元年）遷右丞，則此制不能遲過寶應二年也。會要七六孝廉擧條：「寶應二年六月二十日，禮部侍郎楊綰奏請每歲擧人依鄉擧里選，察秀才孝廉。……七月二十六日，禮部侍郎楊綰奏貢擧條目。」冊府六四〇，年月同。通鑑書此事於同年六月癸酉（一日）、七月戊辰（二十七日）。新四四選擧志、封氏聞見記三貢擧條、語林八唐初明經取通兩經條亦均云，寶應二年，楊綰爲禮部侍郎，奏請行鄉擧里選之制。則綰遷禮侍必在寶應二年卽廣德元年六月以前。然此年春蕭昕尚知貢擧，則綰遷禮侍又當在三月以後。

又通鑑：廣德二年五月「庚申，禮部侍郎楊綰奏歲貢孝弟力田無實狀及童子科皆僥倖，悉罷之。」冊府六四〇，同年五月。則遷左丞在五月庚申以後。又觀下賈至條引舊紀同年九月己未書事，則綰由禮侍遷左丞，同時至由左丞轉禮侍，皆當在二年五月至九月間。如此，則廣德二年春知貢擧者必爲楊綰；徐考一〇仍作蕭昕，誤。

知永泰元年春西京貢擧，詳下賈至條。

賈至——廣德二年五月二十四庚申至九月二十五己未間，由左丞轉禮侍。奏請兩都試舉人。九月二十五己未，以本官知明年卽永泰元年春東都貢舉，放榜。東都貢舉自此始。又知大曆元年春西京貢舉，放榜。是年遷右丞。——舊一九〇中、新一一九有傳。

〔考證〕　舊傳：「寶應二年，爲尙書左丞。……廣德二年，轉禮部侍郎。是歲，至以時艱歲歉，舉人赴省者，奏請兩都試舉人，自至始也。永泰元年，加集賢院待制。大歷初，改兵部侍郎。五年，轉京兆尹．兼御史大夫。卒。」新傳同，惟省廣德、永泰年。新四四選舉志亦云，廣德二年至爲侍郎，建言兩都試舉人。與舊傳同。册府六四〇：「永泰元年始置兩都貢舉，禮部侍郎官號皆以知兩都爲名。」蓋廣德二年定制，始實行乃在明年卽永泰元年春也。均不誤。

據前引通鑑，廣德二年五月庚申，楊綰尙在禮侍任。則至遷任必在此後。又舊紀，同年九月己未，「尙書左丞楊綰知東京選，禮部侍郎賈至知東都舉。兩都分舉選自此始也。」（會要七六：「永泰元年七月，以京師米貴，遂分兩京集舉人。」豈至始發議在七月耶？今姑從紀。）徐考一〇引此文，加按語云：「本紀之文奪誤殊甚，當作『禮部侍郎楊綰知東都舉，尙書右丞賈至知上都舉，兩都分舉，自此始也。』選字衍文。」耕望按：上「選」字當作「舉」，下「選」字衍文，蓋可信。其餘所改皆謬誤。何者？紀文二人書銜各與本傳及其他材料合，絕無問題。又唐人常「京」「都」對舉。舊紀此條，京在上，都在下，次序甚合。綰地位聲望較至素高，且兩都分試舉人之議爲至所發，則以西京推綰，而自主東都，最爲合理。故吾謂此文只改「東京選」爲「西京舉」，又删下一「選」字。徐氏紛紜改竄，誤也。是則至遷禮侍在五月庚申至九月己未之間必矣。

又舊紀，永泰元年三月壬辰朔，詔裴冕等十三人集賢院待詔，有賈至，銜爲「禮部侍郎」。檢通鑑永泰元年紀及會要二六待制官條，至銜與紀同。全唐文四八代宗授裴冕等集賢待制勅，至銜亦同。則在知舉放榜後也。又徐考一〇引乾𦠆子：「河東裴樞，……永泰二年賈至侍郎知舉，樞一舉而登第。」是又知大歷元年春貢舉也。是年冬，薛邕已遷禮侍知二年春貢舉，則至卸禮侍不能遲過元年冬。據兩傳，似由禮侍遷兵侍。實則先遷右丞，二年七月見在右丞任，三年正月始換兵侍；兩傳省書耳。詳右丞卷。

綜觀本卷楊綰、賈至兩條及左丞、右丞兩卷，至以廣德元年由中書舍人遷左丞，二年五月至九月間轉禮侍，永泰元年以本官待詔集賢殿，大曆元年遷右丞，三年正月換兵侍；官歷年序斑斑可考。而徐考既改舊紀廣德二年九月己未條至銜「禮侍」爲「右丞」（見前），又疑舊紀永泰元年三月至銜「禮侍」及楊綰傳至銜「左丞」並爲「右丞」之譌，其所依據惟舊紀大歷三年右丞賈至爲兵侍一條耳。是不但未讀冊府、會要、通鑑、新選舉志、集賢待詔制、李季卿墓誌及摭先塋記（全文四五八），且未檢賈至本傳；惟據舊紀、楊綰傳，見其前後官銜不同，卽盡改「左丞」「禮侍」以從最後「右丞」之名，失考殊甚。

薛邕——大曆元年，由中書舍人遷禮侍，（全唐文四一一常袞授薛邕吏部侍郎制〔云在禮侍五年〕。）連知二年、三年、四年、五年四春貢舉，放榜。（摭言一四主司稱意條、語林八累爲主司條、授吏侍制。）卽以五年遷吏侍。時階中散大夫，仍兼集賢殿學士·判院事如故。（授吏侍制）。——兩書無傳。

劉單——大曆五年，遷禮侍，知六年春貢舉，放榜。是年卒官。——兩書無傳。

〔考證〕　姓纂五：「禮部侍郎劉單，岐山人。」舊一一八楊炎傳：「元載自作相，常選擢朝士有學才望者一人厚遇之，將以代己。初引禮部郎中劉單。單卒，引吏部侍郎薛邕。邕貶，又引炎。」新傳，單銜爲禮部侍郎。按：單既爲載所引將代己爲相，不應位低至郎中，且據後文實知貢舉，則舊傳「郎中」必誤。又按：邕以大曆八年五月由吏侍貶出，則單爲禮侍卒，必在稍前。又邕自元年爲禮侍至五年遷吏侍，單爲禮侍應在邕後。又徐考一〇大曆九年引乾𦠆子載閻濟美紀事云：「某三舉及第。初五年遷吏侍，單爲禮侍應在邕後。又徐考一〇大曆九年引乾𦠆子載閻濟美紀事云：「某三舉及第。初舉劉單侍郎下雜文落第。」是單爲禮侍且放一榜矣。濟美紀事續云：「第二座主王侍郎雜文落第。……

將出關，因獻座主六韻。」明春於東都及第。唐詩紀事三六亦紀此事，云：「閻濟美，大曆九年春下第時將出關，獻座主張謂詩六韻。」與乾臊子同，惟王侍郎作張謂，又省劉單耳。然據此可知劉單知舉必在張謂前。單知舉既在邕之後、謂之前，是必知六年春貢舉也。

張謂——大曆六年冬，由太子左庶子遷禮侍。時階中散大夫。連知七年、八年、九年三春貢舉，放榜。——兩書無傳。

〔考證〕 唐才子傳四：「張謂字正言，河內人也。……累官爲禮部侍郎，出爲潭州刺史。」全唐文四一一常袞授張謂禮部侍郎制：「中散大夫・守太子左庶子・(勳・封・賜)張謂……可守尙書禮部侍郎，散官……如故。」語林八累爲主司條：「張謂三，大歷六年、七年、八年。」而唐詩紀事二五，張謂「大歷間，爲禮部侍郎，典七年、八年、九年貢舉。」差後一年。紀事三六又云，閻濟美「大曆九年春下第，將出關，獻座主張謂詩六韻。」與謂本條合。按：唐制本年春貢舉例以前一年冬派遣知貢舉人，故史籍往往以知二年舉爲第一年。謂蓋以六年冬，始遷禮侍知七年春貢舉，紀事以終事書之，是也；語林以始事書之，亦不爲大誤。而徐考合而書之，云知六、七、八、九年春貢舉，是四榜矣，與語林、紀事均不合。且劉單於謂前邕後嘗以禮侍知貢舉，若謂亦知六年春貢舉，將無以置單矣。又萃編九八元結墓誌敍大歷四年以前事，張謂題銜禮侍；蓋以後官入文。唐文拾遺四九懷素自敍帖，大曆十二年作，張謂銜仍禮侍，蓋書舊官也。

張延賞——大曆三年秋冬，以河南尹・權知東都留守知四年春東都貢舉，放榜。續知五年、六年兩春東都貢舉，放榜。六年五月十八癸卯，遷御史大夫。——舊一二九、新一二七有傳。

〔考證〕 舊傳：「大曆二年，拜河南尹。……時罷河南西山〔淮西〕山南副元帥，以其兵鎭東都，延賞權知東都留守以領之。……入朝，拜御史大夫。」新傳同。舊紀：五年正月「壬申，河南尹張延賞兼御史大夫・充東都留守。」六年「五月癸卯，以河南尹張延賞爲御史大夫。」考舊一〇八杜鴻漸傳：

「（大曆）三年八月，代王縉爲東都留守·充河南淮西山南東道副元帥，平章事如故。以疾上表乞骸骨，從之，竟不之任。四年十一月卒。」則延賞權知留守蓋卽始於鴻漸爲留守時；及鴻漸卒，延賞始正拜也。徐考一〇：齊映，大曆四年進士及第；李玕，五年及第。按舊一三六齊映傳：「映於東都舉進士及宏詞，時張延賞爲河南尹·東都留守，厚映……。」此時東都貢舉若不特遣侍郎主試卽委留守，蓋延賞卽映之座主也。又徐考引任華餞李玕擢第還鄭州序：「今年東都秀才登第者凡十數人，……宗伯方以拔淹滯……爲務，而玕則年甫二十餘，豈張公意耶。」徐云「張公卽延賞，」是也。則六年春東都榜蓋亦延賞所放。

蔣渙——大曆八年九月二十二甲午，以檢校禮尙·東都留守兼知東都貢舉，連放九年、十年兩榜。〔考證〕。十年五月十九辛亥，停東都貢舉。（會要七六、冊府六四〇。）——舊一八五上、新一〇六附見高智周傳。

〔考證〕　語林八累爲主司條：「蔣渙再，大歷九年、十年。」按舊紀，大曆七年五月「癸亥，以檢校禮部尙書蔣渙充東都留守。」八年九月「甲午，東都留守蔣瓊兼知東都貢舉。」瓊字譌。是知東都貢舉也。徐考據舊紀七年書事謂八年春已知貢舉，今姑從愼不書。

常袞——大曆九年十二月二十五庚寅，由中書舍人·集賢院學士遷禮侍，仍充學士，（舊紀、舊傳〔譌作元年〕、新傳。）連知十年、十一年、十二年三春貢舉，放榜。（語林八累爲主司條。）十二年四月一日壬午朔，遷門下侍郎·同中書門下平章事。（兩紀、新表、通鑑、兩傳。）時階朝議郎。（會要八一階條。）——舊一一九、新一五〇有傳。

潘炎——大曆十二年四月二日癸未，由太子右庶子遷禮侍，（舊紀、新傳、南部新書甲〔原官中舍〕。）知十三年、十四年兩春貢舉，放榜。（語林八累爲主司條。）十四年，以病免。（新傳、全唐文四二五于邵論潘炎表。）——新一六〇附見子孟陽傳。

令狐峘——大曆十四年九月十九丙戌，由中書舍人遷禮侍。（舊紀、舊一三八趙憬傳。）知建中元年春貢舉。二月十九甲寅，放榜。是日，貶衡州別駕。（舊紀〔郴州司馬〕、順宗實錄三、兩傳、摭言一四主司失意條。）——舊一四九、新一〇二有傳。

于邵——建中元年，由諫議大夫·知制誥再遷禮侍。（兩傳、舊一二二樊澤傳。）知二年春貢舉，放榜。（東觀奏記中、語林一政事。）四月二十九丁巳，貶桂州長史。（舊紀〔名作召長史作刺史〕、兩傳、全唐文四二六于邵與蕭相公書。）——舊一三七、新二〇三有傳。

〔考證〕 舊紀：建中二年四月「丁巳，貶禮部侍郎于召，桂州刺史；御史中丞袁高，韶州長史。」而通鑑，大曆八年五月，貶吏部侍郎薛邕，歙州刺史；禮部侍郎于邵，桂州長史。年月差距甚大。按：舊傳云：「與御史中丞袁高、給事中蔣鎮雜理左丞薛邕詔獄，……失旨，貶桂州長史。」新傳同，云在德宗世。檢袁高兩傳貶韶州長史亦在建中二年。均與舊紀合。東觀奏記及唐語林，邵知建中二年春貢舉；舊樊澤傳，建中元年，邵在禮侍任；亦皆與舊紀合，與通鑑不合。且全唐文四二六于邵與蕭相公書云：「自到炎方，幸未及死。」又云：「抱釁遐荒，……倏忽四年，……逢相公安撫之時……。」又云：「聖上纘序鴻業，於今六年。」以六年推之，此書必作於興元元年。檢新表，此年正月宰相蕭復爲山南江淮以南福建嶺南宣慰安撫使，十一月罷。則此書卽上蕭復者，在是年無疑。云釁逐四年，卽貶於建中二年，則舊紀爲正必矣，惟誤「長史」爲「刺史」耳。按邕前後兩貶，大曆八年由吏侍貶歙刺，後於建中元年冬由左丞貶連山尉。邵坐治邕獄而貶乃後次，通鑑誤爲前次耳。

趙贊——建中二年十月，在中書舍人·權知禮部貢舉任。（會要七五明經條、同書七六進士條、册府六四〇、新選舉志。）三年春，放榜。五月二十三乙巳，遷戶侍。（舊紀）。——兩書無傳。

李紓——由虢州刺史入遷禮侍。（兩傳。）知建中四年春貢舉，放榜。（南部新書甲、徐考一一引國史補。）四年冬，出爲同州刺史。（兩傳。）——舊一三七、新一六一有傳。

鮑防——建中四年冬末，由右散騎常侍遷禮侍。（碑、兩傳〔右作左〕。）時階銀青光祿大夫。（碑。）連知興元元年、貞元元年兩春貢舉，放榜。又知二年春貢舉。（語林八累爲主司條、唐才子傳五馬異條〔興元元〕、羊士諤條〔貞元元〕、摭言一四主司稱意條〔貞元二〕。）正月十六丁未，貢舉事未畢，遷京兆尹。（舊紀、摭言一四主司稱意條、兩傳。）——舊一四六、新一五九有傳，全唐文七八三有穆員撰鮑防碑。

包佶——貞元二年正月十六丁未，以國子祭酒繼防知貢舉，放榜。（舊紀。）——新一四九附見劉晏傳。

薛播——貞元二年，由左丞轉禮侍。（兩傳。）三年正月二十乙巳，卒官。（舊紀、兩傳。）知貢舉未畢事。——舊一四六、新一五九有傳。

〔考證〕　舊傳：播父元暉，什邡令。伯兄據，仲兄總，播年最幼。新傳，播子公達，國子助教。考全唐文五六五韓愈國子助教薛公達墓誌：祖元暉。果州流溪縣丞；父播，尚書禮部侍郎。侍郎命君後兄據。據爲水部郎中。君終國子助教。弟公韓、公儀。公儀之子己巳爲君後。世系與兩傳合，惟元暉官與舊傳異。而新七三下世表：「元暉，什邡令。」長子「播，水部郎中。」次子「總，監察御史。」季子「據，禮部侍郎。」據子公達、公韓、公儀。以墓誌及兩傳校之，「播」「據」二字互錯。蓋因播子公達改後據之故歟？又可據誌補公達官國子助教，公儀子名己巳。

蕭昕——貞元三年正月，以禮尚知貢舉，放榜。（兩傳、容齋五筆七引登科記、語林八累爲主司條、摭言八遭遇條〔作二年誤〕。）蓋播知貢舉未畢事，而昕繼之。——此再任。

劉太眞——貞元三年冬，由秘書監遷禮侍。（神道碑、兩傳。）〔考證〕。知四年、五年兩春貢舉，放榜。（語林八累爲主司條、唐才子傳五楊巨源條〔五年〕。）五年三月二十四丙寅，貶信州刺史。（舊紀、兩傳、神道碑。）——舊一三七、新二〇三有傳，全唐文五三八有裴度撰劉府君神道碑銘。

〔考證〕　碑云：「改秘書監……三年拜禮部侍郎。」考會要六五秘書省條，貞元二年七月及三年八月，太眞奏事，書銜皆爲秘書監。則遷禮侍必在三年冬。

張濛——貞元五年冬，以中書舍人權知六年春貢擧，放榜。旋正拜禮侍。時階中大夫。又知七年春貢擧；未畢事，蓋正月卸。（詳後杜黃裳條。）——新一二五附見祖說傳。

杜黃裳——貞元七年春，蓋以刑侍權知貢擧，放榜。〔考證〕。是年，遷吏侍。（詳吏侍卷。）——舊一四七、新一六九有傳。

〔考證〕 黃裳官歷，兩傳皆略去。考張說傳：「濛事德宗爲中書舍人。」新七二下世表：「濛，中書舍人，禮部侍郎。」卓異記，張說孫濛「自中書舍人拜禮部侍郎。」全唐文五九八歐陽詹唐天文述：「皇唐百七十有一載，皇帝御宇之十四祀也（四當作三），歲在辛未，實貞元七年。是歲也，……范陽張公濛爲春官之三年，……京兆杜公黃裳爲秋官之二年。」是濛於五年始遷禮侍也。又萃編一〇三武康郡王李公懋功昭德訟：「中大夫·行中書舍人·（勳·封）張濛撰。」碑述事至四年城良原，而以「五年十月十一日建」，則禮侍前官卽中舍。據語林八進士科條，濛實以中舍知貢擧；蓋五年冬，以中舍知貢擧，旋正拜禮侍。又據歐陽詹有所恨詩序及永樂大典載莆陽志引登科記，詹待試京師凡六年，至貞元八年登第。（見徐考一三引。）則六年七年詹正在京師，所述六官自不誤。則七年濛在禮侍任，黃裳在刑侍任，是年春知貢擧者應爲濛。而徐考一二：貞元七年春，禮部侍郎杜黃裳知貢擧。自注云：「本傳不言黃裳以何官知擧。廣卓異記云：『貞元七年，禮部侍郎杜黃裳下三十人及第。』今從之。」又檢徐考本年各進士項下所引材料有關知擧者：（一）劉禹錫令狐公集序（全唐文六〇五）：「公名楚，……司空杜公以重德知貢擧，擢居甲科。」舊書楚傳：「貞元七年登第。」唐才子傳（卷五）：「令狐楚，貞元七年尹樞榜進士及第。」（二）唐摭言（卷八自放狀頭條）：「杜黃門第一榜，尹樞爲狀頭。」太平廣記（卷一八〇）引閩川名士傳：「貞元七年，杜黃裳知擧，聞尹樞時名籍籍，乃微服訪之。」據此，則七年春知貢擧放榜者爲黃裳，蓋無問題，非濛也。此種情形有兩種解釋：第一，濛雖爲禮侍，然權知他官職事，不能兼知貢擧，故勅以刑侍杜黃裳權知禮部貢擧事。如天寶二年正月韋陟以禮侍權知吏侍事，而禮部貢擧則以中舍達奚珣權知，是其例也。第二，天文述作於七年正月，其時濛在禮侍知貢擧任，俄病免或遷他官，而黃裳以刑侍權知禮部貢擧，畢其事。第一種情形，此前惟陟珣一例，第二種情形事例較多，今姑作第二種書之。

陸贄——貞元七年冬，以兵侍權知禮部貢擧，（會要七六緣擧雜錄條、兩傳、全唐文四九三權德輿陸贄翰苑集序。）放八年春榜。（摭言四師友條、萃編一一三馮宿碑、唐才子傳五陳羽條。）——舊一三九、新一五七有傳。

顧少連——貞元八年冬，以戶侍權知禮部貢擧。九年二月二十七丙子，放榜。後正拜禮侍，續知十年春貢擧，放榜。是年，徙散騎常侍。——新一六二有傳，全唐文四七八有杜黃裳撰東都留守顧公神道碑。

〔考證〕　新傳惟云：「歷吏部侍郎。」神道碑云：「遷中書舍人。公在翰林僅將一紀，……方將大任，以文昌理本，歷試其能，凡三踐列曹（戶禮吏三侍郎），再登八座（吏兵二尙書），一爲散騎常侍，一爲左丞。……公之在地官也，辨士地之名物，……斂施以時。……公在秩宗，明典禮以正威儀，……黜浮僞而尙敦素。……公在天官，……登降庸勳，權衡流品。……珥貂騎省，以直方備顧問，以謇諤處朋儕。時有權臣怙寵，人多附麗；公面折其短，數而絕之。羣臣爲危；正色不撓。旋持左轄，旁總機曹之事。凡三典賓貢，三掌銓衡。」全唐文六三一呂溫祭座主故兵部尙書顧公文亦云：「三司秋賦，五掌春銓。」（五爲三之譌，詳後。）是亦謂三掌貢擧也。

按：少連以八年四月由中舍·翰學遷戶侍出院，見壁記，詳戶侍卷。全唐文五七七柳宗元送苑論登第後歸覲詩序：「八年冬，予與馬邑苑言揚聯貢於京師。……是歲小司徒顧公守春官之缺而權擇士之柄。明年春，同趨權衡之下。……二月丙子（二十七），有司題甲乙之科，揭於南宮，予與兄又聯登焉。」是八年冬以戶侍權知禮部貢擧放九年春榜也。徐考一三引太平廣記感定錄：「貞元九年，顧少連自戶部侍郎權知貢舉，(李)頔又未第。……來年秋，少連拜禮部侍郎，頔乃登第。」又引閩川名士傳，陳通方，「貞元十年顧少連下進士及第。」是九年正拜禮侍，續知十年春貢舉也。呂溫祭座主顧公文，門生列名者有劉禹錫、柳宗元、王播、席夔等。徐考列禹錫宗元九年春及第，播夔十年春及第，皆有確據，亦少連放九年十年兩榜之强證。又會要七五明經條：「貞元十三年十二月，尙書左丞·權知禮部貢舉顧少連奏：……。」冊府六四〇，同。呂溫祭座主顧公文，門生有呂溫、獨孤郁，徐考云十四年春及第，亦皆有確證。全唐文四九二權德輿送三從弟長孺擢第後歸徐州覲省序：「此長孺所由獲於左君之門也。左君嘗貳六官之半，復以綱轄再臨儀曹，……」又云：「十四年四月，從曾祖兄德輿序。」左君謂官左丞。是十三年冬以左丞受詔知貢舉，十四年春放榜終其事也。綜上所考，則神道碑「三典賓貢」，祭文「三司秋賦」，是也。語林八累爲主司條：「顧少連再，貞元十年、十四年。」脫九年春一榜耳。

禮侍知舉年月已明，茲續考吏侍與左丞之官序年月。按舊紀，貞元十六年五月「丁卯，以吏部侍郎顧少連爲京兆尹。」據前引權德輿送三從弟長孺歸省序，十四年四月少連尙在左丞任；則遷吏侍不能早過十四年夏，迄十六年五月只有兩次銓選，無三次五次也。然送長孺序十四年四月作，已稱少連「嘗貳六官之半。」碑不云少連曾貳他曹，則左丞前戶侍禮侍之後或已曾官吏侍。檢吏侍卷，十年十四年間惟十一年冬選缺一侍郎，十年冬選亦有缺員可能。(鄭珣瑜遷吏侍年月無考，也可能在十年冬末或十一年正二月。)碑，左丞前曾任常侍，面折裴延齡；傳書其事於吏侍後。按延齡以十二年九月卒，不知面折延齡時究官吏侍抑常侍，亦不知吏侍在前抑常侍在前也。若吏侍在前，則十年放榜後遷吏侍掌冬選，冬末轉常侍，後遷左丞；若常侍在前，則十年由禮侍轉常侍，十一年遷吏侍，掌冬選，十二年遷左丞。今姑置吏侍於十一年，是又得掌一次銓選矣。合十四年以後兩次，是三掌銓選，決不能五掌，祭文「五」爲「三」之譌。

綜上所考，少連此數年官歷爲：貞元八年四月，由中書舍人·翰林學士遷戶侍出院。是年冬，權知禮部侍郎，知九年春貢舉。九年，正拜禮侍，又知十年春貢舉。其年轉散騎常侍。十一年，遷吏部侍郎。十二年，遷尚書左丞。十三年冬，以本官權知十四年春貢舉。十四年四月以後，復遷吏部侍郎。十六年五月三十丁卯，遷京兆尹。

呂渭——蓋貞元十年，由太子右庶子遷禮侍。（舊傳。）連知十一年、十二年、十三年三春貢舉，放榜。（語林八累爲主司條、冊府六五一。）十三年九月二十二甲辰，出爲湖南觀察使。（舊紀、全唐文四九六權德輿湖南觀察李公〔巽〕遺愛碑、兩傳。）——舊一三七、新一六〇有傳。

顧少連——貞元十三年冬，以左丞權知十四年春貢舉，放榜。（詳前任條。）——此再任。

高郢——貞元十四年冬，以中書舍人權知十五、十六年兩春貢舉，放榜。蓋十六年，正拜禮侍，續知十七年春貢舉，放榜。其年冬，徙太常卿。——舊一四七、新一六五有傳。

〔考證〕 舊傳：「改中書舍人，凡九歲，拜禮部侍郎，……凡掌貢舉三歲，……拜太常卿。貞元十九年冬，進位銀青光祿大夫，守中書侍郎·同中書門下平章事。」新傳亦云：「司貢部凡三歲。」冊府六五一與兩傳同。徐考列郢事於十五、十六、十七年。又引唐詩紀事，封孟紳「貞元十五年高郢下進士第一人。」（按四部叢刊本卷三六有目無書。）侯鯖錄引唐登科記：「張籍以貞元十五年高郢下登科。」白居易箴言序：「貞元十有五年，天子命中書舍人渤海公領禮部貢舉事。越明年春，居易以進士舉，一上登第。」柳宗元送班孝廉序，韓注：「貞元十七年，禮部侍郎高郢知貢舉，班肅第一。」白香山詩集賀鄭方及第後秋歸洛下閑居詩：「玉憐同匠琢，桂恨隔年攀。」本注：「同高侍郎下隔年及第。」是亦十七年。凡此皆足爲徐氏列於此三年之强證。而會要五九禮部侍郎條：「貞元十五年十月，高郢爲禮部侍郎，……凡三歲掌貢士……。」似十五年冬始掌貢舉，連放十六年、十七年、十八年三春榜也。與徐考異。按徐考證據甚强，而十五、十六、十七年三春未見他人知貢舉，至十八年春則與權德輿衝突。蓋會要誤也。

又徐考，郢衡皆中書舍人，當據語林八進士科條書之。考全唐文五〇九祭徐給事文，作於貞元十四年歲次戊寅八月十日丁亥，郢衡爲中書舍人。同卷祭奚吏部文，作於貞元十五年歲次己卯十二月二十六日乙未，郢衡同。又容齋五筆七引登科記：「白樂天以貞元十六年庚辰中書舍人高郢下第四人登科。」是知十五年、十六年兩春貢擧均以中舍無疑。然本傳明書由中舍遷禮侍，唐制亦無久知貢擧不正除者。蓋十六年已正除禮侍，十七年春榜不應書銜中舍矣。據前引白集賀鄭方及第後秋歸洛下詩，似十七年秋郢尙在侍郎任；徙太常卿或當在年冬。又萃編一〇三姜源公劉新廟碑：「太中大夫·行中書舍人·(勳·賜)高郢撰。」時在貞元六年冬或七年春，則前後散階亦約略可考。

權德輿——貞元十七年冬，以中書舍人權知禮侍，(舊傳。)知十八年春貢擧，放榜。(語林八累爲主司條、摭言八通榜條、容齋四筆五韓文公薦士條引登科記、兩傳。)時階朝議郎。(全唐文五〇九權德輿祭房州崔使君文〔詳吏侍卷〕。)十八年，正拜禮侍。(舊傳、全詩五函七冊權德輿酬崔舍人閣老冬至宿直省中。)續知十九年春貢擧，放榜。(語林累爲主司條、摭言通榜條、容齋四筆五引登科記、兩傳。)十九年十月十二己丑，見在禮侍任。(全唐文五〇九祭戶部崔侍郎文。)二十年，貢擧停。(語林累爲主司條。)是年十一月戊申朔，見在禮侍任。(全唐文五〇九祭獨孤常州文。)續知二十一年春貢擧，放榜。(語林累爲主司條、摭言通榜條、容齋四筆五引登科記、兩傳。)是年七月四日辛未，尙在禮侍任。(全唐文五〇九祭張工部文。)同月二十一戊子，遷戶侍。(順宗實錄四、兩傳。)階如故。(詳吏侍卷。)——舊一四八、新一六五有傳。

崔邠——以中書舍人知元和元年春貢擧，放榜。其始事蓋上年冬。〔考證〕。元年七月以前，正拜禮侍。〔考證〕。時階太中大夫。(全唐文四八七權德輿兵部侍郎擧人自代狀。)又知二年春貢擧，放榜。(語林八累爲主司條、容齋四筆五韓文公薦士條引登科記、雲溪友議八。)是年，(據員闕。)遷吏侍。(舊傳、全唐文四九〇權德輿宿天長寺唱和詩序。)——舊一五五、新一六三有傳。

〔考證〕 由中舍遷禮侍，見舊傳及權德輿宿天長寺唱和詩序。知元和元年二年兩春貢舉，見語林八累爲主司條及容齋四筆五韓文公薦士條引登科記。徐考一六，元和元年，知貢舉崔邠，書銜「禮部侍郎。」自注：「永樂大典載蘇州府志，作中書舍人崔邠。按是年豐陵優勞德音，有禮部侍郎崔邠。當以本傳爲是。」耕望按：會要一帝號，順宗，「元和元年七月葬豐陵，謚曰至德大聖大安孝皇帝，謚冊文，禮部侍郎崔邠撰。」與優勞德音同。又全唐文四八七權德輿兵部侍郎舉人自代狀，舉禮部侍郎崔邠。時在元年夏秋(參兵侍卷)。亦與德音同。然皆元年夏秋以後事。意者，元年春知舉時實官中舍權知貢舉事，事畢正拜禮侍耳。徐考元年書銜禮侍，誤。

衞次公——元和二年冬，以權知中書舍人權知禮部貢舉，放三年春榜。(冊府六五一、兩傳、語林八進士科條、全唐文四九〇權德輿宿天長寺唱和詩序。) 正拜中書舍人。(舊傳、權德輿天長寺唱和詩序。)——舊一五九、新一六四有傳。

張弘靖——以中書舍人權知元和四年春禮部貢舉，放榜。其始事蓋上年冬。四年，遷工侍。——舊一二九、新一二七有傳。

〔考證〕 語林八進士科條，張弘靖以中書舍人權知貢舉，在衞次公後，于允躬前。按：次公知三年春貢舉，允躬知六年春貢舉，而五年春知貢舉者爲刑侍崔樞，則弘靖知貢舉，非四年春莫屬。舊一六五郭承嘏傳：「元和四年，禮部侍郎張弘靖知其才，擢升進士第。」此即張弘靖，脫其姓耳。又舊傳：「遷……中書舍人，知東都選事，拜工部侍郎，轉戶部侍郎，陝州觀察。」新傳省中舍、工侍。舊紀，元和四年「十二月壬申朔，以戶部侍郎張弘靖爲陝府長史‧陝虢觀察(略)使。」據舊書韋貫之傳，元和元年已見在中舍任。則自元年至四年春知貢舉時皆官中舍，放榜後遷官工侍，同年又遷戶侍，十二月出爲陝虢觀察使。

崔樞——以刑侍權知元和五年春禮部貢舉，放榜。其始事蓋上年冬。——兩書無傳。

〔考證〕舊一九二孔述睿傳：「子敏行，……元和五年，崔樞下擢第。」前定錄，陳彥博「以元和五年崔樞下及第。」又摭言一一以德報怨條：「裴垍舉宏辭，崔樞考之落第。及垍爲宰相，擢樞爲禮部。」語林三雅量類，同。而語林八進士科條，樞以刑部侍郎知貢舉。徐考一八：「韓愈有送孟琯秀才序。五百家注引孫氏曰：元和五年刑部侍郎崔樞知舉，試洪鐘待撞賦。」作刑侍，與孔述睿傳異。蓋以刑侍知貢舉，亦得稱禮侍耳。

于允躬——以中書舍人權知元和六年春禮部貢舉，放榜。其始事蓋上年冬。——兩書無傳。

〔考證〕南部新書乙：「父子知舉，……于邵、子允躬。」語林八進士科條，以中書舍人權知貢舉者，衞次公、張弘靖後，韋貫之前，有于允躬。前定錄陳彥博條，「彥博以元和五年崔樞下及第。……謝楚，明年于尹躬下擢第。」新七二下世表，于邵次子「尹躬，中書舍人。」按：「允」「尹」未知孰是。

許孟容——以兵侍權知元和七年春禮部貢舉，放榜。其始事蓋上年冬。〔考證〕。二月十三壬寅，出爲河南尹。（舊紀、舊傳。）——舊一五四、新一六二有傳。

〔考證〕舊傳：「（元和）四年，拜京兆尹，……改兵部侍郎，俄以本官權知禮部貢舉，頗抑浮華，選擇才藝。出爲河南尹。」徐考一八引太平廣記蒲錄紀傳：「元和七年，許孟容以兵部侍郎知舉。」又引感定錄，李固言「七年許孟容下狀頭及第。」又舊紀，七年二月壬寅出尹河南，原銜亦爲兵侍，則以兵侍知七年春貢舉，是也。語林八進士科條，孟容以黃門侍郎知貢舉，誤。

韋貫之——元和七年冬，以中書舍人權知禮部貢舉。（語林八進士科條〔無年〕。）十二月，見在權知禮侍任。（會要七五明經、冊府六四〇。）放八年春榜。（語林八累爲主司條、兩傳、摭言八已落重收條。）四月九日辛卯，仍見在權知禮侍任。時階朝議大夫。（全唐文四七八鄭餘慶祭杜佑太保文。）正拜禮侍。

（兩傳、全唐文六六〇白居易中書舍人韋貫之授禮部侍郎制〔不知正拜時抑權知時〕。）續知九年春貢舉，放榜。（語林累爲主司條、摭言已落重收條、唐才子傳六張又新條、兩傳。）六月二十一丙申至二十六辛丑閒，遷右丞。（詳右丞卷。）——舊一五八、新一六九有傳。

崔羣——元和九年六月二十六辛丑，由中書舍人·翰林學士承旨遷禮侍，出院。（丁氏翰學壁記，元氏承旨院記〔作戶侍誤〕、舊傳、全唐文五四七韓愈除崔羣戶部侍郎制。）知十年春貢舉，放榜。（南部新書己、唐才子傳六裴夷直條與沈亞之條、舊傳。）遷戶侍。（舊傳、韓愈除制。）——舊一五九、新一六五有傳。

李逢吉——以中書舍人權知元和十一年春禮部貢舉，放榜。其始事蓋上年冬。（摭言一四主司稱意條、語林四企羡類、因話錄、兩傳、舊紀、雲溪友議九廖有方條、唐才子傳六姚合條。）二月九日乙巳，遷門下侍郎·同中書門下平章事。（舊紀〔癸卯〕、新紀、表、通鑑、兩傳〔舊傳作四月誤〕、全唐文五八憲宗授李逢吉平章事制。）階由朝議郎進朝議大夫。（授制、舊傳〔無原階〕。）時貢院事未畢，委禮尚王播署榜。（摭言一四主司稱意條、舊傳、因話錄、語林四企羡類。）——舊一六七、新一七四有傳。

李程——以中書舍人權知元和十二年春禮部貢舉，放榜。其始事蓋上年冬。十三年四月，由中書舍人遷禮侍。六月，出爲鄂岳觀察使。——舊一六七、新一三一有傳。

〔考證〕舊傳：「元和十年，……。明年，拜中書舍人，權知京兆尹事。十二年，權知禮部貢舉，十三年四月，拜禮部侍郎。六月，出爲鄂州刺史·鄂岳觀察使。」按唐制，中舍權知貢舉放榜後多正拜禮侍。觀此文，似十二年冬權知貢舉，放十三年春榜，四月正拜禮侍；或知十二年、十三年兩春貢舉，放榜，正拜禮侍。否則「十三年」爲衍文。考語林八進士科條，程以中舍知貢舉，在李逢吉後、庾承宣前。逢吉、承宣知貢舉年份確實不誤，則程必知十二年一春貢舉亦無疑。又考舊一五八鄭餘慶傳，元和十三年，程實在禮侍任。昌黎集六除官赴闕至江州寄鄂岳李大夫（注：「謂李程也」）云：「故人辭禮闈，旌節鎭江圻。」是由禮侍出鎭亦不誤。又全唐文六一〇劉禹錫爲鄂州李大夫祭柳員外文：「予來夏口，忽復三年。」此文作於元和十五年夏，（子厚以十四年十月五日卒。此卷有劉禹錫重祭柳員外文云，「自君之沒，行已八月。」又云，「今以喪來，使我臨哭。」是十五年夏五月前後也。爲李大夫祭文亦云，「聞君旅櫬既及岳陽。」是當在禹錫重祭稍前。）是亦十三年出鎭之證。然則舊傳，十三年由禮侍出鎭，亦不誤也。蓋程以中舍知擧放十二年春榜後並未正拜禮侍，至十三年四月始遷禮侍，六月出鎭。此與常例頗違，易滋疑惑耳。

庾承宣——以中書舍人權知元和十三年春禮部貢擧，放榜。其始事蓋上年冬。十三年十月，見在權知禮侍任。續知十四年春貢擧，放榜。——兩書無傳。

〔考證〕語林八進士科條，承宣以中舍權知貢擧，在李逢吉、李程後。考雲溪友議一〇：「章正字孝標，……元和十三年下第，時多爲詩以刺主司，獨章君爲燕歸詩，留獻庾侍郎丞宣。小宗伯得詩，展轉吟諷，誠恨遺才，乃候秋期，必當引薦。庾果重秉禮曹，孝標來年擢第。」孝標以十四年庾承宣下進士及第，又見唐才子傳六。是知十三年十四年兩春貢擧也。又摭言一五雜文條：「庾承宣主文，……門生李石。」云云。據舊書李石傳，十三年進士及第。又會要七六緣擧雜錄：「元和十三年十月，權知禮部侍郎庾承宣奏，臣有親屬應明經進士擧者。」云云。冊府六四〇，同。是亦連知此兩年春貢擧之證。語林八累爲主司條：「陳承宣再，和元十年、十一年。」姓及年份均誤。

李建——以太常少卿權知元和十五年春禮部貢擧，放榜。（摭言一四主司稱意條、語林六、舊傳、墓誌、墓碑。）榜日爲閏正月十五戊午。（摭言一四主司稱意條。）其始事蓋上年冬。二月二十九辛丑，正拜禮侍。（同上。）四月，見在禮侍任。（會要一五廟議上、舊禮儀志五。）是年，（參刑侍卷。）遷刑侍。（舊傳、墓誌、墓碑。）——舊一五五、新一六二有傳，全唐文六五五有元稹撰刑部侍郎李公墓誌銘，同書六七八有白居易撰唐善人墓碑銘。

錢徽——元和十五年，蓋由虢州刺史入遷禮侍。〔考證〕。知長慶元年春貢擧。二月十七甲申，放榜。（摭言一四主司失意條、兩傳。）四月十一丁丑，貶江州刺史。（舊紀、通鑑、摭言一四主司失意條、册府〔三日丁未〕、會要七六〔同〕、兩傳。）——舊一六八、新一七七有傳。

〔考證〕　舊傳：「元和九年，拜中書舍人。十一年，罷學士之職守本官。長慶元年，爲禮部侍郎。」新傳，中舍禮侍間有「徙太子右庶子，出爲虢州刺史。」兩歷。據全唐文五四九韓愈擧錢徽自代狀，愈以元和十二年十二月由右庶子遷刑侍，徽繼爲右庶子。則新傳是也。

武儒衡——長慶元年，由中書舍人遷禮侍。數月，丁憂免。——舊一五八、新一五二有傳，全唐文六三九有李翶撰兵部侍郎武公墓誌銘。

〔考證〕　墓誌：「轉中書舍人。二年，遷禮部侍郎。入謝，賜三品衣魚。數月，丁尊夫人憂。再朞，服除，權知兵部侍郎。月餘，母夫人暴卒，公一號氣絕，久而乃息，遂得重疾，不能見親友。既祥，益病。長慶四年四月壬辰，竟薨。」又云「爲兵部纔數十日以喪免。」新傳「以兵部侍郎卒。」省禮侍。舊傳亦以四年卒。省兵侍。按：期年爲小祥，又期爲大祥。此云「既祥」，蓋小祥也。則爲兵侍當在三年春，爲禮侍在元年也。又據全唐文六五一元稹中書省議擧縣令狀，元和十五年八月儒衡見在中舍任。與上推考亦合。蓋元年四月錢徽貶後，儒衡繼任，數月丁憂免，而王起繼之耳。又按舊紀，長慶四年四月「壬辰，兵部侍郎武儒衡卒。」日與墓誌同。書前銜也。

王起——長慶元年，以中書舍人權知貢擧。十月八日辛未，正拜禮侍。（舊紀、兩傳。）連知二年、三年兩春貢擧，放榜。（語林八累爲主司條、兩傳、摭言八友放條、舊紀〔僅三年〕。）三年，遷兵侍。〔考證〕。——舊一六四、新一六七有傳。

〔考證〕　舊傳：「長慶元年，遷禮部侍郎。……掌貢二年，……出爲河南尹。」新傳同而略。似由禮侍出尹河南。而舊紀，四年九月「己巳，以兵部侍郎王起爲河南尹。」蓋三年遷兵侍，今出尹耳。兩傳省兵侍一遷。

李宗閔——長慶三年冬，以中書舍人權知禮侍，（舊傳。）知四年春貢舉，放榜。（兩傳、唐才子傳六韋楚老條。）事畢，蓋正拜禮侍。時階朝請大夫。（萃編一〇七李良臣碑〔署銜〕。）十月二十七壬寅，遷權知兵侍。（舊紀〔原銜仍權知禮侍〕、舊傳。）——舊一七六、新一七四有傳。

楊嗣復——長慶四年十月二十七壬寅，以中書舍人權知禮侍。〔考證〕。知寶曆元年、二年兩春貢舉，放榜。（語林八累爲主司條、兩傳、唐闕史下鄭少尹及第條。）——舊一七六、新一七四有傳。

〔考證〕 舊傳：「長慶元年，……正拜中書舍人。……四年，（牛）僧孺作相，……令嗣復權知禮部侍郎。」 考冊府四五七，長慶四年十月，以韋顗爲御史中丞兼戶部侍郎，以鄭覃爲權知工部侍郎，以韋弘景爲吏部侍郎，以李宗閔爲權知兵部侍郎，以于敖爲刑部侍郎，「以中書舍人楊嗣復權知今年貢舉。是日，尚書六曹無不更換，人情異之。」 按：自于敖以上皆見於舊紀，在十月壬寅；惟失書楊嗣復事。

崔郾——寶曆二年十月二十八壬戌，由中書舍人遷禮侍。（舊紀。）〔考證一〕。知大和元年春貢舉，放榜。（語林八累爲主司條、行狀、兩傳、廣卓異記引登科記。）時階銀青光祿大夫。（行狀。）七月二十一辛巳，勅權移來年貢舉於東都考試。（舊紀、冊府六四一。）郾以本官復知大和二年春貢舉，放榜。（語林八累爲主司條、行狀、兩傳、廣卓異記引登科記、摭言三遊賞雜記、本所藏孫景商墓誌、舊書杜牧傳、新書吳武陵傳。）四五月，卸。稍遲，遷兵侍，階如故。〔考證二〕。——舊一五五、新一六三有傳，全唐文七五六有杜牧撰銀青光祿大夫浙西觀察使崔公行狀。

〔考證一〕 此年月日及前後官明見舊紀。而行狀：「敬宗皇帝始即位……拜中書舍人，仍兼舊職。（翰林侍講學士。）侍帝郊天，加銀青光祿大夫。……歷歲，願出守本官，辭懇，而禮部缺侍郎，上曰公可也，遂以命之。」兩傳略同。全唐文六三三韋表微翰林學士院新樓記：「經構之始，侍講崔學士出拜小宗伯。」似由中舍侍講學士遷禮侍出院者。考丁氏翰學壁記：「……改中書舍人。寶歷二年九月四日出守本官。」則出守中舍本官後五十餘日始遷禮侍，非出院即遷也。

〔考證二〕　行狀：「二年選士七十餘人……轉兵部侍郎。今上（文宗）卽位四年……除陝虢觀察使。」兩傳皆省書兵侍一遷。按舊紀，大和四年正月「壬辰，以兵部侍郎崔郾爲陝虢觀察使。」與行狀正合。然二年六月一日鄭澣已遷禮侍，則郾卸禮侍不能遲過二年四五月。又據兵侍卷，二年八月始有闕，則由禮侍至兵侍亦非直遷也。

鄭澣（涵）——大和二年六月一日乙卯朔，由中書舍人·翰林侍講學士遷禮侍，出院。（翰學壁記、舊傳〔名瀚誤〕。）知三年、四年兩春貢舉，放榜。（舊傳、語林八累爲主司條、唐才子傳七楊發條〔四年〕。）遷兵侍。（舊傳。）——舊一五八、新一六五有傳。

賈餗——大和四年九月，以中書舍人權知禮部貢舉，（舊傳。）放五年春榜。（兩傳、語林八累爲主司條、全唐文七五五杜牧杜顗墓誌。）榜後，正拜禮侍。（舊傳。）續知六年、七年兩春貢舉，放榜。（兩傳、語林累爲主司條〔失書七年〕、杜牧杜顗墓誌。）七年五月，遷兵侍。（舊傳。）——舊一六九、新一七九有傳。

李漢——大和七年六月十六壬申，由御史中丞遷禮侍。（舊紀、舊傳。）知八年春貢舉，放榜。（北夢瑣言八裴相國條、會要七六緣舉雜錄、冊府六四一。）是年，遷戶侍。（舊傳。）——舊一七一、新七八有傳。

崔鄲——大和八年冬，以工侍權知禮部貢舉。蓋十二月上旬，正拜禮侍。放九年春榜。遷兵侍。——舊一五五、新一六三有傳。

〔考證〕　舊傳：「轉中書舍人。（大和）六年，罷學士。八年，爲工部侍郎·集賢殿學士，權知禮部貢舉。眞拜兵部侍郎，本官判吏部東銓事。……尋拜吏部侍郎。」新傳無年份，又省中舍、兵侍。

按徐考二三：「廣卓異記引登科記，大和九年鄭之弟郢放一榜。」是知九年春貢舉也。全唐文七七六李商隱上崔華州書：「愚……凡為進士者五年，始為故賈相國所憎，明年病不試，又明年復為今崔宣州所不取。」徐考云崔宣州即郢。是也。按商隱以開成二年及第，其始應試當在大和七年，賈相國謂賈餗，又明年為九年，亦郢知九年春貢舉之證。又全唐文六一〇劉禹錫崔陲神道碑：「生才子六人，……曰邠，……曰鄲，……曰郢，……皆自中書舍人為禮部侍郎，凡五貢賢能書。」按邠、鄲各放兩榜，郢一榜也。據傳，當以工侍知貢舉；然檢工侍卷，郢卸工侍不能遲過八年十二月上旬，蓋九十月以工侍知貢舉，十二月上旬正拜禮侍耳。

●李訓——大和九年九月二十七己巳，由兵部郎中·翰林侍講學士遷禮侍·同中書門下平章事。（舊紀、新紀、通鑑、新表〔原兵侍誤〕、兩傳、全唐文六九授制。）十一月二十一壬戌，誅宦官不克，奔鳳翔。二十三甲子或二十四乙丑，被殺。〔考證〕。——舊一六九、新一七九有傳。

〔考證〕 訓被殺，舊紀在十一月壬戌，新表在甲子，通鑑在乙丑。據新紀，甘露之變在壬戌，事不成，訓奔鳳翔，蓋甲子或乙丑被殺。

高鍇——大和九年十月，以中書舍人權知禮部貢舉，（舊傳。）放開成元年春榜。（兩傳、會要七六進士條、冊府六四一、語林八累為主司條、唐闕史下、摭言一五雜文條。）事畢，正拜禮侍。（舊傳。）四月三日壬申，見在禮侍任。（冊府六九〇。）又知二年、三年兩春貢舉，放榜。（兩傳、會要七六進士條、冊府六四一、語林累為主司條〔失書三年〕、唐闕史下、摭言一五沒用處條。）約三四月，遷吏侍。〔考證〕。——舊一六八、新一七七有傳。

〔考證〕 舊傳：「凡掌貢部三年……尋轉吏部侍郎。」新傳略同。按既放三年春榜，則遷吏侍不能早過二月末。而舊紀，三年五月二十七日已由吏侍出鎮鄂岳，則遷吏侍當在三四月。

〔附考〕 李商隱以開成二年及第。全唐文七七六李商隱與陶進士書：「夏口主舉人，時素重令狐賢明，……故夏口與及第，……乃命合爲夏口門人之一數耳。」此書作於五年九月，時高鍇在鄂岳觀察任，是商隱爲鍇之門生甚明。而同書七七五李商隱上座主李相公狀：「伏見恩制，相公以五月十九日登庸。」（李回以會昌五年五月十九日入相。）又云：「自頃文場鞠旅，冊府揚鑣，坐奮英詞，折班馬之方駕，入陳嘉話，納姚董之降旗，……一昨秋官分寵，風憲兼司，……重以潞潛逆孽，帝命遄征……」下述奉使河朔，回朝拜相，全是李回事。是上回也。又同書七七六李商隱爲湖南座主隴西公賀馬相公登庸啓，是大中二年爲李回賀馬植者。又爲滎陽公與三司使大理盧卿啓：「崔監察元藻是湖南李相公首科門生。」爲滎陽公上馬侍郎啓，略同。此爲吳湘獄事，亦在大中二年，李相公亦回也。商隱既自稱爲高鍇知擧時門生，何以又稱李回爲座主？回未嘗知貢擧，何以亦有首科門生？今考因話錄：「開成三年，余忝列第。考官刑部員外郎紇干公，崔相羣門生也。紇干及第時，于崔相新昌宅小廳中集見座主，及爲考官之前，假居崔相故第，亦于此廳見門生焉。是年科目八人，敕頭孫河南穀。」則吏部宏詞拔萃諸科，亦有座主門生之稱。按商隱蓋開成四年吏部試判釋褐爲校書郎，李回蓋其考官耳。觀回本傳，此時官歷亦可能。

崔蠡——開成三年冬，以中書舍人權知禮部貢擧，（舊傳。）放四年春榜。正拜禮侍。（舊傳。）遷戶侍。（舊傳。）——舊一一七、新一四四有傳。

李景讓——開成四年，由華州刺史・潼關防禦使入遷禮侍。（舊傳。）知五年春貢擧，放榜。（舊傳、唐詩紀事五六趙嘏條。）——舊一八七下、新一七七有傳。

柳璟——開成五年十月，由中書舍人・翰林學士遷禮侍，出院。（翰學壁記、兩傳。）連知會昌元年、二年兩春貢擧，放榜。（兩傳、唐闕史下鄭少尹及第條、語林八累爲主司條〔作開成五年會昌元年誤〕。）二年，貶信州司馬。（舊傳。）——舊一四九、新一三二有傳。

王起——以吏尚權知會昌三年春貢擧。是春，遷左僕，仍知貢擧，放榜。十二月十七辛未，復特敕知四年春貢擧，放榜。四月二十五戊寅，出爲山南西道節度使。——舊一六四、新一六七有傳。

〔考證〕 語林八累爲主司條：「王起四，長慶二年、三年，會昌三年、四年。」起知會昌三年、四年兩春貢擧，又見舊傳、舊紀、摭言三遊賞賦詠雜記、北夢瑣言三盧肇爲進士狀元條、冊府六四一、南部新書己、席氏唐詩（唐文拾遺四七張洎項斯詩集序）、唐才子傳七。餘詳左僕卷。

陳商——會昌三年十一月十九癸卯，以諫議大夫權知禮部貢擧。十二月十七辛未，停知擧事。（摭言三遊賞賦詠雜記〔又一四主司失意條作六年誤〕。）四年冬，復以本官權知禮部貢擧，五年二月放榜。（會要七六進士條、舊紀、冊府六五一、語林八累爲主司條、徐考二二引永樂大典載蘇州府志〔諫議〕。）是年，正拜禮侍，續知六年春貢擧，放榜。（永樂大典引蘇州府志〔禮侍〕、語林八累爲主司條。）六年八月，見在禮侍任。（會要二帝號條。）九十月，由禮侍出爲陝虢觀察使。（萃編八〇華岳陳商題名。）——兩書無傳。

魏扶——以禮侍知大中元年春貢擧，放榜。（舊紀、會要七六進士條、冊府六四一、南部新書戊。）當由中書舍人·翰林學士遷任。〔考證〕。——兩書無傳。

〔考證〕 翰學壁記，魏扶「會昌……四年九月四日，拜中書舍人，並依前充。」岑注：「此未言何時出院，漏也。」按：扶知是年春貢擧，其始事必在會昌六年冬，蓋卽由中舍翰學出院知貢擧也。玉谿詩詳註三喜舍弟羲叟及第上禮部魏公云：「國以斯文重，公仍內署來。」尤爲的證。

封敖——大中元年，由工侍遷禮侍。（詳工侍卷。）知二年春貢擧，放榜。（舊紀、金華子雜編上韓藩條。）遷吏侍。（舊傳。）——舊一六八、新一七七有傳。

李褒——以禮侍知大中三年春貢擧，放榜。（語林七。）是年，出爲浙東觀察使。（吳表五引嘉泰會稽志。）——兩書無傳。

裴休——大中三年冬，蓋十月五日乙酉，以禮侍知貢擧，放四年春榜。蓋遷刑侍。——舊一七七、新一八二有傳。

〔考證〕 唐才子傳七，曹鄴「爲舍人韋愨所知，力薦於禮部侍郎裴休，大中四年張溫琪榜中第。」又考唐闕史上：「丞相河東公……得古鐵器曰盎。……後以小宗伯掌文學柄，得士之後，生徒有以盎寶爲請者。裴公設食會門生，器出乎庭，……獨劉舍人蛻以爲非當時之物。」 又摭言二海述解送條：「荊南解比號天荒，大中四年劉蛻舍人以是府解及第。」是蛻以大中四年及第，其座主則裴休也，與才子傳合。復考全唐文七八九劉蛻上禮部裴侍郎書：「及今年冬見乙酉詔書，用閤下以古道正時文，以平律校郡士，……蛻也不度入春明門，請與八百之列負階待試。」是三年冬所上者。其冬惟十月五日及閏十一月五日爲乙酉，當是十月五日詔休以禮侍知四年春貢舉也。又休於五年二月由刑侍遷戶侍，蓋四年由禮侍遷刑侍歟？

韋愨——大中四年，由中書舍人遷禮侍。知五年春貢舉，放榜。是年，遷戶侍。——舊一七七、新一八四附見子保衡傳。

〔考證〕 舊傳，愨「亟歷臺閣，大中四年，拜禮部侍郎。五年選士，頗得名人。」 考全唐文七六三沈珣授韋愨鄂岳節度使制：「愨效彰布於臺閣。洎職司誥命，參貳春官，業彌振於訓詞，道愈光於得士。」 與舊傳正合。據前裴休條引唐才子傳七，大中三年冬愨在中舍任，是四年遷禮侍卽由中舍也。授制續云：「及再遷會府，休聞尤彰。由是嘉乃良才，俾升節制，流美化於洪河之曲，布威聲於白馬之津。……由是再新戎旆，改築齋壇，與滑臺之詠歌，慰鄂渚之黎庶。」 是由禮侍遷戶侍，出鎭鄭滑轉鄂岳也。吳表二引華岳志題名：「薛謌宋壽送座主尚書滑臺。大中五年十月二十七日。」 吳氏以爲卽愨，是也。則由戶侍出鎭鄭滑卽在大中五年十月。

崔璵——大中五年，由中書舍人遷禮侍，知六年春貢舉，放榜。（舊傳、全唐文七四八杜牧崔璵除兵部侍郞制〔疑非牧所行〕、唐才子傳七劉駕條、唐闕史許道敏條。） 其年冬，遷權知戶侍。（舊傳〔作七年蓋誤，參戶侍卷」。）——舊一七七、新一八二有傳。

崔瑤——大中六年冬，以中書舍人權知禮部貢舉，（舊傳〔云六年知貢舉蓋就始事而言〕。）放七年春榜。（南部新書己、廣卓異記引登科記、語林三方正類。）正拜禮侍。同年，（據員闕。）出爲浙西觀察使。（舊傳。）——舊一五五、新一六三附見父鄘傳。

鄭薰——大中七年，由工侍遷禮侍，知貢舉，放八年春榜。時階中散大夫。——新一七七有傳。

〔考證〕 新傳：「薰端勁，再知禮部擧，引寒俊，士類多之。」不云何年何官。考全唐文七六一鄭處晦授鄭薰禮部侍郎制：「中散大夫·尙書工部侍郎鄭薰……持槖列金華之侍，揮毫擅紫闥之工，貳職冬官，克揚休問，是用俾司貢籍，以振儒風，……可守禮部侍郎。」按 唐才子傳八，劉滄，「大中八年，禮部侍郎鄭薰下進士。」又徐考二二：「永樂大典引蘇州府志，大中八年，侍郎鄭董知擧，畢紹顏登第。」則以禮侍知八年春貢擧，其由工侍遷禮侍當在七年。此一掌貢擧也。

徐考云：「按薰惟此年知擧，舊書(舊當作新)謂再知禮部，誤。」今考摭言一三無名子謗議條：「顏標，咸通中鄭薰下狀元及第。先是，徐寇作亂，薰志在激勸勳烈，謂標，魯公之後，故擢之巍峩。」按徐寇之亂始於咸通九年秋，平於十年秋，則薰於咸通十一年至十五年間又嘗一知貢擧也。又按：唐自開元中移貢擧於禮部後，歷年掌貢擧者皆可確考，惟咸通十四年無明確記載，當卽薰以重德再掌也。是新傳「再知」不誤。唐才子傳，李頻「大中八年顏標榜擢進士第。」此書在摭言之後遠甚，蓋誤以薰第二榜狀元爲第一榜狀元耳，不可據以難摭言也。而徐考從之，引摭言又略「咸通中」三字，然「先是徐寇作亂」將何指耶？

又翰學壁記：「鄭薰，大中……四年十月七日，拜中書舍人，並依前充。十三日，守本官出院。」又全唐文七九〇鄭薰仇士良神道碑：「大中紀號五年，……特詔詞臣，俾其撰述。」則五年尙在中舍任。參之前引授制：「持槖列金華之侍，揮毫擅紫闥之工，二職冬官……」云云。則由中舍遷工侍，其時間不能早過五年，蓋即五六年也。

沈詢——以中書舍人權知大中九年春禮部貢擧，放榜。（語林四企羨類、南部新書戊、雲溪友議八、東觀奏記下。）正拜禮侍。（舊傳。）九月二十九乙亥，出爲浙東觀察使。（通鑑、舊傳、東觀奏記中、語林一政事類。）——舊一四九、新一三二有傳。

鄭顥——大中九年十一月，由中書舍人遷禮侍。（舊紀。）〔考證〕。知十年春貢擧，放榜。（語林八累爲主司條、東觀奏記上、語林四、舊傳、孫棨北里志序。）四月，見在禮侍任。（會要七六、冊府六四一。）是年，遷戶侍。（詳吏侍卷。）——舊一五九、新一六五有傳。

〔考證〕此年月官歷明見舊紀。而舊傳原官爲給事中，語林八進士科條以黃門侍郎知貢擧。按給事中蓋中舍前官，當從舊紀。此時無黃門侍郎，語林必誤。

杜審權——大中十年九月，以中書舍人權知禮部貢擧，（舊紀、舊傳、語林八進士科條。）放十一年春榜。正拜禮侍。（舊傳。）九月，出爲陝虢觀察使。（舊紀、舊傳。）時階中散大夫。（舊紀。）——舊一七七、新九六有傳。

李潘〔考證一〕——大中十一年十月，以中書舍人權知禮部貢擧。（舊紀〔藩〕、語林八進士科條〔璠〕。）十二年三月，見在中舍·知貢擧任，放榜。（冊府六四一〔潘〕、會要七六制擧科〔藩〕、語林七〔同〕、雲溪友議七〔同〕。）正拜禮侍。（舊傳〔潘〕。）四月十八己酉稍後，遷戶侍。〔考證二〕。時階朝議郎。（舊紀。）——舊一七一附見兄漢傳。

〔考證一〕其名，舊傳、冊府作潘，舊紀、會要、語林七及雲溪友議皆作藩，語林八又作璠。按新七〇世表亦作潘。據舊傳及世表，其人有三兄：漢、滻、洸，皆從水旁，則當以作「潘」爲正。元和時宰相李藩有盛名，作藩者蓋因此致譌耳。

〔考證二〕舊紀：大中十二年二月，「以朝議郎·守中書舍人·權知禮部貢擧·（勳·賜）李藩爲尙書戸部侍郎。」按舊紀本年春書事極零亂，月份顯有錯誤。卽就此事而言，二月同時爲戸侍者有蕭及杜勝兩人，而劉瑑仍在戸侍同平章事任，是同時三戸侍也，必有一誤。據册府六四一與會要七六，十二年三月潘侚在中舍知貢舉任，則舊紀書遷戸侍於二月必誤。檢新表，是年四月己酉劉瑑遷工尙，則潘遷戸侍當在此日以後也。

鄭顥——以兵侍權知大中十三年春禮部貢舉，放榜。其始事蓋上年冬。——此再任。

〔考證〕 舊傳：「典貢士二年，振拔滯才，至今稱之。」孫棨北里誌序：「大中皇帝……特重科第，故其愛壻鄭詹事再掌春闈。」據語林八累爲主司條：「鄭顥再，大中十年、十三年。」是十三年春再掌也。按其時官兵侍，詳吏侍卷。

裴坦——大中十三年十月，以中書舍人權知禮部貢舉，（舊紀。）放十四年（咸通元年）春榜。（册府六五一、舊一七二令狐滈傳。）出爲江西觀察使。（新傳。）——新一八二有傳。

薛眈——咸通元年十一月，以中書舍人權知禮部貢舉。（舊紀。）蓋放二年春榜。——兩書無傳。

鄭從讜——以中書舍人權知咸通三年春禮部貢舉，放榜。（舊傳、全唐文八一七黃璞王郎中傳〔名脫從字〕。）正拜禮侍。遷刑侍。（舊傳。）——舊一五八、新一六五有傳。

蕭倣——咸通三年十二月，由左散騎常侍·權知吏侍選事改權知禮部貢舉，本官如故。四年春榜後，二月十三丙午，貶蘄州刺史。時階中散大夫。（詳吏侍卷。）——舊一七二、新一〇一有傳。

王鐸——咸通四年十一月，以中書舍人權知禮部貢舉，（舊紀、語林八進士科條。）放五年春榜。（舊傳。）四月，正拜禮侍。（舊紀、舊傳。）是年，蓋遷吏侍。〔考證〕。——舊一六四、新一八五有傳。

〔考證〕 舊傳：「咸通初，……拜中書舍人。五年，轉禮部侍郎。典貢士兩歲，時稱得人。七年，以戸部侍郎判度支。」參之舊紀書事，當知五年六年兩春貢舉也。然五年十月李蔚已受詔知六年春貢舉，而六年二月鐸已在吏侍任，則卸禮侍不能遲過五年冬，蓋遷吏侍。是僅掌五年春貢舉，舊傳誤也。

李蔚——咸通五年十月三日丙辰，以中書舍人權知禮部貢擧，（舊紀、舊傳、語林八進士科條。）放六年春榜。（太平廣記二七一關圖妹條、唐才子傳八翁綬條、舊傳。）是年，正拜禮侍。（舊傳。）遷右丞。（舊傳。）——舊一七八、新一八一有傳。

趙騭——咸通六年九月三十戊申，以中書舍人權知禮部貢擧。〔考證〕。時階朝散大夫。（翰學壁記。）放七年春榜。（舊傳、摭言一二酒失條〔同書九芳林十哲條誤作十三年〕、唐才子傳八沈光條。）正拜禮侍。（舊傳。）換御史中丞。（舊傳。）——舊一七八、新一八二有傳。

〔考證〕　舊紀：咸通六年「九月，以中書舍人趙騭權知禮部貢擧。」舊傳：「正拜中書舍人，（咸通）六年權知貢擧，七年選士……。」與紀合。翰學壁記：「五年……九月十七日，加朝散大夫，戶部口口，依前充。其月三十日，改禮部侍郎出院。」岑注云：「『九月十七日』上奪『六年』二字，又『戶部口口』爲『中書舍人』之誤。其說極碻。是知擧在六年九月三十日也。

鄭愚——以中書舍人（語林八進士科條。）權知咸通八年春貢擧，放榜。（唐詩紀事五六、唐才子傳〔禮侍〕、摭言二文學條〔禮侍〕。）蓋正拜禮侍。出爲嶺南東道節度使。（摭言一二設奇沽譽條〔原官禮侍〕。）——兩書無傳。

劉允章——咸通八年冬，由工侍・知制誥・翰林學士遷禮侍，出院。知貢擧，放九年春榜。〔考證一〕。是年，出爲鄂岳觀察使。〔考證二〕。——舊一五三有傳。

〔考證一〕　舊傳：「累官至翰林學士承旨，禮部侍郎。咸通九年知貢擧，出爲鄂州觀察使。」舊紀：咸通八年十月，「以中書舍人劉允章權知禮部貢擧。」按翰學壁記：劉允章，「（咸通）六年正月九日，加戶部郎中・知制誥。……八年十一月四日，遷工部侍郎・知制誥，依前充。其年十一月十六日，改禮部侍郎出院。」與紀頗異。徐考從壁記。而岑氏云：「於制，郎中知制誥必正除舍人而後遷侍郎，記由戸中超遷工侍，可疑者一。前既題八年十一月，後又題十一月，於義爲複，可疑者二。」意謂壁記有誤，當從舊紀。今按：壁記月日容有誤，亦可能脱中舍一遷，然工侍遷禮侍或當可據，故今書之如此。

〔考證二〕　舊傳，「知貢擧」下云「出爲鄂州觀察使。」按舊紀，九年十二月，「岳鄂觀察使劉允章上書……」云云。則舊傳出鎭鄂岳爲可信，卽在九年。

王凝——咸通九年，由前同州刺史入遷禮侍，（行狀、兩傳。）知貢擧，放十年春榜。（舊一九〇下司空圖傳、唐才子傳八、行狀、兩傳。）出爲商州刺史。（行狀、兩傳。）——舊一六五、新一四三有傳，全唐文八一〇有司空圖撰宣州觀察王公行狀。

〔咸通十一年春貢擧停〕

鄭頊——蓋咸通中，官至禮侍。——兩書無傳。

〔考證〕　新七五上世表，南祖鄭氏「頊，禮部侍郎。」按鄭顥爲宣宗女婿，以大中中爲禮侍。頊其第六弟也，官禮侍可能在咸通中。

高湜——咸通十一年十月，以中書舍人權知禮部貢擧，（舊紀。）放十二年春榜。（兩傳、唐才子傳九〔禮侍〕、北夢瑣言二放孤寒條〔禮侍〕、南部新書乙、語林七。）正拜禮侍。（兩傳。）——舊一六八、新一七七附見父釴傳。

崔瑾——蓋以中書舍人知禮部貢擧，放咸通十三年春榜。其始事蓋上年冬。榜後正拜禮侍，九月稍前，尙在禮侍任。——舊一五五、新一六三有傳。

〔考證〕　舊傳：「歷尙書郎・知制誥。咸通十三年，知貢擧，選拔頗爲得人。尋拜禮部侍郎，出爲湖南觀察使。」新傳亦云：「禮部侍郎，湖南觀察使。」冊府六五一，與舊傳同，惟云「咸通中」，無年。審瑾官歷當以中舍權知貢擧正拜禮侍也。徐考二三載廣卓異記引登科記：「崔氏六榜，……咸通十三年，鄭之子瑾又放一榜。」同卷又引廣卓異記云：「咸通十三年，禮部侍郎崔殷夢下三十人及第。」蓋瑾字殷夢也。又全唐文七九五孫樵倉部郎中康公墓誌銘：「以咸通十三年月日薨於鄭州官舍。……其年九月三日，……權窆於孟州。」有云「今春官貳卿崔公殷夢。」則是年九月稍前尚在禮侍任。

鄭薰——以某官知咸通十四年春禮部貢舉，放榜。其始事蓋上年冬。——此再任。

〔考證〕　薰於大中八年曾知貢舉。據摭言，咸通十年至十五年間再知貢舉。此數年中惟十四年春，史籍未指明何人知舉，故吾以薰實之，詳第一任條。徐考二三：「是年（十四年）知舉不知何人。考唐才子傳載高蟾事，有於馬侍郎下下第，明年李昭知貢。雖其言不無舛誤，而李昭知舉必實有其事。北夢瑣言載樂朋龜舉進士，亦云李昭侍郎，（按此在卷五。）似爲可據。唐中葉數十年中，知舉姓名按年可考，惟此年不詳，疑其爲李昭也。馬侍郎爲高侍郎之誤，謂前年高湜知舉。」耕望按：才子傳云乾符三年李昭曾爲禮部侍郎知貢舉，容或有之，非此年；不如鄭薰事明見摭言之可據也。

裴瓚——咸通十四年冬，由中書舍人或給事中遷禮侍·知貢舉，放乾符元年春榜。元年七月，出爲檢校左散騎常侍·湖南觀察使。——兩書無傳。

〔考證〕　舊紀：乾符元年「七月，以禮部侍郎裴瓚爲檢校左散騎常侍·潭州刺史·湖南觀察使。」語林三賞譽條：「劉相崇望舉進士，朔望謁鄭太師從讜。……裴侍郎瓚後至，先入從容，乃召劉秀才。劉相告以主司在前，不敢升坐隅，拜于副階上，鄭降而揖焉。……乃謂瓚曰，大好及第舉人。瓚唯唯。明年爲門生。」檢崇望舊傳，咸通十五年及第，則十四年冬瓚已受命知舉也。又考桂苑筆耕七吏部裴瓚尚書別紙（代高駢作）云：「侍郎……璅窓近日，高批帝語於筆端，絳帳生風，妙選羣才於門下，泊湖湘察俗，瀍洛尹都……」與語林、舊紀合，而似由給事中或中書舍人遷禮侍也。

崔沆——乾符元年十月，以中書舍人權知禮部貢舉，放二年春榜。二年五月，正拜禮侍。蓋續知貢舉，放三年春榜。三年九月，遷右丞。——舊一六三、新一六〇有傳。

〔考證〕　舊傳：「乾符初，復拜中書舍人。尋遷禮部侍郎，典貢擧，選名士十數人。」新傳略同。

舊紀：乾符元年「十月，以中書舍人崔沆爲中書侍郎。」「二年五月，「中書舍人崔沆爲禮部侍郎。」「三年九月，「禮部侍郎崔沆爲尙書右丞。」按：元年條必誤無疑。徐考云，「中書侍郎」係「權知貢擧」之譌，是也。又語林四企羡類：「乾符二年乙未，崔沆侍郎知擧。」南部新書戊，「乾符二年，崔沆放崔瀣。」唐才子傳九，林嵩，「乾符二年禮部侍郎崔沆下進士。」是知二年春貢擧放榜之可考見於他處者。知三年春貢擧無考，惟據舊紀，三年春尙在禮侍任，故書之如此。而唐才子傳九，高蟾「乾符三年孔緘榜及第。」又追述前事云：「是年（指二年），……又下第。上馬侍郎云，……芙蓉生在秋江上，莫向春風怨未開……。馬憐之，……因力薦，明年李昭知擧，遂擢桂。」則知三年春貢擧放榜是李昭也，而「馬侍郎」乃「崔侍郎」之形譌耳。又北夢瑣言五載樂朋龜擧進士，亦云李昭侍郎。則李昭知貢擧容或有之，不知三年究爲崔沆抑李昭也。又全唐文八二四黃滔代陳礪謝崔侍郎啓：「某啓，戶部鄭郎中伏話鄭隱先輩專傳侍郎尊旨，伏蒙於新除永樂侍郎處特賜薦論，……拜聆嘉耗，感激兢悚。……明年春色，致身雖出於他們；今日恩光，碎首須歸於舊地。」按：陳礪以乾符五年及第，此必稍前。沆與隱最厚，二年春擢爲上第，則此崔侍郎卽上崔沆殆無疑。「永樂侍郎」蓋以里望稱之，不知指何人，意者非高湘卽李昭歟？姑存待考。

高湘——乾符三年九月，以中書舍人權知禮部貢擧，（舊紀、舊傳。）放四年春榜。（舊傳、摭言九、南部新書乙。）——舊一六八、新一七七有傳。

崔澹——乾符四年八月，以中書舍人權知禮部貢擧，（舊紀。）放五年春榜。（摭言八。）蓋正拜禮侍。五年四月，見在禮侍任。（通鑑。）——舊一七七附見崔珙傳。

張讀——乾符五年十二月，以中書舍人權知禮部貢擧，（舊紀。）放六年春榜。（舊傳，參舊紀。）正拜禮侍。十月，權知左丞。（舊紀、舊傳。）——舊一四九、新一六一有傳。

崔厚——以禮侍知廣明元年春貢舉，放榜。其始事蓋上年冬。（摭言九惡得及第條、徐考引永樂大典載蘇州府志。）——兩書無傳。

盧渥——廣明元年十月，由陝虢觀察使入遷禮侍·知貢舉。十二月，黃巢犯闕，未畢事。（神道碑、北夢瑣言九、語林四。）——全唐文八〇九有司空圖撰盧公（渥）神道碑。

韋昭度——中和元年春，以戶侍·（語林八進士科條。）翰林學士承旨（詳戶侍卷。）代渥知貢舉，放榜。（語林四企羨類。）（詳戶侍卷。）——舊一七九、新一八五有傳。

歸仁紹——以禮侍知中和二年春貢舉，放榜。其始事蓋上年冬。——兩書無傳。

〔考證〕　唐才子傳九，秦韜玉，「中和二年，禮部侍郎歸仁紹放榜，特敕賜進士及第。」徐考二三：「永樂大典引蘇州府志，侍郎歸仁紹知舉，楊注登第。舊書楊收傳，注，中和二年進士登第。」則年份可信，姓名亦與才子傳合。而徐考又云：「益州名畫錄：僖宗幸蜀回鑾日，令常重允於中和院寫御容及隨駕文武臣寮，內有尚書禮部侍郎知貢舉歸仁澤。則是年為仁澤知舉，諸書言仁紹，誤。」考廣卓異記一九引登科記：「歸仁紹，咸通十年狀元及第。……歸仁澤，乾符元年狀元及第。」則仁紹、仁澤本是兄弟兩人。且中和院寫眞在中和四年九十月間，詳右僕卷裴璩條，則名異，年份亦異，其為兩事甚明。徐考強為一人，且斷「紹」必「澤」之誤；謬矣。

夏侯潭——中和二年冬，由御史中丞遷禮侍·知貢舉，放三年春榜。——舊一七七附見父孜傳。

〔考證〕　舊傳：「潭累官至禮部侍郎。中和三年選士，多至卿相。」新七五下世表，潭，禮部侍郎。考桂苑筆耕七別紙禮部夏侯潭侍郎：「侍郎……始於憲府宣威，便見儀曹主貢，……昨日揖登臺御史，……今朝選入室生徒。」是由中丞遷禮侍知舉也。

薛□——蓋中和三年冬，以中書舍人權知禮部貢舉，蓋放四年春榜。——兩書無傳。

〔考證〕　全唐文八二四黃滔翰林薛舍人啓：「伏以十一日纔除主文，旋瀝情懇，罪責則可言於躁切，憫傷則宜恕於單危。」又云：「伏惟學士舍人標表士林，……今以文柄有歸至公。」又云：「滔折角有年，……羽毛雪落，……近者面獲起居，親承念錄，哀滔昔年五隨計吏，……今復三歷貢闈，……許垂斂手，拯上重霄，謹以誓向鬼神，刻於肌骨，中興教化，一身免沒於風塵，下國兒孫，百世敢忘於厮隸。」徐考謂知光啓元年春貢舉。今據益州名畫錄，定歸仁澤知光啓元年春貢舉，而移薛□於前一年，觀此啓「中興教化」云云，亦無不合。

歸仁澤——中和四年九十月，在禮侍·知貢舉任。（益州名畫錄，詳前歸仁紹條。）蓋放光啓元年春榜。——兩書無傳。

鄭損——光啓二年夏，以中書舍人權知禮部貢舉。六月放榜。——兩書無傳。

〔考證〕 摭言八自放狀頭條：「鄭損舍人，光啓中隨駕在興元，丞相陸公扆爲狀元。先是扆與損同止逆旅，扆于時出丞相文忠公之門，切於了却身事。時巳六月，懇叩公希奏置舉場。公曰奈時深夏，須使何人爲主司？扆曰鄭舍人其人也。公然之。……其榜貼皆扆自定。」北夢瑣言同。據舊書陸扆傳，光啓二年登第。永樂大典引蘇州府志亦云，光啓二年，中書舍人鄭損權知貢舉。（徐考引。）是也。新七五上世表，鄭絪相德宗，孫「損字康遠，禮部尚書。」蓋侍郎之譌。徐考謂世表鄭損官止禬尉，不爲中舍，誤。又不信前引材料，而移鄭延昌於二年，更誤。

鄭延昌——以中書舍人或遷禮侍，知先啓三年春貢舉，放榜。——新一八二有傳。

〔考證〕 岑仲勉前輩補三朝翰林學士記：「鄭延昌約光啓初入，加兼中書舍人。」所據材料有新傳及劉崇望授翰林學士鄭延昌守本官兼中書舍人制，是也。考全唐文八二六黃滔陳嶠墓誌：「光啓二年收開，三年榮登故相滎陽鄭公禮部上第。」又唐詩紀事七〇，溫憲，「僖昭之間就試於有司，値鄭相延昌掌邦貢。」則嶠誌光啓三年知貢舉放榜之鄭公卽延昌也。合補學士記觀之，蓋由學士舍人出院，以舍人或遷禮侍知貢舉也。嶠誌明在三年，徐考强移至二年以代損，誤矣。

柳玭——光啓三年冬，以右丞權知禮部貢擧，放文德元年春榜。三月至冬間，尙在任。——舊一六五、新一六三有傳。

〔考證〕唐才子傳九：鄭谷，「光啓三年，右丞柳玭下第進士。」會要二帝號條：「僖宗……文德元年三月崩。……十二月，葬靖陵，謚曰惠聖恭定孝皇帝。……謚議，右丞權知禮部侍郎柳玭撰。」徐考二三，據此二條謂玭知光啓三年及文德元年兩春貢擧。按：玭掌文德元年春貢擧是也；知光啓三年春貢擧，則與鄭延昌衝突。且唐制少連知兩春貢擧而仍爲權知侍郎不正拜者。史籍云知某年貢擧，本有指受詔之年而言，才子傳此條正當作如此解釋。則玭於光啓三年冬受詔以右丞知貢擧，放文德元年春榜也。

趙崇——以禮侍知龍紀元年春貢擧，放榜。（唐才子傳九韓偓條、唐詩紀事七〇溫憲條〔參唐才子傳溫憲條〕、摭言六、一一。）——兩書無傳。

裴贄——大順元年春，以某官知貢擧，放榜。是年冬，又以禮侍知貢擧。二年正月十日辛酉，或八日己未，放榜。——新一八二有傳。

〔考證〕南部新書辛：「杜荀鶴，……大順二年正月十日，裴贄下第八人。」唐才子傳九：杜荀鶴，「大順二年裴贄侍郎下第八人登科，正月十日放榜，正荀鶴生日。」同書一〇：王渙，「大順二年，禮部侍郎裴贄下進士及第。」摭言八：「崔昭矩，大順中裴公下狀元及第。翌日，兄昭緯登庸。」徐考云：「按宰相表，崔昭緯以大順二年正月庚申（九日）同平章事，是昭矩爲此年狀元。」是皆贄放大順二年春榜之證。又舊紀：乾寧四年十月，「制以太中大夫前御史中丞裴贄爲禮部尙書·知貢擧。」唐才子傳一〇：殷文圭，「乾寧五年，禮部侍郎裴贄下進士。」是知光化元年春貢擧放榜也。而北夢瑣言九：「裴贄連知三擧。」摭言一一：「裴公……贄……三主文柄。」同書八：「三榜裴公第一榜，拾遺盧參預之，第二第三榜，諫議柳遜、起居舍人于兢佐之。」是贄實放三榜也。據前考證，已知兩榜之年。復考全唐文八二四有黃滔與裴侍郎啓，上於乾寧二年以前（滔以二年及第），而在贊第一第二兩榜之後兩三年。則贊另一榜不能遲過景福初。檢景福前之數年中惟大順元年春一榜不知何人所放，徐考以贊實之，是也。則贊放三榜，爲大順元年、二年及光化元年三春也。其第三榜以禮尙權知，已見前引舊紀。徐考引黃滔與裴侍郎啓：「伏惟侍郎中丞頃持文柄。」因謂贊第一第二兩榜均以中丞知貢舉。實則此啓上於第二榜後兩三年，不能據此謂贊知貢舉時已官中丞也。

蔣詠——以某官知景福元年春貢舉，放榜。其始事蓋上年冬。（唐才子傳一〇徐寅條。）——兩書無傳。

楊涉——以禮侍知景福二年春貢舉，放榜。其始事蓋上年冬。（徐考二四引永樂大典載蘇州府志、參舊傳。）——舊一七七、新一八四有傳。

〔附證〕　全唐文八二四黃滔賀楊侍郎啓：「伏以侍郎榮司文柄，宏肆至公，歷選滯遺，精求文行。」在與裴侍郎啓後。楊侍郎當即楊涉。

李擇——蓋乾寧元年春，以禮侍知貢舉，放榜。——兩書無傳。

〔考證〕　徐考二四引十國春秋：「徐寅……登唐乾寧進士第，試止戈爲武賦，……禮部侍郎李擇覽而奇之。」徐氏云：「今從才子傳移徐寅於大順三年，而存擇名於乾寧元年。」今姑從之。

●**鄭綮**——乾寧元年二月，由右散騎常侍遷禮侍·同中書門下平章事。七月，罷爲太子少保。——舊一七九、新一八三有傳。

〔考證〕　此見新表，新紀、通鑑並同。而舊紀，乾寧四年二月「己未，制朝議大夫·守右散騎常侍·（勳·封）鄭綮爲禮部侍郎·同平章事。」四月罷知政事。與新書、通鑑異。兩傳官歷與紀表同，而舊傳拜相在「光化初」，亦與舊紀不合。通鑑考異據北夢瑣言，謂當從實錄、新紀。今姑從之。然舊傳在相位「三月餘」，新傳亦云「纔三月」，與新紀表亦不合。

崔凝——以刑尙權知乾寧二年春貢舉，放榜。其始事蓋上年冬。二年二月十九丁未，貶合州刺史。（摭言

一四、徐考載黃御史集引昭宗實錄。)——兩書無傳。

獨孤損——以禮侍知乾寧三年春貢舉，放榜。(唐才子傳一〇翁承贊條。)其始事蓋上年冬。——兩書無傳。

薛昭緯——乾寧三年蓋九月，以中書舍人權知禮部貢舉。十月一日戊申朔，正拜禮侍，放四年春榜。(舊紀、全唐文八三一錢珝授前兵部侍郎薛昭緯御史中丞制、唐詩紀事六七薛昭緯條、兩傳。)——舊一五三、新一六二附見薛存誠傳。

裴贄——乾寧四年十月，遷禮尚·知貢舉。(舊紀。)放光化元年春榜。(唐才子傳一〇殷文圭條及褚載條〔皆作侍郎〕。)——此再任。

趙光逢——光化元年冬，由御史中丞遷禮侍·知貢舉，放二年春榜。(摭言一五、舊傳、舊五代史五八本傳。)——舊一七八、新一八二有傳。

李渥——蓋光化二年冬，由中書舍人遷禮侍，知三年春貢舉，放榜。(舊傳、新七二上世表〔作涯〕。)——舊一七八附見父蔚傳。

杜德祥——以禮侍知天復元年春貢舉，放榜。(摭言八放老、唐才子傳一〇、新七二上世表。)其始事蓋上年冬。——舊一四七附見父牧傳。

〔天復二年春貢舉停〕

〔天復三年春貢舉停〕

楊涉——以左丞權知天祐元年春貢舉，在陝州放榜。(詳左丞卷。)——此再任。

●張文蔚——以禮侍知天祐二年春貢舉，放榜。(摭言一四。)其始事蓋上年冬。二年三月十九戊寅，以本官同中書門下平章事。(新表、新紀、通鑑、摭言一四、舊五代史一八本傳〔作元年誤〕。)同月二十五甲申，遷中書侍郎·判度支，仍平章事。(新表。)——舊一七八有傳。

〔附考〕 舊紀：天祐二年三月甲子制，「以正議大夫·尚書吏部侍郎·（勳·賜）張文蔚爲中書侍郎·同平章事·監修國史·判度支。」作吏部，誤。始相卽爲中郎判度支，蓋亦誤。

薛廷珪——以吏侍權知天祐三年春貢擧，放榜。其始事蓋上年冬。榜後蓋正拜禮侍。同年，遷左丞。——舊一九〇下、新二〇三有傳。

〔考證〕 舊傳：「光化中，復爲中書舍人，遷刑部吏部二侍郎，權知禮部貢擧，拜尚書左丞。入梁，至禮部尚書。」新傳：「光化中，復爲舍人，累尚書左丞。」舊五代史六八廷珪傳：「昭宗遷洛陽，徵爲禮部侍郎。……入梁爲禮部尚書。」又舊一九〇下唐彥謙傳，「禮部侍郎薛廷珪。」按：唐才子傳一〇，裴說，「天祐三年，禮部侍郎薛廷珪下狀元及第。」蓋二年冬以吏侍權知貢擧，三年春放榜，正拜禮侍，又遷左丞耳。

于兢——天祐三年冬，見在禮侍任。知四年春貢擧，放榜。時階銀青光祿大夫。——兩書無傳。

〔考證〕 貞石證史崔瀣墓誌後唐立條云：

芒洛四編六崔瀣墓誌……云：「天祐四年，故相國于公主文，精求名實。公登其選，首冠羣英。」……崔瀣爲天祐四年狀元，見玉芝堂談薈。是歲知貢擧，登科記考二四闕其姓名。考舊五代史四，開平二年「四月，以吏部侍郎于兢爲中書侍郎·平章事。」……新五代史同。……兢未遷吏侍之先當官禮侍。誌所謂故相國于公主文者卽于兢無疑。」

按：岑氏以說甚是，而證據不足。考萃編一一八王審知德政碑：「天祐三年丙寅歲閏十二月一日，准勅建。」「銀青光祿大夫·行尚書禮部侍郎·上柱國臣于兢奉勅撰。」則瀣誌知四年春貢擧之于公卽兢必矣。